AF532057

Jehoschua Ahrens

MIT DER TORA DURCH DAS JAHR

Eine lebensnahe Auslegung der PARSCHIOT

Inhaltsverzeichnis

SCHEMOT (2. BUCH MOSE - EXODUS)

WAJIKRA (3. BUCH MOSE - LEVITIKUS)

BEMIDBAR (4. BUCH MOSE - NUMERI)

DEWARIM (5. BUCH MOSE - DEUTERONOMIUM)

FEIERTAGE (AUS DER TORA)

Einleitung

Für das Judentum ist die Tora, also die fünf Bücher Mose, ganz zentral, denn sie ist Gottes Wort und Zeichen des Bundes zwischen Gott und dem Volk Israel. Tora wird oft mit »Gesetz« übersetzt, eigentlich heißt Tora »Lehre« oder »Unterweisung«, also eine Anleitung für ein gottgefälliges Leben. Sie soll eine *Torat Chajim* sein, eine lebendige Lehre, die uns immer wieder ganz konkret auf unsere Rolle und unsere Pflichten im Leben aufmerksam macht und uns die Mittel und Wege zeigt, um unsere Ziele zu erreichen. Die Tora ist ein »Baum des Lebens denen, die an ihr festhalten – und wer sich auf sie stützt, ist beglückt.« Alle *Mizwot* (Gebote und Verbote) und damit grundsätzlich alles, was für die jüdische Religionspraxis und die *Halacha* (das jüdische Religionsrecht) relevant ist, befindet sich in bzw. kommt aus der Tora – im Prinzip ist in ihr alles enthalten. Während also die Tora als göttliche Offenbarung verstanden wird, haben die beiden anderen Teile des *Tanach* (der Bibel) – also die Propheten und Schriften einen weniger autoritativen Stellenwert. Der Schwerpunkt des jüdischen Bibelstudiums liegt daher auf der Tora und ist nie nur Theorie, sondern vermittelt praktische Werte und einen »Way of Life«.

Nach traditionellem Verständnis wurde die Tora vor ungefähr 3.300 Jahren dem Volk Israel am Berg Sinai übergeben. Die Tora ist also nicht nur theologisches Werk, sondern gleichzeitig auch ein historisches Buch über die Geschichte und Erfahrungen des jüdischen Volkes. Jeder Jude ist verpflichtet, die Tora zu lernen. Ein Kind soll bereits, sobald es sprechen kann, erste Verse aus der Tora lernen. Die

»pädagogische Formel« des jüdischen Lernens wird im Gebet *Ahawa Rabba* [hebr. »mit großer Liebe«] in der Schabbat-Morgenliturgie schön auf den Punkt gebracht: »Gib unserem Herzen die Fähigkeit, all die Worte, die Deine Tora lehrt, zu erfassen, zu begreifen, zu hören, zu lernen und zu lehren, zu hüten, zu tun und zu vollbringen, beAhawa [hebr. »mit Liebe«]. Die Tora zu lernen und zu lehren bedeutet gleichzeitig, nach ihr zu handeln, und ob nun Tora lernen, lehren oder tun, alles soll »mit Liebe« geschehen.

Die jüdische Auslegung der Tora kennt zwar bestimmte Methoden, aber sie ist äußerst flexibel und vielfältig. Jede Hypothese, die diesen Regeln genügt, ist erst einmal akzeptabel. Es gibt kein »richtig« oder »falsch«. Zwar wird auch eine Neuerung, also ein *Chidusch*, durchaus begrüßt, aber ein heutiger Interpret wird sich überdies an vorigen Kommentaren und Ansichten orientieren, insbesondere an denen der großen mittelalterlich Rabbiner. Das ergibt die lange Tradition des jüdischen Schriftverständnisses. Die Tora wird also nie »nur« als alleinstehender Text gelesen, sondern im Spiegel der rabbinischen Literatur. Traditionellerweise liest/lernt man Tora auch nicht alleine. Die jüdische Pädagogik fußt auf einem dialektischen und interaktiven Lernen, auf der Beziehung zwischen Rabbiner und Schüler und *Chewruta*, also dem Lernen mit einem Studienpartner. So entstand eine unglaublich facettenreiche und vielschichtige Auslegungstradition, eine generationsübergreifende Debatte über die Jahrhunderte und Jahrtausende hinweg, die immer im Schriftverständnis mitschwingt.

Die Vermittlung der Tora ist auch eine kommunale Angelegenheit und die fünf Bücher Mose werden im Laufe eines Jahres in der

Synagoge öffentlich gelesen, aufgeteilt in Parschiot, also Wochenabschnitte. Dieses Buch bietet eine Interpretation zu jedem Wochenabschnitt. Am Anfang jeder Parascha, jedes Wochenabschnitts, gibt es eine Kurzzusammenfassung der wichtigsten Themen des Abschnitts. Jeder Kommentar kann unabhängig gelesen werden, die *Parschiot* können aber auch hintereinander gelesen werden, so wie im liturgischen Kalender der Synagoge. Das Buch soll aufzeigen, wie die biblischen Texte im Judentum verstanden werden und immer neu in die Gegenwart hineinwirken und Orientierung geben, und ist damit auch eine Einleitung in die Tora und in das jüdische Denken. Ich wünsche viel Spaß bei der Lektüre!

Frankfurt, im Juni 2023
Jehoschua Ahrens

BERESCHIT

(1. Buch Mose – Genesis)

Bereschit בראשית »Im Anfang« (Gen 1,1 - 6,8)

Kurzzusammenfassung

Die Tora beginnt mit der Schöpfungsgeschichte. Gott macht unsere Welt in sechs Tagen und heiligt den siebten Tag als Ruhetag. Die ersten Menschen, Adam und Eva, sind die Krone der Schöpfung. Nachdem sie aber vom Baum der Erkenntnis essen, werden sie aus dem Garten Eden verbannt. Eva bringt zwei Söhne zur Welt, Kain und Abel. Im Bruderstreit erschlägt Kain dann allerdings Abel.

Die Schöpfung - freier Wille und Beginn der Zivilisation

Nach der Erschaffung der Welt erschafft Gott den Menschen. Das ist der Höhepunkt der Schöpfungsgeschichte und der Mensch bekommt einen besonderen Status, wie es in der Tora heißt: »Und Gott sprach: Lasset uns Menschen machen, nach unserem Bild uns ähnlich; und sie sollen herrschen über die Fische im Meer und über die Vögel des Himmels und über das Vieh auf der ganzen Erde, auch über alles, was auf Erden kriecht.«[1] Das hat mehrere Konsequenzen. Im Ebenbilde Gottes erschaffen zu sein bedeutet, eine hohe Ähnlichkeit mit Gott zu haben. Auch wenn der Mensch niemals Gott gleich sein kann (nicht einmal annähernd), so ist der Mensch doch einzigartig und er ist in der Lage, Gott näherzukommen durch *Imitatio Dei*, ein »Nachahmen« Gottes und Seiner Taten, also durch Liebe, Barmherzigkeit und Gerechtigkeit.[2] Der Mensch wird zugleich eine Art »Stellvertreter« Gottes auf Erden, der helfen soll, die Schöpfung zu perfektionieren.[3] Der Mensch erhält auch Unabhängigkeit und einen freien Willen. Diese Freiheit ist vielleicht das größte Geschenk Gottes an uns, aber leider bedeutet das auch, dass sie missbraucht werden kann. Kaum erschaffen, essen Adam und Eva vom Baum der Erkenntnis des Guten und Bösen, obwohl Gott das ausdrücklich untersagte – die erste Demonstration des freien Willen des Menschen und auch zugleich seiner Emanzipation bzw. Entfremdung von Gott.

Vor fast 6000 Jahren wurden Adam und Eva nach jüdischer Zählung erschaffen – nicht aber die Welt, wie es oft in unserer Tradition heißt. Die Tage der Schöpfung davor dürfen wir nämlich nicht wortwörtlich als 24-Stunden-Tage verstehen[4], sondern als Phasen der Erschaffung der Welt, die auch viele Millionen oder sogar Milliarden Jahre gedauert haben könnten und übrigens den neuesten wissenschaftlichen Erkenntnissen zu den Ursprüngen des Universums und auch der »Big-Bang-Theorie« erstaunlich ähneln.[5] Der Rambam erklärt, dass nicht nur die Schöpfungsgeschichte, sondern grundsätzlich alle frühen Geschichten der Tora (bis Abraham) allegorisch zu verstehen sind. Demnach sind sowohl die Geschichten von Adam und Eva als auch von Kain und Abel vor allem Metaphern für den Charakter des Menschen und seines Unabhängigkeitsstrebens von Gott. Diese Narrative erklären vielleicht nichts weniger als die Geschichte der Menschheit und einen großen Bruch.

Die gesamte Menschheit stammt von Adam und Eva ab und selbst die Wissenschaft bestätigt eine einzige Urmutter.[6] Demnach lebte die Menschheit in einem Garten Eden, einem Paradies, völlig im Einklang mit der Natur. Die Wissenschaft würde von der Zeit als Jäger und Sammler sprechen. Doch vor ungefähr 6000 Jahren veränderte sich alles. Nachdem Adam und Eva vom Baum der Erkenntnis gegessen hatten, kleideten sie sich, verließen den Garten Eden, wurden sesshaft und der Mensch musste sich fortan alles »im Schweiße seines Angesichtes«[7] erarbeiten. Das beschreibt den Übergang vom Nomadenleben zur Sesshaftigkeit, was nach wissenschaftlichen Erkenntnissen zu genau dieser Zeit passierte.

Die moderne Wissenschaft kann allerdings nicht erklären, warum der Mensch sesshaft wurde; die Tora hingegen gibt eine Antwort: Wissen und Erkenntnis, d.h.: Der Mensch wollte wissen und das ging nicht in einer Nomadengesellschaft. Nur durch die Sesshaftigkeit, den Ackerbau und damit durch den Aufbau einer modernen Zivilisation, die sich Arbeiten teilt und es sich damit leisten kann, einige Menschen nicht draußen auf den Feldern arbeiten zu lassen, die dann als Lehrer fungieren, kann Wissen kumuliert und weitergegeben werden.

Gott selbst macht deutlich, was er für das Beste für den Menschen hält. Er möchte nicht, dass der Mensch vom Baum der Erkenntnis isst. Das zeigt vielleicht, dass Gott denkt, ein perfektes, paradiesisches Leben im Einklang mit der Natur sei besser für den Menschen als die Errichtung einer städtischen Zivilisation. In der Geschichte von Kain und Abel favorisiert Gott nämlich ebenso den nomadischen Schafhirten Abel, nicht den Ackerbauer Kain.[8]

Die Tora erzählt aber auch, wer sich letztlich durchsetzt, nämlich der sesshafte Ackerbauer. Gottes Skepsis gegenüber dem menschlichen Wunsch nach Zivilisation und Wissen bewahrheitet sich leider am Ende unserer *Parascha* und im kommenden Wochenabschnitt. Durch den Missbrauch des freien Willens verursacht der Mensch viel Schlechtes. Gott schreitet zwar ein durch die Flut und versucht, das Böse, das der Mensch in die Welt gebracht hat, auszulöschen. Doch es nützt nichts, denn schon die nächste Generation baut den Turm zu Babel, was metaphorisch für den Allmachtswahn der zivilisierten Menschheit steht, mit seinem alleinigen Glauben an Technologie und Wissenschaft. Trotzdem gesteht Gott dem Menschen letztendlich eigene Entscheidungen und damit freien Willen zu.

Da selbst die Flut nicht geholfen hat, versucht Gott dann scheinbar eine neue Strategie. Er erwählt einen Gerechten, der durch Prüfungen seine Charakterstärke und seinen Glauben beweist. Und dieser Mann, Abraham, gründet dann ein Volk, ein heiliges Volk, das Gott als Beispiel für alle Völker erwählt. Da der Mensch Orientierung und klare Regeln braucht, schenkt Gott der Menschheit die Tora mit den *Mizwot* (Gebote und Verbote).

Die Tora soll für uns der Leitfaden sein, wie man in dieser Welt leben kann, ohne dass es auf Kosten der anderen oder der Natur geschieht. Sie soll Orientierung geben und Werte vermitteln. Dabei ist sie sehr modern, mit einer Menge von »Fallstudien« und »Praxisbeispielen«, die zeigen, dass es nichts gibt, was es nicht schon gegeben hätte, und die uns die Möglichkeit gibt, aus den Fehlern unserer biblischen Vorfahren zu lernen, um es selber besser zu machen. Ich möchte Sie mit diesem Buch einladen, die

Tora im Laufe dieses neuen Jahreszyklus zu lesen, zu sondieren und zu analysieren, und ich hoffe, dass Sie darin Inspiration für Ihr eigenes, ganz persönliches Leben finden.

Noach נח »Noah« (Gen 6,9 - 11,32)

Kurzzusammenfassung

Gotte weist Noah, den einzigen gerechten Menschen seiner Zeit, an, eine Arche zu bauen. Nach 40 Tagen und Nächten Regen versinkt die Erde in einer Flut. Nachdem das Wasser zurückgeht, verlassen Noah, seine Familie und die Tiere die Arche und bevölkern die Erde neu. Gott macht einen Bund mit Noah, symbolisiert durch den Regenbogen. Spätere Generationen fallen dann wieder von Gott ab und bauen den Turm zu Babel, mit dem sie ihre Allmacht demonstrieren möchten. Der Wochenabschnitt endet mit einer Aufzählung der Generationen von Noah bis zu Abraham.

Die Flut - Ökologie, Ethik, Selbstzerstörung

Die Geschichte der Flut ist eine der bekanntesten Bibelgeschichten überhaupt und wurde sogar mehrmals verfilmt, zuletzt als Hollywood-Blockbuster mit Russell Crowe. Aus moderner Perspektive erscheint sie jedoch problematisch, wird doch die Flut – eine Naturkatastrophe – als Gottes Strafe für die Missachtung der biblischen Gebote und für den schlechten Charakter des Menschen dargestellt. In der Tora heißt es: »Damals ward die Erde verderbt vor Gott und ward voller Gewalttätigkeit.«[9] Heutzutage glauben allerdings die wenigstens daran, dass Gott tatsächlich diejenigen belohnt, die die Gebote halten, und diejenigen bestraft, die sie nicht halten. Im Übrigen folgt auch der *Tanach* (die Hebräische Bibel) nicht einer solchen Logik, wie wir zum Beispiel in der Geschichte von Hiob lesen können. Vielleicht müssen wir die Flutgeschichte stattdessen als Metapher für die Auswirkungen menschlicher Bosheit und menschlichen Machtstrebens verstehen; schließlich erfahren wir jeden Tag selbst die Auswirkungen, die schlechtes menschliches Handeln auf unsere Gesellschaft und unsere Umwelt haben können. Gott schuf die Welt in vollkommener Harmonie. Es gab nichts Schlechtes in dieser Welt, nur Gutes. Nach jedem Tag der Schöpfung heißt es: »Und Gott sah, dass es gut war.« Aber die Menschen wollten nicht in dieser heilen, guten, perfekten Welt leben. Sie wollten Selbstständigkeit und Selbstbestimmung. Doch dieses Recht auf den freien Willen, den Gott ihnen geschenkt hat, hat auch einen großen Nachteil: Menschen können sich leider auch falsch entscheiden, für das Schlechte. Damit sind es eben Menschen, die das Schlechte in diese Welt bringen. Und genau das passierte in der Generation Noahs. Die Menschen füllten die Erde mit Unrecht – bildlich gesprochen. Gott machte sie zur Krone der Schöpfung und übertrug ihnen die Herrschaft über Seine Schöpfung.[10] Doch diese Privilegien waren an Verantwortung geknüpft. Wir sollen die Welt »bearbeiten und hüten«[11], nach Gottes Wünschen, nicht unseren.

Was aber passierte, nachdem Gott uns als Partner für die Vollendung Seiner Schöpfung erwählte? Wir zerstörten die Harmonie und das Gleichgewicht unserer Welt, weil wir nicht in der Lage waren (bzw. sind), mit dieser Verantwortung umzugehen. Das Ergebnis ist *Chamas* (der hebräische Ausdruck, den die Tora hier für Unrecht / Gewalttätigkeit verwendet). Es geht hier um ein

Unrecht, das ganz leise und subtil daherkommt, wie Rabbiner Hirsch so exzellent erklärt: »Ein solches Unrecht, das nicht durch ein menschliches Gericht gefasst werden kann, das aber fort und fort geübt, nach und nach den Nächsten begräbt …, verwandt [linguistisch] mit *Chomez*, Essig, diejenige Verderbnis, die nicht auf einmal geschieht; nur nach und nach geht der Wein in Essig über … Mit offenbarem Raub wird sich nie die Gesellschaft füllen, dagegen weiß sie sich durch Kerker und Strafgewalt zu schützen. Allein an *Chamas*, an der mit Schlauheit gepaarten Unrechtfertigkeit geht sie zu Grunde, wogegen … nur die vor Gott sich selber richtende Gewissenhaftigkeit zu schützen vermag …«[12]

Die Menschen begingen also keine großen Verbrechen, wie sie von einem Gericht hätten geahndet werden können – sie stahlen oder mordeten nicht. Oberflächlich gesehen, schien die Gesellschaft gesund und erfolgreich. Aber sie begingen anderes Unrecht, viele Kleinigkeiten. Sie waren korrupt, sie dachten nur an sich und ihren Vorteil, sie kümmerten sich nicht um die anderen Menschen, es herrschten Missgunst und Neid. Es gab kein Bewusstsein für Solidarität, kein Verantwortungsgefühl. Und es ist eben genau diese Gewissens- und Skrupellosigkeit, die zum Untergang einer Gesellschaft führt. Interessanterweise erklärt Raschi,[13] dass das hebräische Wort *Jirdu*, das in Gen 1,26 üblicherweise mit »herrschen« übersetzt wird, zwei Bedeutungen hat: neben »herrschen« auch »unterwerfen / scheitern«. Wenn der Mensch es sich also verdient, wird er über die Welt und die Tiere herrschen. Wenn er es sich nicht verdient, wird er ihnen unterwürfig, und die Welt und das Tier herrschten über ihn. Im modernen Kontext ausgedrückt: Wenn wir die Welt zu sehr ausbeuten und belasten, wird sie sich dafür an uns »rächen«.

Bis heute hat sich eigentlich nicht viel geändert seit der Zeit Noahs. Wir leben in Gesellschaften, in denen zunehmend keine Solidarität mehr herrscht, in denen man sich vor allem um sich selbst kümmert, nicht um den anderen. Den Firmen geht es um Profitmaximierung und nicht um Verantwortung für ihre Mitarbeiter oder die Allgemeinheit, und die Banken stürzen uns mit ihren Spekulationen in Finanzkrisen. Reiche werden immer reicher und Arme immer ärmer. Durch unseren Wunsch (oder vielleicht unsere Gier?) nach immer mehr und mehr, beuten wir die Umwelt schamlos aus und bedrohen damit die Grundlage der kommenden Generationen. Vielleicht gibt es keine Flut wie in der Bibel, aber es gibt sehr wohl weltweit Flutkatastrophen und andere Umweltschäden, die auf den von uns verursachten Klimawandel zurückzuführen sind. Obwohl wir wissen, dass unser gegenwärtiges Handeln falsch ist, machen wir wenig dagegen. Und obwohl wir wissen, dass es Unrecht ist, gibt es kein Gesetz, das genau diese Dinge verbieten würde. Und die Gesellschaft schaut einfach weg.

Gott gibt es uns eine klare Alternative zu diesem Szenario: Nach der Flut segnet Gott Noah und seine Familie und schließt einen Bund mit ihnen. Gott führt die Noachidischen Gebote ein, d.h. grundlegende ethische und moralische Gesetze, die das Fehlverhalten der Generation vor der Flut verhindern soll. Ethik, Moral und Werte treten anstelle von Gier, Egoismus und Neid. Das ist das jüdische Gegenstück zu *Chamas*. Und das gilt im Übrigen nicht nur für Juden. Der *Brit* (Bund), den Gott mit Noah schließt, gilt für die ganze Menschheit.[14]

Dieses Ethische und Universale sind die zwei zentralen Themen dieser Geschichte und heute immer noch genauso aktuell. Gerechte Gesellschaften zu schaffen, die ein faires und gutes Miteinander und ein Leben im Einklang mit der Umwelt ermöglichen – das sind immer noch die großen Herausforderungen der Menschheit, die wir nur global und gemeinsam lösen können. Sollten wir darauf keine Antwort finden, kann uns das tatsächlich zerstören, wie damals die Generation von Noah durch die Flut.

Lech Lecha לך לך »Gehe für dich« (Gen 12,1 - 17,27)

Kurzzusammenfassung

Gott befiehlt Abram (später Abraham), seine Heimat in Richtung Kanaan zu verlassen. Dort angekommen, herrscht eine Hungersnot und Abraham und seine Familie müssen zunächst nach Ägypten. Zurück in Kanaan trennt sich sein Neffe Lot von Abram und geht nach Sodom. Um ihn zu retten, kämpft Abram gegen vier Könige. Da Sarai (später Sara) keine Kinder bekommt, überredet Abram sie, ihre Magd Hagar zur Nebenfrau zu nehmen, mit der Abram schließlich einen Sohn zeugt, Ismael. Der Wochenabschnitt endet mit der Beschneidung Abrams und der Männer seines Haushalts als Zeichen des Bundes mit Gott.

Abraham - Beginn einer Reise mit großen Herausforderungen

Direkt am Anfang dieses Wochenabschnitts wendet sich Gott an einen bestimmten Menschen, an Abram (später wird er Abraham heißen), und beauftragt ihn: »Zieh hinweg aus deinem Land, von deinem Geburtsort und von deines Vaters Hause in das Land, das Ich dir zeigen werde.«[15] Nach der Geschichte der Flut und des Turmbaus zu Babel kommt diese Berufung Abrams etwas unerwartet, aus heiterem Himmel. Es scheint mir, als hätte Gott aufgegeben, darauf zu vertrauen, dass sich die ganze Menschheit richtig verhalten werde. Stattdessen versucht Gott es nun mit einem Menschen, der ein Volk gründen soll (das jüdische Volk, so viel kann schon verraten werden), das Beispiel sein soll für die ganze Menschheit. Warum gerade Abram erwählt wird, steht nicht in der Tora. Sicherlich hat er einen starken Charakter und eine feste Glaubensüberzeugung. In einer Welt, in der alle um ihn herum zu Götzen beten, ist er der Einzige, der wirklich an den einen Gott glaubt.[16]

Dennoch fällt Abram die Entscheidung, wegzugehen, nicht leicht, was sich im Text der Tora widerspiegelt: Es ist schwierig, sein Land zu verlassen und ein Fremder in der Fremde zu sein; noch schwieriger ist es, seinen Geburtsort zu verlassen, die Heimatstadt mit all den vertrauten Orten und Menschen, aber am schwierigsten ist es, sogar die Familie zurückzulassen. Wie Rabbiner Hirsch erklärt, war dieser Fortgang aber notwendig: »Wenn hiermit nur gesagt sein sollte: reise von Aram nach Kanaan, so würde es nicht heißen *lech lecha*, sondern *lech* [Gehe], oder vielleicht *zeh* [Gehe hinaus]… hier: *Gehe für dich*, deinen eigenen, von deinem Lande und so weiter, von allen deinen bisherigen Verbindungen dich isolierenden Weg. Die erste Auswanderung aus Ur-Kasdim war vielleicht ein Fortgehen um einer Rettung willen.«[17] Abram muss also weg vom schädlichen Einfluss des götzendienerischen Zeitgeistes in Ur-Kasdim, um sein ganzes Potenzial entfalten zu können. Seine Heimat zu verlassen und in ein unbekanntes Land zu gehen ist eine grundlegende Entscheidung und eine schwere Herausforderung für Abram.[18] Dennoch beginnt er diese Reise im tiefen Vertrauen auf Gott. Die Reise hat Höhen und Tiefen und ist alles andere als perfekt. Es scheint auch, dass Gott sich Zeit nimmt, um die Versprechen zu erfüllen, die er gibt. Andererseits ist Abram sicher nicht immer das perfekte Vorbild, er machte immer wieder auch Fehler.

Nach einer fast 750 Kilometer langen Reise weg von Charan, seiner Heimatstadt, kommt Abram schließlich in Kanaan an. Durch eine Hungersnot sind Abram, Sarai und Lot, Abrams Neffe, gezwungen, dieses Land wieder zu verlassen und nach Ägypten zu gehen. Erst nach der Hungersnot kehren Abram und seine Familie zusammen mit seinem Neffen Lot mit großem Reichtum und Viehherden nach Kanaan zurück, allerdings nicht ohne Konflikte im neuen Land und untereinander. Die Tora berichtet: »Und das Land konnte es nicht ertragen, dass sie beieinander wohnten; denn ihre Habe war groß und sie konnten nicht beieinander wohnen. Und es war immer Zank zwischen den Hirten von Abrams Vieh und den Hirten von Lots Vieh. Es wohnten zu der Zeit die Kanaaniter und Perisiter im Lande. Da sprach Abram zu Lot: Es soll kein Zank sein zwischen mir und dir und zwischen meinen und deinen Hirten; denn wir sind Brüder. Steht dir nicht alles Land offen? Trenne dich doch von mir! Willst du zur Linken, so will ich zur Rechten, oder willst du zur Rechten, so will ich zur Linken.«[19]

Scheinbar ist der große Reichtum von Abram und Lot das Problem. Es ist nicht genügend Weideland für die Herden vorhanden, vor allem, weil auch die Kanaaniter auf demselben Land leben. Der Midrasch[20] deutet jedoch an, dass unter der Oberfläche ein viel tieferer Riss ist. Demnach achten Abrams Hirten darauf, dass die Tiere nicht auf fremden Weiden grasen, während Lots Hirten die Tiere überall grasen lassen. So kommt es zum Streit und zu gegenseitigen Vorwürfen. Die Hirten Abrams bezichtigen Lots Hirten des Diebstahls und fürchten um die Reputation Abrams.

Die Hirten Lots wiederum pochen auf Gottes Versprechen, dass das ganze Land Abraham und seinen Nachfahren, zu denen auch Lot zählt, gehört und das Vieh deshalb überall grasen darf.

Streit ist leider ebenso in unserer heutigen Gesellschaft weitverbreitet und betrifft auch Familien, wie im Fall von Abram und Lot. Schwere Zerwürfnisse können Familien sogar spalten. Einer der Hauptfaktoren, die verhindern, dass Streitigkeiten beendet werden, ist die mangelnde Bereitschaft beider Seiten, den ersten Schritt zu tun, um Frieden zu schließen oder wenigstens die Bemühungen des anderen zu akzeptieren, wenn dieser versucht, Frieden zu schließen. Ebenso destruktiv ist der Wunsch beider Seiten, den Streit zu »gewinnen«. Das führt allerdings nur noch tiefer in eine Spirale der Schuldzuweisungen und zu noch mehr Ärger und Auseinandersetzungen. Meist gibt es bei Streitigkeiten nicht die Seite, die Schuld hat, und die andere Seite, die vollkommen im Recht ist. Selbst bei Abram und Lot ist es nicht so eindeutig, wie es scheint, denn die Hirten Lots haben nicht ganz Unrecht mit ihrer Argumentation. In solchen Situationen ist es das Beste, die Größe zu haben, auf den anderen zuzugehen, eine eigene Mitschuld einzuräumen und Frieden zu schließen, selbst dann, wenn man das Gefühl hat, dass die andere Person eigentlich die größere Schuld trage, – so wie Abram in unserer Geschichte. Er entscheidet, wegzuziehen und Lot das bessere Land zu überlassen.

Der Midrasch weist darauf hin, dass Abram in einer sehr versöhnlichen Weise mit Lot sprach und ihm versicherte, dass sich an ihrer engen Bindung nichts ändern werde. Tatsächlich wird Abram später Lot vor den vier Königen retten. Und so belohnt

Gott Abram und gibt ihm einen neuen Namen: »Siehe, Mein Bund ist nun mit dir und du wirst zum Vater der wogenden Menge der Völker, und nicht mehr soll man dich Abram nennen, sondern Abraham soll dein Name sein.«[21]

Wajera וירא »Und es erschien« (Gen 18–22)

Kurzzusammenfassung

Gott offenbart sich Abraham, als dieser von drei Fremden besucht wird (Engel, wie sich herausstellen wird), die Sara vorhersagen, dass sie in einem Jahr einen Sohn gebären werde. – Abraham setzt sich bei Gott für Sodom und Gomorra ein, die aber letztlich doch zerstört werden. Sara bringt Isaak zur Welt, der am achten Tag beschnitten wird. Hagar und Ismael werden weggeschickt und gehen künftig ihren eigenen Weg. Abraham will Isaak opfern, wird aber von Gott aufgehalten.

Gott inkognito – Abram, ein Gastfreund – Abram, ein Fürsprecher

Gleich am Anfang unseres Wochenabschnitts lesen wir, wie sich Gott Abraham offenbart: »Da ward Gott ihm sichtbar unter den Bäumen Mamres; während er vor der Tür seines Zeltes saß, als der Tag glühte. Er hob aber seine Augen auf und sah, und siehe da, drei Männer, auf ihn gerichtet still stehend; und als er es sah, lief er ihnen vom Eingang des Zeltes entgegen und bückte sich zur Erde – und sprach: – Mein Gott, wenn ich doch Gunst in deinen Augen gefunden habe, so entziehe dich doch nicht deinem Diener …«[22]

Da stehen Abraham also drei Männer ganz nahe bzw. ihm gegenüber. Es gibt einen gewissen Überraschungseffekt. Aus dem

Nichts tauchen die drei – wichtig: fremden – Männer auf. Trotzdem schickt er sie nicht weg, sondern ist äußerst gastfreundlich. Es stellt sich heraus, dass die Männer Engel sind. Sie teilen ihm und seiner Frau mit, dass sie bald einen Sohn bekommen werden: »Da sprachen sie zu ihm: wo ist Sara, deine Frau? Er erwiderte: natürlich im Zelt. Darauf sagte er: Gerade wie diese lebendige Zeit kehre ich zu dir wieder, und siehe, dann hat Sara, deine Frau, einen Sohn. Sara aber hörte alles am Eingang des Zeltes, dieser aber war hinter ihm. Abraham und Sara waren alt, hochbetagt, Sara hatte längst nicht mehr die Weise der Frauen. Da lachte Sara in ihrem Innern: nachdem ich bereits abgelebt, wäre mir die höchste Befriedigung geworden! Und mein Herr ist doch auch ein Greis! Das sprach Gott zu Abraham: warum hat Sara denn gelacht in dem Sinn: sollte ich dann auch in Wahrheit gebären, da ich so alt geworden? Ist denn Gott etwas zu wunderbar?«[23]

Mit seiner Gastfreundschaft den Fremden gegenüber hebt er sich deutlich von seiner götzendienerischen Umwelt ab und beweist, dass er der Richtige für Gottes Mission ist, wie Rabbiner Hirsch erklärt: »Die Szene selbst, in welcher die Gottesoffenbarung ihn traf, bewies, dass er für sich dieser Offenbarung nicht bedurfte. Der in Sonnenglut vor seiner Türe sitzende, nach müden Wanderern ausblickende Mann, bei denen er dann wie um eine Gnade um die Gunst bettelt, sie gastlich bewirten zu dürfen; der Mann braucht nicht erst durch den schrecklichen Untergang Sedoms und Amoras vor Sedoms und Amoras Gesinnung gewarnt zu werden. Allein, damit unter seinen Nachkommen nicht einst in demselben üppigen Lande dieselbe Gesinnung aufwuchere, damit vielmehr die abrahamitische Gesinnung unverlierbares Erbteil der abrahamitischen Kinder und Kindeskinder bleibe … kurz, damit Abrahams Volk ewig in solchem Gegensatz zu den sedomitischen Lebensprinzipien bleibe, wie ihr Ahn sich in solchem Gegensatz glorreich bewährte: darum steht *Sedoms Untergang und Abraham vor seinem Zelte* ewig auf *einem* Bilde vor der Seele seiner Nachkommen.«[24]

Abrahams Gastfreundschaft ist also genau das Gegenteil des Verhaltens der Menschen in Sodom – dort, wo ein Teil von Abrahams Familie lebt. Sodom und Gomorra sind der Inbegriff von Schlechtigkeit und Bösartigkeit. Deshalb hat Gott beschlossen, diese Städte zu zerstören, damit dieses Übel vernichtet wird. Trotzdem streitet Abraham mit Gott und setzt sich für diese Städte ein. Abraham sagt, dass Gott doch nicht die Städte – und damit seine eigene Schöpfung – zerstören dürfe. Denn dort gebe es auch gute Leute, die dann zusammen mit den Schlechten sterben müssten.

Die ganze Geschichte erinnert einen ein bisschen ans Feilschen am Schuk, dem Wochenmarkt in Israel: Abraham fängt bei 50 an. Hier gebe es bestimmt 50 *Zadikim*, also Gerechte, auf die Gott doch Rücksicht nehmen müsse. Und als Gott dem zustimmt, sagt er: Vielleicht sind es auch nur 40. Dann 30, dann 20, und schließlich kann er Gott auf 10 herunterhandeln. Nur, es gibt nicht einmal 10 gute Menschen in Sodom und Gomorra.

Aber es gibt einen Guten: Lot und seine Familie. Zwei der drei Engel reisen nach dem Treffen mit Abraham nach Sodom weiter, um seinen Neffen Lot zu warnen. Auch hier steht wieder die Gastfreundschaft des gerechten Lot der Schlechtigkeit der anderen Bewohner Sodoms gegenüber, die von Lot die Herausgabe seiner Gäste verlangen, um sie zu misshandeln. Schlussendlich flieht Lot mit seiner Familie.

Der Kontrast zwischen der Gastfreundschaft Abrahams und Lots auf der einen Seite und dem Hass gegen Fremde auf der anderen Seite könnte nicht größer sein. Das reflektiert auch Situationen in unserer Gesellschaft. Und es zeigt die Alternativen auf, vor denen wir alle stehen: Sodom und seine Bürger sind reich und mächtig, aber sie wollen mit niemandem teilen. Sie schotten sich ab und kennen weder Moral noch Skrupel, um ihren Wohlstand zu schützen. Sie verweigern den Fremden, den Engeln, nicht nur die Gastfreundschaft, sie werden sogar offen feindselig und handgreiflich gegen sie. Daher sagte Rabbi Chija: »Sie verdienten Strafe für beides – für ihre unmoralisches Verhalten und ihren Mangel an Liebe.«[25]

Sodom und Gomorra gingen unter. Gesellschaften, in denen die Bewohner nur auf sich schauen – ohne jegliche Moral, ohne jegliches Verantwortungsgefühl dem anderen, dem Schwachen, dem Fremden gegenüber – solche Gesellschaften scheitern letztlich. Das haben wir in der Menschheitsgeschichte zur Genüge erlebt. Zugegeben: Wohlstand und ein Leben in Luxus sind natürlich verlockend, und wir sind wohl alle ein bisschen wie Lot: Er lebt in einer sehr fragwürdigen Gesellschaft, aber es geht ihm materiell gut. Aber: Reichtum allein macht weder glücklich, noch taugt es als Fundament für erfolgreiche Gesellschaften. Natürlich ist es gut, wenn wir finanziell unabhängig und erfolgreich sind – dagegen hat die Tora gar nichts einzuwenden. Aber wir sollten unsere Seelen und unsere Werte nicht verkaufen. Stattdessen zeigt uns Abraham, wie befriedigend und lohnend es ist, wenn man das, was man hat, mit anderen teilen kann, wenn man Fremden gegenüber aufgeschlossen und gastfreundlich ist, wenn man dem Anderen gegenüber ein Gefühl von Solidarität empfindet.

Chaje Sara שרה »Das Leben Saras« (Gen 23,1 - 25,18)

Kurzzusammenfassung

Sara stirbt und wird in Hebron beerdigt. Abraham beauftragt seinen Diener Eliëser, eine Frau für Isaak zu suchen. Er findet Rebekka, eine entfernte Verwandte von Abraham, in die sich Isaak auch gleich verliebt, und sie heiraten. Abraham stirbt in hohem Alter und wird neben Sara in Hebron von seinen Söhnen Ismael und Isaak beigesetzt.

Sara und Abraham - was für ein Gottvertrauen!

Gleich zu Beginn der Parascha lesen wir über den Tod von Sara: »Und das Leben Saras war hundert Jahre und zwanzig Jahre und sieben Jahre: Jahre des Lebens Saras.«[26] Die Art und Weise der Jahreszählung in diesem Vers deutet schon an, dass es sich offensichtlich um ein ganz besonderes Leben handeln muss. Warum aber die drei Teile: 100, 20 und 7? Rabbiner Hirsch erklärt in seinem Kommentar, dass sie eben nicht 127 Jahre lang lebte, sondern 100 Jahre, 20 Jahre und 7 Jahre. Diese Zahlen repräsentieren die verschiedenen Entwicklungsstufen von Saras Leben: das Kindesalter, die Jugend und schließlich das Leben als Erwachsene. Und zusammen ist es eben ein vollkommenes Leben. Rabbiner Hirsch schreibt, dass sie in allem lebte, ein lebendiges, heiteres, bedeutsames, gutes Leben, keinen Moment, den sie hätte wegwünschen müssen.[27] Wie kann Rabbiner Hirsch das schreiben? Was meint er damit, dass sie ein vollkommenes und glückliches Leben hatte ohne irgendeinen Augenblick, den sie hätte wegwünschen sollen? Ganz davon abgesehen, dass niemand ein perfektes Leben hat, so ist es doch gerade Sara, die teilweise ein äußerst schweres Leben hatte. Sie musste ihre Heimat und ihre Familie verlassen, um Abraham ins Unbekannte zu folgen. Sie wurde auf der Reise versklavt, wurde die Mätresse eines Königs, und schließlich konnte sie lange Zeit keine Kinder bekommen, obwohl sie es sich so sehr gewünscht hatte. Die Liste ließe sich noch verlängern. Was Rabbiner Hirsch meint, ist, dass die zitierten »Jahre des Lebens Saras« eben nicht nur einfach verschiedene Perioden oder Fragmente aus ihrem Leben sind, sondern eine Entwicklung auf verschiedenen Stufen ihres Lebens. Am Ende hatte sie dann tatsächlich keinen einzigen Tag, der nicht wichtig gewesen wäre: für sie, für ihr Leben, für ihre Entwicklung und – für das jüdische Volk. Denn das ist ihr Erbe an uns: die Zukunft des jüdischen Volkes. Dafür hat sie gelebt, dafür hat sie all die Erfahrungen gemacht und auch gebraucht, um zur Urmutter eines Volkes zu werden.

Ebenso Abraham. Auch Abraham hat all seine Erfahrungen und Herausforderungen gebraucht, um der Urvater des jüdischen Volkes zu werden. Im Prinzip beendet er erst jetzt, kurz vor seinem Tod, seine persönliche Reise. Noch ist er aber nicht angekommen. Direkt nach dem Tod seiner geliebten Frau Sara kauft er ein Stück Land, auf dem er sie schließlich beerdigt. Doch dieses Stück Land kauft er für einen ungeheuer hohen Preis, denn eigentlich darf ein Fremder, wie Abraham, gar kein Land erwerben, und die Hethiter versuchen, ihn – sehr höflich übrigens – von seinem Vorhaben abzubringen. Sie bieten ihm das Stück Land stattdessen sogar als

Geschenk an. Interessanterweise wird die Höhle von Machpela, die später als Grab der Patriarchen in Hebron bekannt wird, sehr detailliert beschrieben, nicht nur in diesem Wochenabschnitt, sondern auch später, dreimal insgesamt, unter anderem wenn Jakob auf dem Sterbebett bittet, dass auch er dort beerdigt werden möchte. Warum eine so ausführliche Beschreibung für ein eher unwichtiges Ereignis?

Und mehr noch, nach dem Kauf dieses Landes geht Abraham nicht etwa in seinen wohlverdienten Ruhestand, sondern es kommt das nächste große Projekt: Er sucht eine passende Frau für seinen Sohn Isaak. Er fragt dazu übrigens nicht etwa Isaak selbst, sondern beauftragt seinen vertrauenswürdigsten Diener und gibt ihm spezifische Anweisungen: »Da sprach Abraham zu seinem Knecht, dem Ältesten seines Hauses, der über alles Seine waltete: Lege doch deine Hand unter meine Hüfte, ich will dich bei Gott, dem Gott des Himmels und Gott der Erde schwören lassen, dass du für meinen Sohn keine Frau von den Töchtern des Kanaaniters nehmest, in dessen Mitte ich wohne; vielmehr sollst du zu meinem Land und meiner Verwandtschaft gehen und eine Frau für meinen Sohn, für Isaak, nehmen. Der Knecht sprach zu ihm: Vielleicht wird die Frau mir nicht in dieses Land nachfolgen wollen, soll ich dann deinen Sohn wohl in das Land zurückkehren lassen, aus welchem du gezogen? Da sprach Abraham zu ihm: Hüte dich, dass du meinen Sohn dorthin nicht zurückbringst! Gott, der Gott des Himmels, der mich von meines Vaters Haus und von dem Land meiner Geburt genommen, der über mich ausgesprochen und der mir geschworen hat also: deinen Nachkommen gebe Ich dieses Land, der wird seinen Engel vor dir her senden und du wirst eine

Frau von dort für meinen Sohn nehmen.«[28] Auch diese Episode wird wieder viel detaillierter beschrieben, als es in der Tora normalerweise üblich ist.

Die Frage ist natürlich, warum beide Nebensächlichkeiten so ausführlich beschrieben werden und Abraham noch einmal diese Herausforderungen annimmt und befolgt. Eine sehr schöne Antwort gibt Rabbiner Sacks.[29] Er sagt, dass trotz des Versprechens von Gott an Abraham, dass er ein Land erhalten und zu einer großen Nation werde, mit vielen Nachfahren – und ganz nebenbei: dieses Versprechen wiederholt Gott siebenmal –, steht Abraham ganz am Ende seines Lebens und nachdem er scheinbar schon so weit gekommen ist auf seiner Reise, immer noch ohne Land und ohne viele Nachfahren da. Rabbiner Sacks erklärt, dass Gott zwar bestimmte Dinge versprochen habe, wir aber selber handeln müssten. Ja, es stimmt, Gott hat Abraham das Land versprochen, aber Abraham musste das erste Stück Land kaufen, mit etwas beginnen. Und ja, es stimmt auch, dass Gott Abraham viele Nachfahren versprochen hat, aber Abraham musste sicherstellen, dass sein Sohn Isaak eine Frau heiratet, mit der er den *Brit*, den Bund, den er von Abraham erbt und den wir als jüdisches Volk mit Gott bis heute haben, weiterführen kann.

Gott gibt uns trotz aller Versprechen und Seiner Offenbarung durch die Tora Wahlfreiheit. Gott wird Seine Versprechen nicht selbst erfüllen, das müssen wir Menschen tun. Abraham hat das erkannt und verstanden, dass er ganz am Ende seines Lebens noch einmal am Anfang der Reise steht – und selbst handeln muss, wenn er sie erfolgreich abschließen möchte.

Toldot תולדות »Geschlechter« (Gen 25,19 - 28,9)

Kurzzusammenfassung

Nach zwanzig kinderlosen Jahren bekommen Rebekka und Isaak Zwillinge: Esau und Jakob. Die Brüder sind sehr unterschiedlich und in Konflikt miteinander. Esau, der Erstgeborene, wird von Isaak bevorzugt, Jakob von Rebekka. Isaak wird alt und blind und möchte Esau als den Erstgeborenen segnen. Rebekka kleidet Jakob in Esaus Kleidung und sorgt dafür, dass er Jakobs Segen erhält. Esau trachtet daher Jakob nach dem Leben, der nach Charan zu Rebekkas Verwandtschaft flieht.

Esau und Jakob - Brüderstreit - Gottes Denkzettel

Abraham und Sara haben endlich ihren Sohn – Isaak, wie es ihnen von den Engeln versprochen wurde. Isaak heiratete Rebekka, und nachdem sie einige Zeit lang unfruchtbar war – übrigens ganz ähnlich wie Sara, wurde sie mit Zwillingen schwanger: Jakob und Esau. Die Schwangerschaft war schwierig, wie wir in der Parascha lesen: »Da bewegten sich die Kinder heftig gegeneinander in ihrem Schoß, und sie sprach, wenn es so geschah: warum mir dies? Sie ging hin, Gott zu erfragen. Da ließ Gott ihr sagen: Zwei Völker sind in deinem Schoß und zwei Staaten, von deinem Inneren an werden sie sich scheiden; ein Staat wird mächtiger werden als der andere, und der mächtigere dem geringeren dienen.«[30]

Die Konkurrenz zwischen den beiden Brüdern wird lange bleiben und die Prophezeiung, dass der »mächtigere dem geringeren« Bruder dient, wird wahr, und zwar auf keine gute Art und Weise. Jakob, der Jüngere der beiden Brüder, trickst seinen älteren Bruder Esau zweimal aus.

Das erste Mal erschleicht er sich das Recht des Erstgeborenen von Esau. Esau kommt nach einem Tag harter Arbeit auf den Feldern nach Hause und ist sehr hungrig. Er fragt nach einigen der roten Linsen, die Jakob gekocht hat, und Jakob gibt sie ihm im Tausch gegen sein Geburtsrecht. Das Erstgeburtsrecht des ältesten Sohnes ist ein wichtiger Status. Er ist zwar offensichtlich nicht immer in Stein gemeißelt, denn es gibt einige Beispiele, in denen es anders gehandhabt wird (siehe beispielsweise: Ruben mit Ephraim und Menasse[31]), aber grundsätzlich bleibt es bei den Erstgeborenen, die dadurch bestimmte Privilegien haben.[32] Auch heute noch gibt es für den Erstgeborenen den *Pidjon haBen* Ritus (hebr.: Auslösung des Sohnes), bei dem der Sohn im Alter von 30 Tagen vom Vater symbolisch von der priesterlichen Verpflichtung ausgelöst wird.[33]

Das zweite Mal trickst Jakob seinen Vater aus und beraubt damit Esau des väterlichen Segens, d.h. des Erbes. Als Isaak alt wird und merkt, dass er bald stirbt, möchte er seinen Lieblingssohn Esau segnen. Rebekka, die die Unterhaltung mithört, weist ihren Liebling Jakob an, sich als Esau auszugeben und den Segen an seiner statt zu bekommen. Die Geschichte liest sich ein bisschen wie eine Komödie. Jakob bringt seinem Vater Isaak Ziegenfleisch zu essen, anstelle des Wildbret, um das er Esau gebeten hatte. Um sich zu tarnen, ändert Jakob nicht nur seine Stimme, sondern er legt auch Ziegenhaar auf seine Hände, damit sie so behaart sind wie Esaus Hände. Schließlich bekommt Jakob den Segen.

Als am Abend Esau von der Jagd nach Hause kommt, um Isaak das versprochene Essen zu bringen und den Segen zu bekommen, bleibt seinem Vater nichts anderes übrig, als seine Bitte abzulehnen, weil er bereits Jakob gesegnet hat. Durch den Trick Rahels und Jakobs ist es nun zu spät und der väterliche Segen kann nicht rückgängig gemacht werden. Esau ist verständlicherweise sehr wütend und will Jakob töten – und wenn auch nicht sofort, so doch nach dem Tod des Vaters. Rebekka bittet daher ihren Mann Isaak, Jakob zu ihrem Bruder Laban zu schicken, und zwar unter dem Vorwand, für Jakob eine Frau zu finden. In Wirklichkeit geht es ihr vor allem darum, dessen Leben zu retten. Isaak stimmt zu und gibt Jakob einen weiteren Segen: »Und Gott, der Allgenügende, wird dich segnen und dich fruchtbar machen und dich vermehren, dass du zu einer Versammlung von Völkern wirst; Er wird dir den Segen Abrahams geben, dir und deinen Nachkommen bei dir, dass du das Land deiner Fremdlingsschaft erbest, welches Gott dem Abraham gegeben.«[34]

Und genau hier widerspricht sich die Geschichte. Wenn Jakob nicht nur seinen Bruder, sondern auch seinen Vater Isaak ausgetrickst hat, warum ist Isaak dann nicht wütend, so wie der verständlicherweise äußerst verärgerte Esau? Das Gegenteil ist der Fall: Isaak gibt Jakob sogar einen zweiten Segen – und nicht nur irgendeinen Segen; er beinhaltet das geistige Erbe des jüdischen Volkes, den Bund Abrahams, das ihm und seinen Nachkommen zuteilwerden soll. Dies macht nur Sinn, wenn Isaak von Anfang an wusste, dass es Jakob war, den er segnete, und nicht Esau. Auch wenn Esau sein Lieblingssohn ist, so war er offensichtlich innerlich erleichtert, als Jakob mit seiner schlechten Verkleidung und der schlechten Wildbret-Kopie zu ihm kommt, wie es die Tora humorvoll suggeriert. Isaak weiß, dass der intellektuelle Jakob besser auf die Rolle als spirituelle Führungspersönlichkeit vorbereitet ist als der Jäger-Typ Esau. Der Text impliziert diese Schlussfolgerung. Isaak ist trotzdem traurig und deshalb segnet er auch Esau. Obwohl es nicht der Segen ist, den Esau sich erhofft hatte, so ist es ein Segen, der wesentlich besser zu ihm und seinem Charakter passt: »Siehe, der Erde Fettigkeiten wird dein Wohnsitz sein, und von des Himmels Tau von oben, auf deinem Schwerte wirst du leben …«[35]

Doch all das befreit Jakob nicht von der moralischen Arglist, mit der er das Geburtsrecht und den Segen erschlichen hat. Gänzlich unbestraft bleibt er nicht. Später in der Tora wird der Trickser Jakob selbst ausgetrickst.[36] Außerdem ist die Rolle, die Jakob von seinem Vater erbt, eine schwere Belastung für ihn und sein Leben wird damit alles andere als einfach sein. Daher gibt es zwei wichtige Wahrheiten, die wir in dieser Geschichte erkennen können, erstens: Wenn wir jemanden betrügen, können wir sicher sein, dass dieser Betrug letztlich wieder auf uns zurückfällt, und zweitens: Auch wenn wir manchmal für eine bestimmte Position besser als jemand anderer qualifiziert sind und Führungspositionen ganz allgemein verlockend erscheinen, dürfen wir nicht vergessen, dass solche Positionen nicht nur mit Ehre und Ruhm verbunden sind, sondern in der Regel auch mit einer Menge an Verantwortung, harter Arbeit und Opferbereitschaft.

Wajeze ויצא »Und er zog aus« (Gen 28,10 - 32,3)

Kurzzusammenfassung

Jakob verlässt seine Heimatstadt Beerscheba und geht nach Charan. Unterwegs hat er nachts einen Traum von einer Leiter, die in den Himmel reicht. In Charan lebt Jakob bei seinem Onkel Laban, für den er Schafe hütet. Für sieben Jahre harte Arbeit wurde ihm Rachel, die Tochter Labans, in die er sich verliebt hat, versprochen. Stattdessen heiratet er zuerst die ältere Schwester Lea und muss nochmals sieben Jahre für Rachel arbeiten. Nach den 14 Jahren will er wieder nach Hause, bleibt dann aber weitere sechs Jahre, in denen er, trotz der Tricks von Laban, eine große Herde für sich und seine Familie erarbeitet.

Jakobs Traum - eine Reise zu sich selbst und zu Gott

Jakob zog aus von Beerscheba und reiste Richtung Charan. Unterwegs kam er an einen Ort und übernachtete dort. In der Nacht hatte er einen Traum: »Er träumte und siehe da, eine Leiter [hebr.: *Sulam*] – gestellt zur Erde – und ihre Spitze reicht in den Himmel. Und siehe, die Engel Gottes stiegen daran auf und nieder. Und siehe, der Ewige steht bei ihm und spricht: Ich bin der Ewige, der Gott deines Vaters Abraham und der Gott Isaaks. Das Land, auf dem du liegst, will ich dir und deinen Nachkommen geben. Deine

Nachkommen werden zahlreich sein wie der Staub auf der Erde. Du wirst dich nach Westen und Osten, nach Norden und Süden ausbreiten und durch dich und deine Nachkommen werden alle Familien der Erde gesegnet werden. Und siehe, ich bin mit dir und will dich behüten, wo du hinziehst, und will dich wieder herbringen in dies Land. Denn ich will dich nicht verlassen, bis ich alles tue, was ich dir zugesagt habe.«[37]

Er träumt also von einer *Sulam*, einer Leiter, wie hier übersetzt wird, die von der Erde zum Himmel ragt und auf der Engel hoch- und runtersteigen. Gott selbst spricht zu Jakob und verspricht ihm zwei ganz wichtige Dinge: eine große Familie und Sicherheit. Als er aufwacht, ist Jakob ganz überrascht, dass ihm Gott erschienen ist, dass Gott überhaupt an diesem Ort ist; er wirkt fast ängstlich: »Wirklich, der Ewige ist an diesem Ort! Und ich wusste es nicht! […] Und dies eine Pforte zum Himmel!«[38] Erwartet hatte er so etwas jedenfalls nicht. Jakob nennt den Ort *Bet El*, also Haus Gottes, und er macht einen *Neder*, ein Versprechen: »Wenn Gott mit mir sein und mich behüten wird, auf dem Weg, den ich gehe, mir auch Brot zum Essen und Kleidung zum Anziehen geben wird; wenn ich ferner wohlbehalten in meines Vaters Haus zurückkehre, dann soll der Ewige mein Gott sein …«[39]

Das ist sehr interessant – zeigt es doch, dass Jakob noch lange nicht die Reife in seinem Glauben entwickelt hat, die er später haben wird. Er ist noch weit davon entfernt, einer unserer Stammväter zu sein, der Begründer des Volkes, das seinen Namen tragen wird: Israel. Er steht am Anfang seiner spirituellen Reise. Er hat offensichtlich noch kein volles Vertrauen zu Gott. Während Abraham zum Beispiel ohne Wenn und Aber alles tat, was Gott von ihm verlangte – ohne zu fragen oder zu diskutieren –, ist Jakob praktisch das Gegenteil: Er stellt Gottes Worte infrage und stellt Bedingungen für seinen Glauben an Gott. Was für eine *Chuzpe*! Oder: Wie unsicher und unreif ist Jakob offensichtlich noch …

Jakob sagt selbst, dass es ein heiliger Ort[40] sei, an dem er sich befindet, aber kann den Traum mit der Leiter noch nicht verstehen. Das hebräische Wort für Leiter – *Sulam* – kann auch für eine Treppenrampe verwendet werden. In dieser Hinsicht erinnert es direkt an eine frühere Geschichte in der Tora: den Turmbau zu Babel. Die Menschen nach der großen Flut beschlossen, einen Turm in den Himmel zu bauen: »Und sie sprachen untereinander: Wohlauf, wir wollen Ziegel schaffen und was immer zum Brande verbrennen; – da ward ihnen der Ziegel zum Steine und der Mörtel ward ihnen zum Ton. Da sprachen sie: Wohlauf, lasst uns eine Stadt und einen Turm bauen, dessen Spitze bis an den Himmel reiche, so wollen wir uns einen Namen machen.«[41]

Die Menschen taten dies aber nicht für Gott, sondern für den eigenen Ruhm. Rabbiner Hirsch erklärt: »Ist die Gesamtheit, was sie sein soll, und bestände sie aus Millionen, so bedarf es gar keiner künstlichen Einigungsmittel, das Band liegt im Bewusstsein jedes einzelnen und ihr Einigungspunkt ist Gott. Ist sie aber nicht um des einzelnen willen da, sondern umgekehrt, spricht sie *Na'ase Lanu Schem* [wir wollen uns einen Namen machen], so wird natürlich der einzelne nur gezwungen, oder künstlich geködert, sich aufopfernd ihr unterzuordnen. Mit diesem *Na'ase Lanu Schem* … mit der Entfesselung der Ruhmsucht, die dem einzelnen als Tadel, der Gesamtheit als Tugend angerechnet wird, ist die ganze sittliche Aufgabe des Ganzen und der einzelnen untergraben.«[42] Der Turmbau ist also ein Versuch, wie Gott zu sein oder Gott mit der verfügbaren menschlichen Macht, Masse und Technologie herauszufordern, vielleicht sogar zu beweisen, dass es Gott nicht gibt. Wir wissen, wie es ausging: Es gelang ihnen nicht. Am Ende waren sie über die ganze Welt verstreut und fanden Gott nicht.

Jakobs Treppe bzw. Leiter hingegen führt tatsächlich in den Himmel (die Spitze reicht in den Himmel, wie es in beiden Texten heißt). Nur Jakob versteht es noch nicht. Dabei können wir daran glauben und darauf vertrauen, dass Gott immer bei uns sein wird. Im ersten Vers dieser *Parascha* kommt das hebräische Wort *Makom* (zu Deutsch: Ort) dreimal vor. In diesem Fall steht *Makom* nicht nur für »Ort«, sondern auch für Gott, für den manchmal dieses Wort verwendet wird, und zwar im Sinne von »an jedem Ort«, also Gott, der omnipräsent, an jedem Ort ist. Und das ist hier das Wichtige: Wir brauchen keine bestimmten Plätze oder Gebäude, um Gottes Präsenz zu spüren. Gott ist überall und immer mit uns, wann und wo. Wir müssen keine Türme bauen oder Gott in der Ferne suchen.

Jakob reifte erst, als er viele Jahre hart für seinen Onkel Laban arbeitete, sich verliebte und eine eigene Familie gründete. Erst einmal aber war Jakob wie viele moderne Menschen heute: Er erlebt Gott und dennoch kann er es nicht wirklich glauben. Er hat noch nicht gefunden, was er wirklich sucht. Der Talmud[43] spricht in zwei Bildern von Jakob, das die Engel des Traumes sehen: ein ideales im Himmel und ein reales auf der Erde. Das himmlische Bild zeigt das ganze Potenzial Jakobs, das er erst noch in die Realität hinein verwurzeln muss. Mögen wir alle unser Potenzial erkennen und danach leben!

Wajischlach וישלח »Und er schickte« (Gen 32,4 - 36,43)

Kurzzusammenfassung

Jakob kehrt nach zwanzig Jahren in seine Heimat zurück und erwartet die Rache seines Bruders Esau, der ihn mit 400 bewaffneten Männern erwartet. Auf dem Weg zu seinem Bruder ringt er nachts mit einem göttlichen Wesen und erhält seinen zukünftigen Namen Israel. Überraschenderweise versöhnen sich Esau und Jakob und jeder geht friedlich seinen Weg. Jakob zieht weiter Richtung Hebron. Auf dem Weg stirbt Rachel, die er bei Bethlehem beerdigt. In Hebron angekommen, stirbt nach einiger Zeit sein Vater Isaak.

Jakob und Esau - versöhnender Bruderkuss

Jakob arbeitete in Charan für Laban, den Bruder seiner Mutter. Der Lohn für seine Arbeit war die Erlaubnis, Labans Tochter Rachel zu heiraten; doch Jakob wurde betrogen und musste zunächst Rachels ältere Schwester Lea zur Frau nehmen. Rachel durfte er erst Jahre später heiraten. (Ist es nicht wunderbar ironisch, dass er, der einst seinen Vater und Bruder betrogen hat, nun selbst zum Opfer eines Betrugs wurde?) 20 Jahre, nachdem er seine Heimat verlassen hat, beschließt er zurückzukehren. Er sendet Boten mit Geschenken an seinen Bruder Esau, um ihn gnädig zu stimmen, hat aber nach wie vor große Angst vor der Begegnung mit ihm, denn Esau hat noch eine Rechnung mit ihm offen. Esau ist auch nicht allein, er kommt in Begleitung einer Armee von 400 Mann. Das ist durchaus typisch für ihn, der zu einem starken Krieger geworden ist: eroberungslustig, siegreich, ein Macher und auch kämpferisch. Jakob weiß nicht, ob Esau nach Rache trachtet.

Als Jakob den Fluss Jabbok überschreitet, geschieht etwas Seltsames: »Ein Mann rang mit ihm, bis die Morgenröte anbrach. Und als dieser sah, dass er ihn nicht bezwingen konnte, da rührte er sein Hüftgelenk an, sodass Jakobs Hüftgelenk verrenkt wurde beim Ringen mit ihm. Und der Mann sprach: ›Lass mich gehen; denn die Morgenröte bricht an!‹ Jakob aber sprach: ›Ich lasse dich nicht, es sei denn, du segnest mich!‹ Da fragte er ihn: ›Wie ist dein Name?‹ Er antwortete: ›Jakob!‹ Da sprach er: ›Dein Name soll nicht mehr Jakob sein, sondern Israel; denn du hast mit Gott und Menschen gerungen und hast gesiegt!‹ (…) Und er segnete ihn dort.«[44]

Am Morgen kommt dann Esau zu ihm. Wahrscheinlich wollte er Jakob tatsächlich töten, aber entgegen allen Befürchtungen Jakobs umarmt Esau ihn, küsst ihn und beide weinen. Dies ist der Beginn einer wahren innigen Beziehung zwischen den beiden verschiedenen Brüdern, die so lange miteinander im Konflikt waren. Die Veränderung des Namens und die Versöhnung zwischen den Geschwistern sind miteinander verbunden.

Jakobs Ringen mit dem Mann in der Nacht zuvor ist symbolisch ein Ringen mit sich selbst und mit Gott. Solange Jakob mit seiner Vergangenheit verbunden ist und versucht, seine eigenen dunklen Seiten zu verbergen, kann er sich nicht ändern. In dem Augenblick aber, in dem er versteht, dass der Mann, mit dem er gekämpft hat, Gott ist, wirft er einen neuen Blick auf seine eigene

Vergangenheit – und auch auf seine Gegenwart. Es ist eine Erinnerung, ein Alarmruf für ihn, sich endlich seinen Problemen zu stellen und sie zu lösen.

Der neue Name Israel bedeutet »derjenige, der mit Gott und den Menschen ringt und sich durchgesetzt hat«. Aber das ist nicht nur ein neuer Name – seine ganze Persönlichkeit ändert sich damit. Die Tora beschreibt, dass er sich während des Ringens mit dem Mann in der Nacht verletzt hat. Von nun an humpelt er beim Gehen. Das ist eine Metapher dafür, dass der selbstbewusste und erfolgreiche Jakob jetzt nicht mehr so stolz und egozentrisch ist, sondern bescheidener und nachdenklicher.

Ganz bestimmt plante Esau, seinen Bruder zu töten – zumindest dachte er darüber nach. Warum sonst hätte er mit 400 bewaffneten Männern kommen sollen, um seinen Bruder zu begrüßen? Doch als er Jakob sieht und erkennt, dass sein Bruder ein anderer Mensch geworden ist – jemand, der aufrichtig Buße tun und neu anfangen möchte –, kann Esau nicht anders, als ihm zu vergeben und zu vergessen. Beide weinen zusammen. Zwar unterscheiden sie sich noch sehr voneinander, aber sie sind keine Gegner mehr. Sie gehen als echte Brüder auseinander.

Die entscheidende Szene der Geschichte ist die herzliche Begrüßung und Esaus Kuss.[45] Der Midrasch[46] lehrt im Namen von Rabbi Schimon Bar Jochai, dass Esau Mitleid mit Jakob hatte und ihn deshalb von ganzem Herzen küsste. Doch dem widerspricht Rabbi Jannai. Basierend auf dem Hebräischen interpretiert er, Jakob habe gebissen, nicht geküsst. »Und er küsste ihn« (*Wajischakeihu*) und »er biss ihn« (*Wajischacheihu*) unterscheiden sich im Hebräischen tatsächlich nur durch die Punktierung eines Buchstabens.

Aber warum möchten Rabbi Jannai und spätere Kommentatoren, die sich auf ihn berufen, der offensichtlichen Logik des Textes widersprechen? Esau steht in der jüdischen Tradition oft für die Römer und später für das Christentum. Dieser Kommentar ist also auch eine Polemik gegen das Christentum, das als aggressiv und unversöhnlich dargestellt wird. Das ist gerade im Mittelalter eine verständliche Position aufgrund der Erfahrungen von Unterdrückung und Verfolgung. Und es ist auch eine Reaktion auf die frühe antijüdische Polemik im Römerbrief[47], wonach Esau für Israel stehe und Jakob für das Christentum, auf das nun der Bund Gottes übergehe.

Tatsächlich war das Verhältnis zwischen Juden und Christen lange Zeit von Feindseligkeit und Entfremdung geprägt – vor allem durch den Judenhass der christlichen Mehrheitsgesellschaft. Die Kirchen haben sich aber geändert. Das erkannte der Neziv bereits Ende des 19. Jahrhunderts, drehte in seinem Kommentar die Polemik von Jakob und Esau um und rief zur echten Partnerschaft zwischen Juden und Christen auf: »Wenn die Kinder von Esau künftig vom reinen Geist zur Anerkennung des Volkes Israel und dessen Tugenden veranlasst werden, werden auch wir Esau als unseren Bruder anerkennen.«[48] Seit der vatikanischen Erklärung »Nostra Aetate« (1965) hat sich viel getan im Christentum. Das Judentum wurde anerkannt, der unauflösbare Bund Gottes mit Israel bestätigt, und sowohl die katholische Kirche, als auch die EKD haben der sogenannten Judenmission eine klare Absage erteilt.[49] Jetzt liegt es an uns, diese historisch einmalige Chance zu ergreifen. Erste Schritte der Versöhnung zu tun fällt nie leicht – vor allem dann nicht, wenn wir denken, dass wir im Recht sind. Aber aus der Geschichte von Jakob und Esau können wir lernen, dass Konflikte immer schwer auf unseren Seelen lasten, so oder so. Letztlich müssen wir den Mut und die Kraft finden, die Dinge zu klären und uns zu versöhnen – nicht nur um des anderen willen, sondern auch um unserer selbst willen.

Wajeschew וישב »Und er wohnte« (Gen 37-40)

Kurzzusammenfassung

Jakob lässt sich mit seinen Söhnen in Hebron nieder. Josef ist sein Lieblingssohn. Seine Brüder möchten ihn töten, beschließen dann, ihn einer Sklavenkarawane zu verkaufen. Josef kommt nach Ägypten und wird Diener am Haushalt eines Ministers. Weil er die Avancen von dessen Frau ablehnt, bezichtigt sie ihn der Gewalt und er kommt ins Gefängnis. Dort beginnt er mit seinen Traumdeutungen.

Jakob und seine Söhne - auch eine Elternschule

Jakob lässt sich mit seiner Familie in Hebron, der Heimat seines Vaters nieder. In diesem und den folgenden Wochenabschnitten erfahren wir mehr über seine Söhne und deren Verhältnis zueinander. Vieles erinnert dabei an eine Seifenoper: Es geht um Konflikte, Tricks, Intrigen, Schuld und ihre Bestrafung, um Rache, sogar um Sex – und schließlich der Triumph des Guten: »Jakob ließ sich im Land des Aufenthaltes seines Vaters, im Land Kanaan, häuslich nieder. Dies sind die Nachkommen Jakobs: Josef, im Alter von 17 Jahren, war als Hirte mit seinen Brüdern bei den Schafen, als Jüngling aber war er mit den Söhnen Bilhas und mit den Söhnen Silpas, der Frauen seines Vaters, und Josef brachte ihr Gerede böse zu dem Vater. Israel aber liebte Josef mehr als alle seine Söhne, denn er war ihm ein Sohn des Alters; und er pflegte ihm einen bunten Rock zu machen. Als die Brüder sahen, dass gerade ihn ihr Vater mehr als alle seine Brüder liebte, da hassten sie ihn, und sie konnten mit ihm nicht zum Frieden sprechen. Da träumte Josef einen Traum und er erzählte es seinen Brüdern; da hassten sie ihn nur noch umso mehr.«[50]

Dreh- und Angelpunkt ist der jüngste Sohn Josef, offensichtlich ein ziemlich verzogener Balg. Er ist Jakobs Lieblingssohn und bekommt besondere Geschenke von ihm. Josef ist zudem eine Petze und erzählt seinem Vater alles, was seine Brüder tun – die offensichtlich viel Schlechtes anstellen. Das macht Josef verständlicherweise zur Hassfigur seiner Brüder. Schon in jungen Jahren hat er besondere Träume, in denen er über seine Familie regiert. Als naiver Teenager erzählt er seiner Familie von diesen Träumen, was für die Brüder das Fass zum Überlaufen bringt.[51]

Aber warum ist Josef so? Rabbiner Hirsch erklärt: »Als Hirte befand er sich mit seinen Brüdern bei den Schafen. Nur die Tagesarbeit des Berufes führte ihn mit den Brüdern, den Söhnen Leahs, zusammen. Aber Jüngling war er, sein Jugendleben und Jugendstreben entfaltete er mit den Söhnen der Dienstmägde, die nicht seine Brüder, sondern die ›Söhne der Frauen seines Vaters‹ genannt werden. *Wir haben also einen mutter- und geschwisterlosen Jüngling vor uns.* Alle anderen wuchsen im Verein mit Geschwistern, unter dem Fittich und dem Einfluss mütterlicher Liebe heran. Josef stand allein. Die Mutter war ihm früh gestorben und hatte nur ihn zurückgelassen. Benjamin war noch ein Kind, kein Genosse für den Jüngling. Bei den Stiefbrüdern fühlte er sich nicht recht heimisch und sich mehr zu den Söhnen der Dienstmägde hingezogen, zu denen – vielleicht – auch Eitelkeit ihn führte.«[52]

Josef war also quasi Einzelkind (Benjamin war noch zu klein) und wuchs ohne Mutter auf, die bei der Geburt des jüngeren Bruders auf dem Weg nach Hebron in der Nähe von Bethlehem verstarb.[53] Seine Brüder (die Söhne von Lea) sind an dem Sohn Rachels nicht interessiert; die Söhne der Dienstmägde müssen ihn wohl tolerieren, tiefere Bande hegen sie für ihn aber offensichtlich nicht. Jakob bevorzugt Josef übrigens nicht wegen seiner schwachen Stellung unter den Brüdern, sondern weil er sein Potenzial erkennt, denn »trotz der vorerwähnten Schwächen steckte ein ganz herrlicher Mensch in Josef. Nicht Jakob, sondern Israel sah in ihm den vorzüglichsten seiner Söhne … er sah sich in ihm fortlebend, in ihm den Fortträger aller seiner geistigen Errungenschaften.«[54] Trotzdem war die Bevorzugung problematisch und verwöhnte Josef in einer Art und Weise, die seiner Entwicklung nicht zuträglich war, wie Rabbiner Hirsch feststellt: »Das alles dies nicht vernünftig war … wie überhaupt ein Lieblingskind in der Geschichte unserer Väter und eines jeden Hauses nur verderbliche Folgen hat, das ist durch die herben Folgen, die alles dies in der Geschichte nach sich zog, bitter genug hervorgehoben.«[55]

Aber muss es trotzdem so tragisch enden? Oberrabbiner Hertz nimmt Bezug auf die Kleidung, die Josef von seinem Vater als Geschenk bekommt, und fragt sich, »warum eine solche Kleinigkeit den tödlichen Hass aller Brüder hervorgerufen haben sollte. Jetzt wissen wir allerdings aus den Grabgemälden von Bene Hassain in Ägypten, dass im Zeitalter der Patriarchen semitische Häuptlinge vielfarbige Röcke als Zeichen der Herrscherwürde trugen. Josef hatte sich schon bei seinen Brüdern durch die Berichte über sie unbeliebt gemacht. Jakob bestimmte ihn nun, indem er ihm einen vielfarbigen Rock verlieh, zur Führung der Stimme nach dem Tode seines Vaters! Wenn man dazu die Eitelkeit des Jungen hinzufügt, die in der Beschreibung seiner Träume zum Ausdruck kommt, so wird der Grimm der Brüder verständlich.«[56] Es geht also um die Zukunft, um den kommenden Erben und den Status als Erster unter den Brüdern.

Die logische Konsequenz aus dem Verhalten Josefs ist, dass seine Brüder eifersüchtig sind, ihn hassen und nur auf eine Gelegenheit zur Rache warten. Als sein Vater Josef zu seinem Bruder schickt, der weit weg von zu Hause die Schafe hütet, planen sie, ihn zu töten. Er wurde jedoch gerettet. Zuerst schlägt Ruben, der Älteste, vor, ihn in eine Wassergrube zu werfen, anstatt ihn zu töten – wahrscheinlich um Josef zu beschützen. Der eigentliche Beschützer aber ist Juda, der vorschlägt, ihn an eine vorbeiziehende Karawane zu verkaufen. So wird Josef gerettet und kommt zunächst als Sklave nach Ägypten.[57]

Unsere *Parascha* zeigt, wie schwer die Erziehung der Kinder ist und vor welchen Herausforderungen wir Eltern stehen. Wir müssen darauf achten, dass wir alle Kinder möglichst gleich behandeln, kein Lieblingskind haben oder eines der Kinder zu oft bevorzugen, auch wenn wir persönliche Präferenzen oder vielleicht auch eine besondere Beziehung zu einem unserer Kinder empfinden oder einfach, wie im Falle Josefs, das spezielle Potenzial in einem der Kinder sehen. Die Geschichte von Josef zeigt deutlich, welche fatalen Folgen das haben kann.

Mikez מקץ »Am Ende« (Gen 41,1 - 44,17)

Kurzzusammenfassung

Mit der Deutung von Pharaos Träumen endet die Gefängniszeit Josefs. Der Pharao ernennt ihn zum obersten Minister des Landes. Josef heiratet und hat mit seiner Frau zwei Söhne. Während der großen Hungersnot kommen zehn seiner Brüder nach Ägypten, um Getreide zu kaufen. Josef erkennt sie wieder, aber sie erkennen ihn nicht. Josef legt seine Brüder herein und bezichtig sie, Spione bzw. Diebe zu sein. Er bietet ihnen an, sie freizulassen, wenn sie ihm den Jüngsten der Brüder, Benjamin, überlassen.

Große Lebensthemen: Integration - Toleranz - Identität

Der Wochenabschnitt Mikez wird immer in Verbindung mit dem Chanukkafest in der Synagoge gelesen. Auch wenn es auf den ersten Blick nicht so scheint: *Parascha* und Chanukka sind miteinander verbunden. Die Geschichte von Chanukka ist recht simpel: Die Griechen wollten die jüdische Religion und Kultur vernichten, um die Juden – wie auch alle anderen Völker des Reiches – vollständig zu hellenisieren. Sie unterdrückten brutal die Ausübung des Judentums; doch diese Politik war nicht erfolgreich, sondern verursachte einen Aufstand gegen die Griechen (den ersten Kampf um Religionsfreiheit in der Geschichte der Menschheit!), der am

Ende siegreich war. Jerusalem wurde vom jüdischen Volk zurückerobert, der Tempel wieder eingeweiht und das Lichterwunder geschah.[58] Was nicht alle wissen, ist, dass die Makkabäer nicht nur gegen die Griechen, sondern auch gegen hellenisierte Juden kämpften. Sie waren dabei nicht zimperlich, wie wir im ersten Makkabäerbuch lesen: »Da trat vor aller Augen ein Jude vor und wollte auf dem [heidnischen] Altar von Modiïn opfern, wie es der [griechische] König angeordnet hatte. Als Mattitjahu das sah, packte ihn leidenschaftlicher Eifer; er bebte vor Erregung und ließ seinem gerechten Zorn freien Lauf: Er sprang vor und erstach den Abtrünnigen über dem Altar.«[59]

Man könnte daher meinen, dass unsere Tradition die Integration in andere Gesellschaften oder Kulturen ablehnt. Doch gerade der Wochenabschnitt Mikez, den wir an Schabbat Chanukka lesen, beschreibt das Beispiel einer gelungenen Integration in ein Gastland: Josef in Ägypten. Wir lesen vom Aufstieg Josefs in eine hohe Position in der ägyptischen Administration, wie er die ägyptische Sprache und Kultur annimmt und von der Hochzeit mit einer Ägypterin. Aber auch davon, wie er seine jüdische Identität und Religion bewahrt und seine beiden Söhne gemäß unserer Tradition erzieht.[60] Und genau hier liegt der Unterschied zwischen Josef in unserer *Parascha* und den hellenisierten Juden zur Zeit der Makkabäer: Während sich Josef integriert und seine jüdische Identität neben der ägyptischen beibehält, haben sich die hellenistischen Juden total assimiliert, d.h. die jüdische Identität und Religion – und damit letztlich sich selbst – komplett für die griechische Kultur aufgegeben.

Dabei gibt es doch eigentlich keinen Widerspruch zwischen der griechischen Kultur bzw. den lokalen Kulturen in den Ländern der Diaspora, in denen wir als Juden heute leben, und der jüdischen Religion und Kultur. Ganz im Gegenteil: Wir Juden können die Gesellschaften, in denen wir leben, mit unserem Wissen, unserer Erfahrung und unserem Kulturerbe bereichern. Die Geschichte hat gezeigt, dass tolerante und offene Gesellschaften, die Juden aufgenommen haben, von uns profitierten, aufblühten und sich weiterentwickelten – so wie durch Josef, der sein Wissen und sein Talent dafür nutzt, um Ägypten voranzubringen. Er schützt sein Gastland mit einem ausgefeilten System der Nahrungsmittellagerung vor einer Hungerkatastrophe.[61] Genauso setzten und setzen Juden überall auf der Welt und zu jeder Zeit in der Geschichte ihr Knowhow und ihre Fähigkeiten nicht nur für sich selbst ein, sondern vor allem für das Wohl der Länder, in denen sie lebten und leben. Die jüdische Tradition lehrt uns mit dem Prinzip *Dina-de-Malchuta-Dina* (»Das Gesetz des Landes ist Gesetz«), dass wir die lokalen Gesetze und Bräuche zu achten haben.

Die Makkabäer waren der griechischen Kultur übrigens keineswegs abgeneigt. Auch sie haben sich in das griechische Imperium integriert und die vielen Vorteile dieser Kultur erkannt. Das Verbot der jüdischen Religion ging ihnen allerdings zu weit. Sie kämpften also mehr *für* die jüdische Tradition, für ein Menschenrecht als *gegen* die griechische Kultur, die ihnen am Herzen lag, genauso wie die Jüdinnen und Juden nach ihnen. Denn die griechische Kultur wurde auch nach dem erfolgreichen Makkabäeraufstand nicht aus der jüdischen Lebensrealität verbannt. Der Talmud[62] ist voll des Lobes für die griechische Sprache und die griechische Weisheit. Kritische Äußerungen[63] wurden von späteren Kommentatoren, wie Maimonides, einfach redigiert.

Unsere westliche Zivilisation fußt neben der jüdisch-christlichen Ethik und Moral, basierend auf unserer jüdischen Bibel, auf der griechisch-römischen Kultur mit ihrer Philosophie, Mathematik, Wissenschaft und Kunst – eine Synthese, wie sie schon in der Tora angedeutet ist. In der *Parschat Noah* haben wir über die Nachkommen von Noah gelesen. Einer der Enkel von Noah ist Jawan (der Stammvater des griechischen Volkes). Sein Vater Jafet ist respektierter und geliebter Sohn Noahs. Noah sprach über ihn (und seinen Bruder Schem): »Der Ewige soll Jafet größer machen und verschönern, und er [Jafet, symbolisch: der Ruhm der griechischen Kultur] soll verweilen in den Zelten von Schem [symbolisch für das jüdische Volk].«[64] Viele große jüdische Philosophen, Mathematiker, Ärzte und Poeten des Mittelalters schöpften Wissen aus den griechischen Quellen. Die griechischen Texte waren auch ein verbindendes Glied zwischen Juden, Muslimen und Christen dieser Zeit.

Natürlich barg das die Gefahr – und birgt sie immer noch – einer zu großen Anpassung an die Mehrheitsgesellschaft. Aber trotz aller Gefahren ist das jüdische Ideal eben doch, die »Schönheit Jafets in die Zelte Schems« aufzunehmen – zu unserem Wohl und zum Wohl der anderen Völker, ganz nach dem Motto im Talmud: »Derjenige, der Worte der Weisheit spricht, auch die von Nichtjuden, wird ein weiser Mann genannt.«[65] Und Maimonides fügte hinzu: »Die Wahrheit ist die Wahrheit, gleichgültig was ihre Quelle ist.«[66]

Die Botschaft von Chanukka ist also nicht, dass wir uns isolieren und separieren sollen – ganz im Gegenteil: Wir können und sollen uns in die Gesellschaften integrieren, mit denen wir leben. Wir sollen auch von Nichtjuden und deren Kultur lernen.

Wir können beides sein: stolze Jüdinnen und Juden, die ihre Religion und Tradition achten, und loyale Bürgerinnen und Bürger der Länder, in denen wir leben, und deren Kultur, Sprache und Gepflogenheiten annehmen, ohne unsere jüdische Identität aufgeben zu müssen.

Wajigasch ויגש »Und er trat heran« (Gen 44,18 - 47,27)

Kurzzusammenfassung

Juda setzt sich für seinen jüngsten Bruder Benjamin ein. Josef gibt sich daraufhin schließlich zu erkennen und vergibt seinen Brüdern. Die Brüder kehren mit dieser guten Nachricht nach Kanaan zurück. Jakob kommt mit seinen Kindern und deren Familien nach Ägypten und schließlich erhalten sie die Erlaubnis, sich dort niederzulassen.

Schicksal - Vergebung - Versöhnung - Segen

Josef offenbart seinen Brüdern endlich seine wahre Identität und vergibt ihnen. Leicht fällt ihm das jedoch nicht. Erst, nachdem er bereits mit einem hinterlistigen Plan begonnen hatte, um sich für das zu rächen, was sie ihm angetan hatten, lenkt er ein. Das sollte nicht überraschen, haben ihn doch seine Brüder in der Vergangenheit äußerst schlecht behandelt, wollten ihn sogar töten und verkauften ihn schließlich in die Sklaverei. Josef erkennt aber, dass sich seine Brüder gewandelt haben. Sie sind miteinander – und zu ihrem Vater – in Liebe verbunden und bereit, sich gegenseitig zu helfen, füreinander einzustehen.

In einer chassidischen Geschichte erläutert Rabbi David aus Lelow diese Veränderung der Brüder als Schlüssel zur Vergebung: »Erlösung kann zu einem Menschen nicht kommen, ehe er die Schäden seiner Seele sieht und sie zurechtzubringen unternimmt. (…) Wer, (…) der Erkenntnis seiner Mängel keinen Zutritt gewährt, zu dem hat die Erlösung keinen Zutritt. Wir werden in dem Maße erlösbar, in dem wir uns selber sichtbar werden. Als die Söhne Jakobs zu Josef sprachen: ›rechtschaffen sind wir‹, antwortete er ihnen: ›das ist's, was ich zu euch geredet habe: Kundschafter seid ihr‹. Danach aber, als sie mit Herz und Mund die Wahrheit bekannten und zueinander sprachen: ›wohl, schuldig sind wir, an unserem Bruder‹, begann ihre Erlösung aufzuglimmen, vom Erbarmen ergriffen wandte sich Josef zur Seite und weinte.«[67]

Allen voran wandelte sich Juda. Seine eindrückliche Rede, die wir ganz zu Anfang unserer *Parascha* lesen, lässt Josef umstimmen: »Da trat Juda zu ihm hin und sprach: oh, mein Herr, lasse deinen Diener doch ein Wort in die Ohren meines Herrn sprechen, und deinen Zorn nicht wider deinen Diener rege werden; denn du bist dem Pharao gleich. Mein Herr hat seine Diener gefragt: habt ihr einen Vater oder einen Bruder? Wir sagten meinem Herrn: wir haben einen alten Vater und ein junges Kind des Alters; sein Bruder ist tot, er ist allein von seiner Mutter übriggeblieben, und sein Vater liebt ihn. (…) Und nun – komme ich nun heim zu deinem Diener, meinem Vater, und der Knabe ist nicht mit uns, und des einen Seele ist an des anderen Seele geknüpft: so wird es sein, wie er nun sieht, dass der Knabe nicht da ist, so stirbt er, und es werden dann deine Diener das greise Haupt deines Dieners, unseres Vaters, in Kummer zu Grabe bringen. (…) und nun, lasse doch deinen Diener an des Knaben Stelle zum Sklaven meinem Herrn verbleiben, und den Knaben mit seinen Brüdern hinaufziehen!«[68]

Die Wandlung Judas zeigt sich an den beiden ersten Wörtern unseres Wochenabschnitts, nachdem er auch benannt ist: *Wajigasch Jehuda*, »Da trat Juda [zu ihm]«. *Wajigasch Jehuda* kann aber auch anders übersetzt werden: »Dann kam Juda nahe.« Wem? Sich selbst, denn »nur als Jehuda vollständig er selbst war, war er in der Lage, so zu sprechen, wie er es tat.«[69] Er steht endlich zu sich selbst, ist quasi ein neuer Juda und das zeigt sich in der Art seiner Ansprache. Nechama Leibowitz hat aufgezählt, dass Juda in seiner Rede vierzehnmal das Wort »Vater«, dreizehnmal »Sklave« und sechsmal »Bruder« verwendet – innerhalb weniger Verse! Juda ist verzweifelt, er fleht Josef an und setzt sich für seinen Bruder Benjamin ein. Das zeigt sehr schön, wie sich Juda seit dem Weggang Josefs weiterentwickelt hat. Juda mag vorher bereits Josefs Leben gerettet haben, aber er war trotzdem kein Unschuldslamm, sondern am Komplott gegen seinen Bruder beteiligt. Er wollte, dass Josef so weit wie möglich weg ist, und täuschte seinen Vater, indem er ihm Josefs Gewand mit Blut zeigte, um vorzutäuschen, dass Josef tot sei.[70] Doch die Geschichte mit seiner Schwiegertochter Tamar öffnete ihm die Augen[71] und ließ ihn danach langsam zur empathischen und vorausschauenden Führungsfigur unter den Brüdern werden. Später wird Juda symbolisch für das gesamte jüdische Volk stehen. Der Stamm, der aus ihm hervorgeht, wird der letzte sein, von dem alle heutigen Juden abstammen. Darüber hinaus wird König David ein direkter Nachkomme von ihm.[72]

Juda hat zwar schwere Fehler begangen, aber er steht jetzt dazu und hat sie schon zuvor bei Tamar öffentlich zugegeben. Jetzt läuft er nicht mehr vor der Herausforderung davon, jetzt lässt er Benjamin nicht im Stich, wie er vorher Josef im Stich gelassen hat, stattdessen bietet er jetzt sein Leben für das seines Bruders an. Das zeigt Josef, dass Juda sowohl seinen jüngeren Bruder wie auch seinen Vater Jakob sehr liebt – mehr als sein eigenes Leben.

Diese Umkehr Judas und der anderen ermöglicht es Josef, sie (wieder) als seine Brüder anzunehmen. Josef kann schließlich nicht länger an sich halten und beginnt zu weinen. Er fordert sie auf, näher zu ihm zu kommen, und spricht: »Ich bin euer Bruder Josef (…). Und nun betrübt euch nicht, und lasst es in euren Augen nichts Bekümmerndes sein, dass ihr mich hierher verkauft habt; denn zur Lebenserhaltung hat Gott mich vor euch geschickt. (…) Und nun, nicht ihr habt mich hierher gesendet, sondern Gott. Er hat mich dem Pharao zum Vater gesetzt, seinem ganzen Hause zum Herrn und im ganzen Land Ägypten zum Herrscher.«[73]

Josefs Tränen kommen von Herzen. Er zeigt Größe und Barmherzigkeit. Er ist glücklich und bietet sofort seine Hilfe an. Trotz der Misshandlungen, die er in der Vergangenheit durch seine Brüder hat erleiden müssen, vergibt er ihnen. Die schlechte Erfahrung hat ihn nicht hart gemacht, ganz im Gegenteil. Er macht seine Brüder nicht einmal für ihre Taten verantwortlich. Für Josef war es Gottes Plan und Fügung, dass er nach Ägypten kam, um jetzt für seine Familie sorgen zu können. Aus einem schweren Schicksal macht Josef einen Segen. Er schaut nicht zurück, sondern nach vorne. Mit Erlaubnis des Pharaos bringt er seine Brüder und ihre Familien – und natürlich den Vater Jakob – in das ägyptische Land Goschen, wo sie sich niederlassen, um der Hungersnot im Land Kanaan zu entgehen. Jakob ist überglücklich, endlich seinen Sohn Josef, den er für tot hielt, wiederzusehen.

Wajechi ויחי »Und er lebte« (Gen 47,28 - 50,26)

Kurzzusammenfassung

Jakob lebt die letzten 17 Jahre seines Lebens in Ägypten. Bevor er stirbt, segnet er seine Enkel Ephraim und Menasse und schließlich seine zwölf Söhne. Auf seinen Wunsch hin wird er in der Machpela in Hebron beigesetzt.

Jakobs Vermächtnis und seine Vision für die Zukunft

Jakob verbringt die letzten Jahre seines Lebens glücklich und zufrieden in Ägypten bei seiner Familie, wiedervereinigt mit seinem Lieblingssohn Josef, den er lange Zeit für tot hielt. Interessanterweise erfahren wir zu diesen 17 Jahren keine Details, anders als in vielen Episoden vorher. Rabbiner Hirsch erklärt, warum: »Wenn man bedenkt, dass die hiermit eingeleiteten siebzehn Jahre die einzigen waren, die Jakob *ruhig* durchlebte, sie somit, seinem ganzen vergangenen Leben gegenüber, als die eigentliche Blüte desselben betrachtet werden dürften, so hätte man umso mehr erwarten können, deren Erzählung werde durch einen besonderen Abschnitt hervorgehoben sein. Dessen Abwesenheit jedoch lehrt uns, daß diese siebzehn Jahre wohl individuell mitzählen, national jedoch gerade die minderbedeutenden waren, daß vielmehr die Jahre des getrübten, gedrückten Lebens, in welchem die

Prüfung zu bestehen war, mitten im herbsten Jakobgeschicke sich den Namen Israel zu erwerben und dessen würdig zu werden, diejenigen gewesen, in welchen Jakob seine ewige nationale Bedeutung errungen, und für welche die hier folgenden siebzehn Jahre nur den heiter lohnenden Abschluß bilden.«[74] Die letzten guten Jahre seines Lebens mögen also für Jakob persönlich die besten gewesen sein, für seine Bestimmung als Israel, als Stammvater des jüdischen Volkes, hatten sie aber keine Bedeutung. Es waren eher die schwierigen und herausfordernden Jahre, die ihn prägten und zu der Persönlichkeit machten, die dieser Aufgabe gerecht werden konnte.

Ausführlich hingegen werden die Segnungen seiner Enkel und seiner Kinder beschrieben, was uns wichtige Eigenschaften über seine Nachkommen verrät und damit auch über die zukünftigen Stämme, die später aus Ägypten in das Land Israel ziehen werden. Kurz vor seinem Tod ließ er zunächst Josef mit seinen Söhnen Ephraim und Menasse kommen und sagte, dass er seine beiden Enkel wie seine Söhne betrachte; sie sollen ihm »wie Ruben und Simon gehören«.[75] Er nahm seine rechte Hand auf den Jüngeren, auf Ephraim, und seine linke auf Menasse. Josef wollte ihn korrigieren, weil er meinte, dass sein Vater vielleicht aufgrund des hohen Alters die Enkel verwechselte, aber Jakob segnete die beiden Enkel bewusst in dieser Reihenfolge.[76] Bis heute segnen Eltern übrigens ihre Söhne mit einem Zitat aus dieser Geschichte: »Es mache dich Gott wie Efraim und Menasse!«[77]

Die Zurücksetzung des Erstgeborenen hinter den Jüngeren ist charakteristisch für die gesamte Geschichte, mindestens seit dem Stammvater Abraham: »Unter Abrahams Söhnen weicht

Ismael dem Isaak, unter Isaaks Esau dem Jakob, unter Jakobs Söhnen Ruben dem Josef, unter Josefs Menasse dem Efraim, und die eigentliche leitende Herrschaft kommt an Juda.«[78] Anders als grundsätzlich üblich bekommt beim spirituellen Erbe Abrahams nicht automatisch der Erstgeborene zum Zug, sondern der am besten Geeignete.

Bei den Söhnen Jakobs sehen wir entsprechend zwei herausragen: Josef und Juda. Das zeigt sich bei den abschließenden Segnungen seiner Söhne. Die zwölf Söhne sind sehr unterschiedlich. Es gibt einen Benjamin, der offensichtlich ein Krieger ist, Sebulon, ein Seefahrer oder einen Issachar, der Sicherheit sucht. Einen Naftali, der schnell und zuverlässig ist und einen schlauen Dan.[79] Während er die Söhne grundsätzlich nur indirekt anspricht, wendet er sich an drei von ihnen direkt: Ruben, Josef und Juda. Jakob kann seine Verärgerung mit Ruben kaum verbergen. Eigentlich war es seine Bestimmung als Erstgeborener, das Oberhaupt und der Leiter der Familie nach Jakob zu sein. Grundsätzlich hatte er das Potenzial an »Würde und Macht«[80] dazu, aber er ist moralisch nicht gefestigt, er hat einen Mangel an Charakter und eine Haltlosigkeit »dem Wasser gleich«.[81] So bekommt Josef durch und mit seinen Söhnen das Erstgeborenenrecht und den damit verbundenen doppelten Anteil am Erbe. Er wird für all das belohnt, was er geleistet hat, und löst damit Ruben ab. Josef ist ein großes Vorbild für jeden Juden und jede Jüdin – besonders für uns, die außerhalb Israels leben. Er ist warmherzig und verzeiht seinen Brüdern. Er ist treu und bescheiden. Er ist ein Weltbürger, der sich in die ägyptische Gesellschaft integriert, aber Israel verbunden bleibt. Er wird oberster Minister des Pharaos, reklamiert diesen Erfolg aber nicht für sich, sondern betont immer wieder Gottes Bestimmung.

Die eigentliche Führungsrolle übernimmt aber Juda. Hier zeigt sich die große Weitsicht Jakobs, der seine Kinder genau kennt und die Zukunft aktiv zum Wohl des jüdischen Volkes vorgestaltet. Josef ist zwar Jakobs Lieblingssohn, aber Juda steht im Mittelpunkt der Segnungen. Er war bereits am Anfang der Josefsgeschichte in einer führenden Position unter den Brüdern und diese wurde in der Zeit, in der Josef in Ägypten lebte, sukzessive immer stärker.[82] Er ist auch derjenige, der wahre Größe hat, der Fehler offen zugibt und Reue zeigt (siehe Wochenabschnitt *Wajigasch* von letzter Woche). Das nimmt bereits die zukünftigen Entwicklungen vorweg, da der Stamm Juda später der führende Stamm in Israel sein wird.

Genauso wie die Söhne Jakobs sehr unterschiedlich sind, sind wir Juden es auch. Wir sind kein monolithischer Block, wie es die Antisemiten immer behaupten. Es gibt Aschkenasim und Sephardim, religiöse, nicht religiöse, aber alle Juden sind durch das Erbe, den Bund und das Schicksal, das wir teilen, miteinander verbunden. Das Judentum gibt Raum für Vielfalt und Pluralismus. Wenn das Judentum überleben will, müssen wir unsere Wurzeln suchen und unserer Tradition treu bleiben, genau wie Josef. Wir müssen aber auch wie Jakob in die Zukunft blicken und unser Erbe und unser Wissen kommenden Generationen weitergeben.

SCHEMOT

(2. Buch Mose – Exodus)

Schemot שמות »Namen« (Ex 1,1 - 6,1)

Kurzzusammenfassung

Nachdem sich das jüdische Volk in Ägypten niedergelassen hat und prosperiert, wird es versklavt. Der Pharao befiehlt zudem, alle männlichen Neugeborenen zu töten, um die Zahl der Israeliten zu minimieren. Um diesem Schicksal zu entgehen, wird Mose in einem Körbchen im Nil ausgesetzt und schließlich von der Tochter der Pharao gerettet und adoptiert. Mose setzt sich für die Israeliten ein und muss daraufhin Ägypten verlassen. In Midian heiratet er und gründet eine Familie, bis er nach der Vision am Brennenden Dornbusch nach Ägypten zurückkehrt und vom Pharao die Freilassung der Israeliten fordert.

Vom Familienklan zur Schicksalsgemeinschaft

Das zweite Buch Mose erzählt die Geschichte der Entstehung des Volkes Israel, von den Anfängen als Familienklan Jakobs bis zum selbstbewussten Volk, das den Pharao herausfordert und Ägypten schließlich verlässt. Diese Entwicklung spiegelt sich gleich in den ersten Versen des Buches wider: »Und dieses sind die Namen der Söhne Israels [hebr. *Bnei Jisrael]*, die nach Ägypten gekommen … Und es waren alle Seelen, die hervorgegangen aus der Hüfte Jakobs, siebzig Seelen [hebr. *Nafesch*], und Josef war in Ägypten. Und Josef starb und all seine Brüder und das ganze Geschlecht. Und das Volk Israel [hebr. *Bnei Jisrael*] war fruchtbar, hatte zahlreiche Geburten, wurde in großem Übermaß viel, wurde sehr stark und das Land war voll von ihm.«[83]

Zweimal wird *Bnei Israel* erwähnt. Während es im ersten Vers mit Sicherheit noch wortwörtlich zu übersetzen ist, also mit »Söhne Israels (Jakobs)«, ist die Bedeutung im Vers 7 wohl eher schon »Volk Israel«, wofür *Bnei Israel* auch im Folgenden das Synonym sein wird. Die Tora spricht von siebzig Personen, die nach Ägypten kommen, aber dabei handelt es sich wohl nur um die Männer. Wenn wir also noch die Frauen, die Kinder, die Enkelkinder, die Bediensteten und deren Familien mitrechnen, sind es wahrscheinlich ein paar Hundert, vielleicht sogar ein paar Tausend nach Ägypten gekommen. Doch selbst diese Zahl vergrößerte sich bald um ein Vielfaches. Die Tora verwendet in einem Vers[84] so viele Wörter für »Vermehrung«, dass wir davon ausgehen müssen, dass das Volk Israel stark anwuchs und auch generell prosperierte. Trotzdem bleibt das Volk eng untereinander verbunden, was wir aus dem fünften Vers ableiten können, in dem es heißt, dass siebzig Seelen nach Ägypten kamen. Im hebräischen Text lesen wir *Nafesch* (also Seele im Singular), nicht *Nefaschot* (Seelen im Plural), wie es richtig wäre; denn das ganze Volk war wie eine Seele, wie eine große Familie.[85]

Diese Entwicklung mag allerdings nicht jeder in Ägypten. Ein neuer Pharao kommt an die Macht und »kannte … Josef nicht mehr«[86] – oder wollte ihn vielleicht nicht mehr kennen[87] – und damit all das Gute, das Josef für Ägypten getan hatte. Dem Pharao werden die Israeliten vielleicht zu einflussreich oder vielleicht empfindet er das auch nur subjektiv; rational betrachtet, war es ganz anders. Jedenfalls ist diese Vorgehensweise so typisch für die Geschichte des jüdischen Volkes: Juden waren immer willkommen, weil sie halfen, die lokale Wirtschaft zu beleben, oder nützliche Berufe oder andere Begabungen mitbrachten. Sobald sie dann ihre Aufgabe erfüllt hatten oder es ihnen zu gut ging oder es einfach gerade politisch so opportun schien (manchmal auch aufgrund eines Machtwechsels), dann wurden sie diskriminiert oder vertrieben oder manchmal auch noch schlimmer – so geschehen in vielen Ländern und Regionen Europas, zu verschiedenen Zeiten.

Dabei hat der Pharao gar nichts Negatives gegen die Israeliten vorzubringen – außer, dass sie angeblich zu zahlreich wurden.[88] Es ist auch nirgendwo erwähnt, dass sich das Volk beschwert hätte. Vielleicht können sich die Menschen noch sehr wohl an die guten Taten von Josef erinnern. Der Pharao setzt daher Propaganda ein, um die Israeliten zu diffamieren. Er verbreitet eine Behauptung gegen das jüdische Volk, die so klassisch wie zeitlos ist: »Wenn nun Krieg werden sollte, so könnte dieses Volk zu unseren Feinden übergehen und gegen uns streiten oder aus dem Land ziehen.«[89] Die Israeliten, die laut der Tora loyale Bürger Ägyptens sind, werden so dargestellt, als meinten sie es nicht ehrlich, als wären sie Feinde Ägyptens und würden bei erstbester Gelegenheit Ägypten verraten, ja gegen Ägypten kämpfen.

Immer wieder behaupten auch heute Antisemiten, dass die jüdischen Mitbürger illoyal und eine Gefahr seien, quasi der innere Feind. Verblüffend ähnlich dem Vorwurf des Pharaos vor ungefähr 3500 Jahren. Rabbiner Hirsch erklärt die Motivation des Pharaos mit der Unterdrückung des eigenen Volkes. Er versucht, eine Minderheit als Paria-Volk auszugrenzen, das dann vom ägyptischen Volk schlecht behandelt werden kann, um die eigene Frustration der Unterdrückung rauslassen zu können.[90] Dabei folgt das Muster der Maßnahmen gegen die Israeliten ganz typisch denen des »Staats-Antisemitismus«, also beispielsweise in Nazideutschland: Erst mussten sie Sondersteuern zahlen, dann wurden ihre Rechte eingeschränkt, bis sie schließlich Sklaven waren. Als all das die Israeliten nicht schwächte, folgte der systematische Mord.[91]

Die Geschichte zeigt uns, dass wir Jüdinnen und Juden als Schicksalsgemeinschaft (Rabbiner Soloveitchik nennt es »Covenant of Fate«[92]) miteinander verbunden sind. Wir sollten daher stolz unsere Zugehörigkeit zum jüdischen Volk betonen. Das heißt nicht, dass wir uns damit von unserer nichtjüdischen Umwelt abgrenzen sollen. Ganz im Gegenteil: Josef beispielsweise war ägyptischer Minister und trotzdem auch stark mit dem Judentum verbunden. Der jüdische Glaube widerspricht damit diametral der Ideologie des Pharaos oder rechtsextremer Gruppierungen heute: Wir sollen den Fremden lieben. Und warum? Eben gerade, weil wir selbst Fremde in Ägypten waren (vgl. Deut 10,19 u.v.m.). Unsere Erfahrung als Sklaven in Ägypten soll uns sensibel dafür machen, wie es (anderen) Fremden, Minderheiten oder Verfolgten geht. Wie es Rabbiner Hirsch ausdrückt: »Die völlige Gleichstellung des Fremden mit dem Einheimischen bildet den Grundtypus des jüdischen Rechts. Im jüdischen Recht verleiht nicht die Heimat das Menschenrecht, sondern das Menschenrecht verleiht die Heimat!«[93] Für das Judentum stehen Menschenrechte und Gerechtigkeit im Vordergrund – für Rassismus oder Ausgrenzung ist kein Platz. Die Geschichte zeigt, dass wir auch heute noch dafür einstehen müssen.

Wa'era וארא »Und ich erschien« (Ex 6,2 - 9,35)

Kurzzusammenfassung

Gott offenbart sich Mose. Mose und Aaron versuchen immer wieder, den Pharao davon zu überzeugen, die Israeliten gehen zu lassen. Der bleibt hart, und so schickt Gott die Zehn Plagen über Ägypten.

Gott stellt sich namentlich vor

Ich bin leider jemand, der sich Namen nur schlecht merken kann. Wenn ich Leuten vorgestellt werde, vergesse ich daher manchmal ihre Namen, und wenn ich sie später treffe, muss ich mich entschuldigen und sie bitten, mich an den Namen zu erinnern. Dies gilt insbesondere, wenn die Person einen ungewöhnlichen Namen hat, den ich beim ersten Mal vielleicht gar nicht ganz richtig verstanden habe. In diesem Wochenabschnitt stellt sich kein Geringerer als Gott persönlich bei Mose mit Namen vor: »Gott (hebr. *Elokim*) sprach zu Mose und sagte zu ihm: Ich bin JHWH (Das sogenannte Tetragramm, das den vier hebräischen Buchstaben Jud Hej Waw Hej entspricht) auch da ich Abraham, Isaak und Jakob als der allgenügende Gott (hebr. *El Schaddai)* sichtbar war, und als der, den mein Name JHWH bedeutet, ihnen nicht zur Erkenntnis geworden war.«[94]

Im Grunde verstehen wir jetzt auch nicht mehr von Gott als vorher. Es ist in der Tat kompliziert und wir müssen uns die verschiedenen Bezeichnungen von Gott genau anschauen, um überhaupt eine Vorstellung der Bedeutungen zu bekommen. Diese kurze Offenbarung Gottes und seiner Namen soll Mose eine Antwort auf seine Verzweiflung geben. Mose hatte ganz am Schluss der vorigen *Parascha* geklagt: »Mein Herr! Zu welchem Zweck hast Du diesem Volk das Unglück beschieden? Warum hast du gerade mich gesendet?«[95] Es ist tatsächlich richtig, dass die Situation der Israeliten durch Moses Forderungen an den Pharao nicht besser, sondern schlechter geworden war: »Seitdem ich zu Pharao gekommen, in deinem Namen zu sprechen, hat er dem Volk noch mehr Misshandlungen zugefügt, und nicht einmal davor hast du dein Volk gerettet!«[96] Daraufhin offenbart sich Gott jetzt Mose ein weiteres Mal (nach dem Brennenden Dornbusch).

Bisher trat Gott als *Elokim* auf, als der im Sichtbaren waltende Unsichtbare, und lenkte die Geschehnisse unsichtbar aus dem Hintergrund. All das Leiden, die Verzweiflung, das Elend waren Ergebnisse der natürlichen Verhältnisse, in die sich Gott bisher nicht direkt einmischte. Sie waren das Resultat aus der Macht und Entartung Ägyptens sowie der Schwäche und Ohnmacht Israels. Jetzt aber tritt Gott neu als JHWH auf, als derjenige, der unabhängig der bestehenden, natürlichen Ordnung agiert, der seinen Willen ins Dasein setzt und durchsetzt. Mit diesem Moment der Auseinandersetzung zwischen Mose und dem Pharao und damit letztlich der Auseinandersetzung zwischen der Macht und Gewalt des Götzendienstes gegen den Willen Gottes wird eine ganz neue Offenbarung Gottes an die Menschheit ins Dasein treten, die von all dem, was vorher war, völlig unabhängig ist.[97] Diese ganz neue Offenbarung Gottes war aber schon von Anfang an in der jüdischen Geschichte angelegt, alles führte letztlich zu diesem Moment hin. Die Israeliten mussten erst in diese Situation kommen, um das Gottesvolk, das Gott als JHWH offenbarende Volk zu werden. Es musste sich von aller materiellen und politischen Macht lösen und seine Größe allein im Geistigen und Sittlichen, in der freien Erfüllung des göttlichen Willens finden, denn die Menschheit hatte das Bewusstsein von dem freien, allmächtigen Gott und dem durch diesen Gott freien Menschen verloren. Jetzt wird das Bewusstsein durch die Befreiung des jüdischen Volkes aus Ägypten wieder geweckt und soll die Menschheit in Richtung Erlösung bringen.[98]

Daher haben wir im Wochenabschnitt Schemot die Geschichte des Brennenden Dornbuschs gehört. Gott offenbarte sich Mose mit einem Namen, der so viel bedeutet wie »Ich bin, was ich bin« oder »Ich werde sein, was ich sein werde«.[99] Die meisten Kommentatoren verwenden die Zukunftsform und sagen, dass es wohl so etwas wie »Ich werde sein, was die Zukunft von mir verlangt« bedeutet, d.h. Gott ist in der Lage, auf die menschlichen Bedürfnisse einzugehen, wann und was immer. Es erinnert irgendwie an den typisch israelischen Satz *HaKol Jihje Beseder* (Alles wird gut). Es scheint also, als ob Gott uns sagen möchte, dass wir uns keine Sorgen machen müssen und dass Gott immer bei uns ist und immer für uns sorgen wird. Rabbiner Hirsch hat eher einen philosophischen Ansatz und versteht den Namen als »Ich werde sein, der Ich sein will«.[100] Damit betont er die völlige Souveränität des Handelns Gottes. Rabbiner Aryeh Kaplan dachte, es bedeute einfach »Ich bin«, »Ich existiere«. Das solle reichen, da wir Gott sowieso nicht darüber hinaus verstehen könnten.

Ja, letztlich können wir Menschen sowieso nie vollständig begreifen, wer Gott ist. Es gibt also keine konkrete, abschließende Erklärung für seine Namen. Die Identität Gottes bleibt für uns verwirrend und abstrakt. Alle Namen zeigen eine Nuance, einen Aspekt Gotte; doch wir sind nicht in der Lage, Ihn vollständig zu erfassen. Wir verwenden Begriffe, um Gott besser zu erklären, wie »König«, »unser Vater« oder »Ewiger«. Aber auch das sind nur Metaphern aus unserem menschlichen Verständnis heraus; seine wahre Identität ist für uns nicht fassbar und geht weit darüber hinaus, was wir uns vorstellen können. Letztlich ist es eine Frage des Glaubens. Das ist die einzige Frage, die wir in Bezug auf Gott beantworten können: Glauben wir an Gott? Ich persönlich bin mir mehr als sicher, dass Gott existiert, sogar dass wir mit Gott kommunizieren können. Gebet und Dialog sind für mich die Wege, auf denen Gott unsere Probleme erkennt und zu Hilfe kommt. Vielleicht ist das nicht immer so, wie ich es mir vorher gedacht oder erhofft habe, aber unterm Strich spüre ich, dass Gott da ist. So, wie es ein unbekannter Jude, der in der Schoa in Köln versteckt war, an eine Kellerwand geschrieben hatte: »Ich glaube an die Sonne, auch wenn sie nicht scheint. Ich glaube an die Liebe, auch wenn ich sie nicht fühle. Ich glaube an Gott, auch wenn er schweigt. Ich glaube, ich glaube!«

Bo בא »Komm« (Ex 10,1 - 13,16)

Kurzzusammenfassung

Die letzten Plagen suchen Ägypten heim. Gott weist die Israeliten unterdessen an, sich auf den Auszug vorzubereiten, unter anderem mit einem Opferlamm, dessen Blut auf die Türschwellen der Häuser gegeben wird, um vor der zehnten Plage zu schützen. Nach dem Tod der Erstgeborenen lässt der Pharao die Israeliten ziehen.

Die zehnte Plage - der erste Seder

Dieser Wochenabschnitt liest sich ein bisschen wie ein Thriller. Nach den ersten sechs Plagen, die in der *Paraschat Wa'era* beschrieben sind, findet die Macht Gottes nun ihren Höhepunkt. Nach und nach geben die Zauberer des Pharaos den Kampf gegen die Plagen auf. Trotzdem weigert sich der Pharao, das Volk Israel ziehen zu lassen, selbst, nachdem Hagel und Heuschrecken (Plage sieben und acht) die gesamte Ernte vernichtet haben. Bei der Dunkelheit (Plage neun) scheint es so, also ob der Pharao einlenkt, aber erst die zehnte Plage, wenn der Pharao seinen eigenen erstgeborenen Sohn tot in den Armen hält, bringt die Entscheidung. Zentral ist Kapitel 12, denn wir lesen hier eindrücklich, wie sich die zehnte Plage erfüllt und die Erstgeborenen der Ägypter sterben, weil sie nicht das Blut des Pessach-Lamms an ihren Türen hatten, das sie schützen würde. Die Israeliten hingegen werden verschont.

Schließlich zieht das jüdische Volk aus Ägypten in die Freiheit. Seit dieser Zeit erinnern wir uns an diese entscheidende Nacht, in der wir von Sklaven zu freien Menschen wurden. Während der Zeit der Tempel feierten wir Pessach als großes Wallfahrtsfest in Jerusalem und brachten das Pessach-Opfer. Heute haben wir den Sederabend, an dem wir nochmals die ganze Geschichte der Sklaverei und der Freiheit nacherzählen.

Gilt diese Freiheit aber eigentlich nur für Juden? Sind Nichtjuden vom Pessachfest ausgeschlossen? In der Tora steht: »Gott sprach zu Mose und Aaron: Dies ist die Bedingung des Pessach: Kein Fremder darf davon essen. Und jeder für Geld erworbene Knecht eines Mannes, den musst du beschneiden, dann darf er essen. Ein geduldeter Beisasse und Tagelöhner darf nicht davon essen.«[101] Auf den ersten Blick scheint Pessach also exklusiv für uns Juden zu sein, und Fremde werden explizit ausgegrenzt. Es geht aber gar nicht um den Fremden, sondern vielmehr um Götzendienst, der von Pessach ferngehalten werden soll. Rabbiner Hirsch erklärt, dass die Bezeichnung des Fremden hier im Hebräischen *Ben Nechar* sei und nicht *Nochri*, ein Adjektiv oder adjektivisches Substantiv: »Es ist vielmehr ein Abstraktum und bezeichnet überall: das unjüdische, heidnische Wesen, das Heidentum, nicht den Heiden … *Ben Nechar* ist derjenige, der entweder durch Geburt oder durch das Prinzip seines Wandels dem Heidentum angehört.«[102]

Folgerichtig ist jeder ausgeschlossen, dessen »Handlungen seinem Vater im Himmel entfremdet sind – und es ist sowohl ein Nichtjude, als auch ein abtrünniger Jude darunter zu verstehen.«[103] Es geht hier also nicht um einen Ausschluss von Nichtjuden, sondern um den Kontrast zwischen Menschen, die nach Gottes Regeln leben, und Menschen, die Gott ablehnen; genauso wie beim Auszug aus Ägypten zwischen dem jüdischen Volk einerseits, das an Gott glaubte und Ihm vertraute, und dem ägyptischen Volk andererseits, das Gott ablehnte und alle Hoffnungen auf den Pharao setzte. Daher sind einerseits Juden, die sich vom Judentum abwenden, vom Pessach ausgeschlossen und andererseits Nichtjuden, die sich dem Judentum zuwenden, ein Teil des Pessach. Das passt auch zur Logik des Toratextes, wo es heißt: »Auch eine große gemischte Menge zog mit ihnen hinauf …«[104], also verschiedene Nationen, die sich dem Volk Israel beim Auszug aus Ägypten anschlossen, wie es Raschi erklärt.[105]

Wie ist es aber heute? Zunächst ist es wichtig zu betonen, dass grundsätzlich alle Nichtjuden natürlich bei unserem Pessach-Seder als Gäste dabei sein dürfen. Ebenso hat das Judentum auch generell eine positive Einstellung gegenüber Nichtjuden. Zwar gibt es auch negative Aussagen, die aber nicht überwiegen. Die Vorgeschichte von Pessach, die Sklaverei in Ägypten, ist Auslöser für beide Haltungen: In der Haggada heißt es, dass es in jeder Generation Personen gibt, die uns vernichten wollen. Diese Aussage in Verbindung mit einem Leben als Minderheit mit vielen Diskriminierungen und Verfolgungen haben immer wieder zu negativen Aussagen gegenüber Nichtjuden geführt. Solche Stellen im Talmud oder anderen rabbinischen Werken muss man aber im historischen Kontext betrachten, und sie werden heute auch so interpretiert. Doch gerade die Sklaverei in Ägypten ist Ansporn für uns Jüdinnen und Juden, dem Fremden gegenüber offen zu sein. Schon kurz nach dem Auszug aus Ägypten heißt es in der Tora: »Du sollst einen Fremden nicht bedrücken, weil du die Gefühle des Fremden kennst, denn fremd warst du im Land Ägypten.«[106] Das bedeutet, dass gerade wir Juden verstehen sollten, wie sich ein Fremder fühlt, wie sich jemand fühlt, der diskriminiert oder ausgeschlossen wird, weil wir das selbst durchmachen mussten, bzw. noch durchmachen. Genau darum sollen wir einem Fremden gegenüber positiv eingestellt sein.

In der positiven Haltung zu Nichtjuden ist die rabbinische Literatur sehr klar: Die Tosefta[107] macht deutlich, dass auch die Gerechten aus den nichtjüdischen Völkern einen Anteil an der Kommenden Welt haben, und im Talmud heißt es: »Man ernähre die Armen der Nichtjuden mit den Armen Israels, man besuche die Kranken der Nichtjuden mit den Kranken Israels und begrabe die Toten der Nichtjuden mit den Toten Israel, des Friedens wegen.«[108] Auf was es ankommt, ist nämlich nicht, welcher Konfession wir angehören, sondern wie wir uns verhalten und wie ethisch wir leben, wie es der Midrasch formuliert: »Sei es ein Jude oder ein Nichtjude ... alleine nach ihren Werken ruht der Geist der Heiligung auf ihnen.«[109] Genau das ist auch der Kern der diskutierten Toratexte: Egal, ob es von jüdischer oder nichtjüdischer Seite kommt, die Mentalität des Götzendienstes, symbolisiert durch das korrumpierte und verdorbene Ägypten, hat keinen Platz bei uns am (Seder-)Tisch – die Mentalität der Freiheit und Gerechtigkeit ist dagegen hochwillkommen.

Beschalach בשלח »Als er ziehen ließ« (Ex 13,17 - 17,16)

Kurzzusammenfassung

Der Pharao verfolgt mit seiner Armee die Israeliten sofort nach ihrem Auszug aus Ägypten. Am Schilfmeer kommen die Verfolger nahe, aber das Meer spaltet sich: Die Israeliten können hindurch, aber die Wasser schließen sich wieder und das ägyptische Heer ertrinkt. Die Israeliten singen und preisen Gott vor Freude über die Rettung. In der Wüste leiden die Israeliten dann an Hunger und Durst und beklagen sich. Gott versorgt sie.

Die Kraft der Musik

Nachdem das jüdische Volk schließlich Ägypten verlassen hat, steht es vor dem Roten Meer. Es ist eine eindrückliche Szene und ein hochemotionaler Moment, denn die ägyptische Armee nähert sich mit großer Geschwindigkeit und die Menschen sind voller Angst. In diesem Moment hebt Mose seine Hand über das Wasser und das Meer spaltet sich, damit die Israeliten passieren können. Das ägyptische Heer aber, das sie jagt, ertrinkt im sogleich wieder zurückströmenden Wasser: »Und die Ägypter jagten ihnen nach, und erreichten sie, gelagert am Meer … Und Mose streckte seine Hand aus gegen das Meer, und Gott führte das Meer hinweg durch einen heftigen Ostwind, die ganze Nacht, und machte das Meer zu trockenem Boden und die Wasser wurden gespalten. Und die Israeliten gingen durch das Meer im Trockenen, und das Wasser war ihnen eine Mauer zur Rechten und zur Linken. Und die Ägypter jagten und kamen ihnen nach, alle Rosse Pharaos, seine Wagen und Reiter, mitten in das Meer ... Dann kehrten die Gewässer zurück und bedeckten die Wagen und die Reiter der ganzen Macht Pharaos, die ihnen nachgekommen waren, ins Meer; es blieb von ihnen auch nicht einer übrig.«[110]

Ibn Esra fragt: »Wie kommt es, dass ein großes Lager mit 600.000 bewaffneten Männern Angst vor ihren Verfolgern hatte? Warum standen sie nicht auf und kämpften für ihr eigenes Leben und das ihrer Kinder? Die Antwort lautet: Die Ägypter waren Herren über Israel. Die Generation, die Ägypten verließ, wurde von ihrer Jugend an darauf trainiert, das Joch der Ägypter zu tragen. Sie waren von demütigem Geist. Wie konnten sie jetzt Krieg gegen ihre Herren führen? Die Israeliten waren im Krieg nicht gelehrt.«[111] Damit war aber auch klar, dass die Israeliten nicht auf direktem Wege ins Land Israel ziehen würden, sondern lange in der Wüste verbringen mussten[112], um mental und physisch in der Lage zu sein, das Land einzunehmen, wie Maimonides erklärt: »Denn ebenso wie es in der Natur des Menschen, der bei sklavischer Arbeit in Lehm und Ziegeln und dergleichen aufgewachsen ist, nicht liegt, dann zu einer bestimmten Stunde seinen Schmutz von seinen Händen abzuwaschen und sofort unversehens [...] sich in einen Kampf einzulassen, ebenso liegt es nicht in seiner Natur, die zahlreichen Arten der Götterverehrung und die gewohnten Handlungen, zu denen die Seelen so hinneigen, als wären sie selbstverständlich, alle mit einemale aufzugeben. Und wie es von der Weisheit Gottes ausging, sie in der Wüste umherziehen zu lassen, bis sie sich an

Tapferkeit gewöhnen, wie es ja bekannt ist, dass die Wüstenwanderung und die Entbehrung zahlreicher Genüsse […] die Tapferkeit […] erzeugt, und dort auch Individuen geboren wurden, die nicht an die Niedrigkeit und Knechtschaft gewohnt waren, so geschah es durch eine wohlbedachte Einrichtung Gottes, […] damit sie den Glauben […] erreichen könnten.«[113]

So musste Gott das Volk Israel in der Wüste versorgen und beschützen. Trotzdem war Gott keineswegs glücklich, dass Er die ägyptische Armee am Schilfmeer töten musste. Der Talmud sagt, dass die Engel im Himmel beginnen wollten, Gott eine Dankeshymne zu singen und zu jubeln, weil Er die gottlosen Ägypter ertrinken ließ, aber Gott rügte sie: »Das Werk meiner Hände ertrinkt im Meer und ihr wollt vor Freude singen?«[114] Die Israeliten zeigen weniger Mitleid mit den Ägyptern, die sie so lange schlecht behandelt hatten. Sie stehen auf der anderen Seite des Schilfmeeres, endlich von der ägyptischen Sklaverei befreit, und beginnen zu singen.

Das *Schirat HaJam* (Das Lied des Meeres) ist ein wesentlicher Bestandteil unserer Liturgie und erinnert uns jedes Mal daran, dass wir einst Sklaven in Ägypten waren, aber Gott uns schließlich rettete. Deshalb wird dieser Schabbat, an dem dieser Wochenabschnitt gelesen wird, auch *Schabbat Schira* (Schabbat des Liedes) genannt. Wenn wir das Lied in der Tora während des Gottesdienstes in der Synagoge lesen, steht die ganze Gemeinde aus Respekt. Dies spiegelt die Dankbarkeit wider, die die Israeliten zu dieser Zeit hatten und die wir auch noch heute haben, viele Generationen später. Wir können uns wahrscheinlich kaum die große Freude der Menschen vorstellen, als sie erkennen, dass sie endlich wirklich frei sind. Und was kann dieses Gefühl besser ausdrücken als Gesang und Tanz? Moses Lied[115] wird gefolgt von Mirjams Lied.[116] Mose beginnt einen Gesang, der alle einbezieht, der aber von jedem einzeln gesungen wird, so wie es in der Tora steht: »*Aschira LaSchem* – Ich will dem Ewigen singen …«[117], im Singular. Mirjam hingegen beginnt danach einen gemeinsamen Gesang, sozusagen ein kommunales Gebet, wie es in der Tora heißt: »*Schiru LaSchem* – Lasst uns dem Ewigen singen …«[118], also im Plural, Imperativ – und sie beginnt sogar zu tanzen.

In diesem Moment wird Mirjam eine echte Führungspersönlichkeit, die es schafft, die Menschen zu führen, ihnen eine Stimme zu geben, die es schafft, Gefühle in Worte und Melodien zu übertragen, um damit Gott zu loben und die Freude auszudrücken. Es ist kein Zufall, dass sie an dieser Stelle zum ersten Mal in der Tora eine Prophetin genannt wird.[119] Es ist wichtig, Führungspersönlichkeiten zu haben, die in der Lage sind, Wege zu finden, die Gefühle und Gedanken der Allgemeinheit auszudrücken und sie zu einer Gemeinschaftserfahrung zu machen. Musik und Tanz sind eine Möglichkeit, genau das zu tun. Musik hat eine enorme Kraft, uns emotional zu bewegen und auch Erinnerung zu schaffen. Der Baal Schem Tow lehrte: »Die Tänze der Juden … sind Gebete, denn es steht geschrieben (in Psalm 35,10): ›Mit jedem Glied auf meinem Körper will ich loben: Wer ist wie du, Ewiger?‹« Und Schneur Salman von Liadi schrieb: »Es gibt Tore im Himmel, die nur durch Melodie und Gesang geöffnet werden können.«

Jitro יתרו »Jitro« (Ex 18,1 - 20,23)

Kurzzusammenfassung

Jitro, der Schwiegervater von Mose, hört von den Wundern, die Gott für die Israeliten vollbrachte, und besucht Mose und dessen Familie. Er gibt Mose gute Ratschläge für eine bessere Verwaltung der vielen Aufgaben, die Mose zu bewältigen hat. – Das Volk Israel zieht an den Berg Sinai und erhält dort schließlich die Tora, Gottes Offenbarung.

Partikularismus und/oder Universalismus

Die ersten Verse im 19. Kapitel von Exodus zeichnen ein besonderes und inniges Verhältnis zwischen Gott und Seinem Volk Israel. Doch diese spezielle Erwählung hat immer wieder zu Missverständnissen und sogar Hass gegen uns Juden geführt. Die Bedeutung des Auserwähltseins und die Rolle des jüdischen Volkes stellen sich allerdings ganz anders dar, als es oft verstanden wird. Zwar geht Gott hier von der universalen Ordnung zum Partikularen und sondert eines der Völker von den anderen ab, aber gleichzeitig wird gerade dieses Volk eine besondere Aufgabe haben und die Verantwortung tragen müssen, alle anderen Völker zu segnen, um schließlich das Ziel zu erreichen, dass die gesamte Menschheit gesegnet wird.

Hierin besteht die feste Verbindung des jüdischen Partikularismus und des jüdischen Universalismus. Beides geht nur miteinander. Die Tora, die hier von Gott an das Volk Israel gegeben wird, wurde übrigens nach jüdischem Verständnis nicht nur Israel angeboten. Jedes andere Volk hätte das auserwählte Volk werden können. Es heißt im Midrasch, dass Gott vor Israel den anderen Nationen erschien und ihnen die Tora anbot, aber alle Völker lehnten sie ab.[120] Kein Wunder, denn die Tora kommt eben nicht mit besonderen Privilegien. Sie kommt mit 613 *Mizwot* (Geboten und Verboten), also speziellen Verpflichtungen. Diese Verpflichtungen der Erwählung werden in Vers 5 besonders schön illustriert. Den Bund wird es nur geben, wenn er gehütet wird und Israel immer auf Gott hört: »So müsst ihr mehr als alle Völker mir ausschließlich angehören, denn mein ist die ganze Erde.«

Die Übersetzung von Rabbiner Hirsch veranschaulicht die Bedeutung und den Kontext des hebräischen Wortes *Segula* besonders schön. *Segula* ist ein Kleinod, ein besonderes Eigentum, das nur einem Einzigen, einem König o.Ä. gehört und auf das kein anderer ein Recht hat. Wie Rabbiner Hirsch in seinem Kommentar erklärt, sei die »Grundbedingung … daher, dass wir in jeder Beziehung unseres Wesens, mit unserem ganzen Sein und unserem ganzen Wollen, ganz und ausschließlich Sein Eigentum werden … und keiner anderen Macht … die Leitung unserer Taten einräumen.«[121] D.h. wir müssen gehorsam sein und permanent Gottes Gebote halten, um auserwählt zu sein und zu bleiben.

Die Erwählung ist also eine Forderung an uns, wie es auch der Folgevers 6 verdeutlicht: »Ihr sollt mir ein Reich von Priestern und ein heiliges Volk sein!« Also im Einzelnen wie Priester, die in besonderem Maße Gott dienen und huldigen und in der Gesamterscheinung heilig – ein Volk, »das nicht dem eigenen Ruhm, der eigenen Größe, der eigenen Verherrlichung, sondern der Begründung und Verherrlichung des Reiches Gottes auf Erden angehört«[122], wie Rabbiner Hirsch schreibt, also der absoluten Herrschaft der göttlichen Ethik und Moral angehört, wie sie in der Tora wiedergegeben wird. Das jüdische Volk akzeptiert diese Regelung einstimmig: »Alles, was Gott gesprochen, wollen wir tun.«[123] Das illustriert das bedingungslose Vertrauen in Gott und den tiefen Glauben an Gott. Trotzdem bedeutet das nicht, dass Juden die Gebote halten sollen, ohne deren Sinn zu kennen. Das Handeln mag im Judentum im Vordergrund stehen, doch das Hören, also das Lernen der Bedeutung, gehört gleichwertig dazu.

Der Bund, den Gott mit dem Volk Israel am Sinai schließt, ist aber nicht der einzige Bund, der in der Tora vorkommt. Übrigens ist keiner der vorherigen Bünde durch einen späteren Bund aufgelöst worden, sondern sie bestehen jeweils weiterhin. Besonders wichtig für den Kontext von Exodus 19 ist der Noachidische Bund. In Vers 5 heißt es zwar, dass Israel das Kleinod für Gott sei, aber es ist eben nur eines von vielen Nationen dieser Welt, mit denen das jüdische Volk natürlich in Verbindung stehen soll; denn sie gehören auch zu Gottes Schöpfung, »denn Mein ist die ganze Erde«. Der Partikularismus des Sinai-Bundes mit Israel kann nur im Zusammenhang mit dem Universalismus des Noachidischen Bundes verstanden werden. In Genesis 9 schließt Gott nach der Flut mit Noah und seinen Nachkommen einen Bund und verlangt von den Menschen nur eine kleine Anzahl grundlegender ethisch-moralischer Regeln: eine Gerichtsbarkeit, Tierschutz und Verbote von Götzendienst, Mord, Unzucht und Raub. Diese Gebote gelten nach jüdischem Verständnis für die ganze Menschheit, denn Noahs Nachfahren lebten auf der ganzen Welt.[124] Das bringt

Nichtjuden in eine komfortable Situation: Sie müssen nicht alle 613 Gebote und Verbote der Tora halten: »Wer die Sieben Gebote übernimmt und gewillt ist, sie zu tun, der gehört zu den Gerechten der Völker und hat Anteil an der kommenden Welt.«[125]

Die Aufgabe und Rolle des jüdischen Volkes in dieser Welt ist es gerade nicht, für sich zu sein und zu bleiben, sondern mit den und für die anderen Völker zu leben, damit durch das Beispiel seines Lebens nach Gottes Willen Israel ein Segen für alle Nationen sei und der Weg zu Frieden und Gerechtigkeit für die ganze Menschheit eröffnet werde. Dieses aktive Handeln wird gerade durch einen weiteren Bund ganz zentral: den Bund mit Abraham, in dem es heißt, dass er »ein Vater vieler Völker«[126] werde, dass Gott ihn segne und seine Nachkommen »mehren will wie die Sterne des Himmels und wie Sand am Ufer des Meeres … Mit deinem Samen sollen sich auch segnen alle Völker der Erde zur Belohnung, weil du meiner Stimme gehorcht hast.«[127]

Der Universalismus ist also ganz zentral im Judentum und wir Juden müssen immer das Wohl der ganzen Menschheit im Blick haben, denn davon hängt auch unser Wohl ab. Zugegeben: Wie das praktisch gehen soll, darüber steht wenig in der rabbinischen Literatur. Kein Wunder, denn die letzten zwei Jahrtausende waren wir eine verfolgte und diskriminierte kleine Minderheit, verstreut im Exil, ohne Souveränität. Selbst heute stellt sich die Frage, wie wir als so kleines Volk eine so große Aufgabe übernehmen können. Aber: Zum ersten Mal seit fast 2000 Jahren haben wir Juden wieder die Möglichkeit, den Universalismus aktiv anzugehen – am besten gemeinsam mit den anderen Religionen.

Mischpatim משפטים »Rechtsordnungen« (Ex 21,1-24,18)

Kurzzusammenfassung

Nach der Offenbarung am Berg Sinai verkündet Gott nun eine ganze Reihe von verschiedenen Rechtsordnungen zu ganz unterschiedlichen Themen. Er verspricht zudem, das jüdische Volk ins Land Israel zu bringen, und warnt vor dem Götzendienst seiner Bewohner.

Rechtsordnungen - Missverständnisse - jüdisches Verständnis

Ganz am Ende des vorigen Wochenabschnitts weist Gott die Israeliten an, einen Altar zu bauen. Der Altar ist ein Symbol der Verbindung zu Gott, die allerdings auf einem Grundprinzip beruht: Die nun aufzubauende Gesellschaft (und spätere Staatlichkeit im Land Israel) muss auf Recht und Menschlichkeit beruhen. Die *Mischpatim*, d.h. die Rechtsordnungen sollen dafür die Basis sein. Erst wenn diese Voraussetzung erfüllt ist, kann ein Altar für Gott gebaut werden; daher gehen die Rechtsverordnungen dem Bau des Stiftszelts voran.[128] Unsere *Parascha* erscheint auf den ersten Blick nicht sehr interessant, ist sie doch im Grunde eine recht lange Abfolge von Regeln und Verordnungen aller Art, wie Leibeigenschaft, Verletzungen, Eigentumssachen, moralisches Verhalten und Rituale. Sie enthält immerhin 53 Gebote der

613 *Mizwot* unserer Tora – fast ein Zehntel aller Gebote und Verbote. Diese Gesetze demonstrieren jedoch eindrucksvoll den Prozess, in dem das Volk Israel zu einer echten Nation wird, zu einer realen Einheit.

Es finden sich in unserem Wochenabschnitt auch viele faszinierende Regeln, die unterstreichen, wie fortschrittlich das alte Rechtssystem Israels war und wie relevant es für die heutige Zeit ist. Viele der hier genannten Regeln sind immer noch die Grundlage moderner gesetzlicher Vorschriften und unserer Werte. Der Grund dafür ist, dass viele der Verordnungen ziemlich progressiv und vor allem dem Menschen zugewandt sind, zum Beispiel im Umgang mit Fremden, beim Schutz der Schwachen, sowie hinsichtlich gerechter Urteile und eines ethischen Umgangs auch mit Feinden.[129]

Da aber diese Gesetze sehr alt sind und die Sprache der Tora nicht für jedermann leicht zugänglich ist, gibt es leider viele Missverständnisse. Das berühmteste Beispiel ist sicherlich das falsche Verständnis zum Prinzip »Auge um Auge, Zahn um Zahn«. So lesen wir dazu in den meisten Bibelübersetzungen: »Auge um Auge, Zahn um Zahn, Hand um Hand, Fuß um Fuß, Brandmal um Brandmal, Wunde um Wunde, Prellung um Prellung.«[130] Durch eine solche Übersetzung, ohne weitere Erläuterung, denken leider viele, dass diese Verse das Prinzip einer buchstäblichen Vergeltung festlegen, das heißt: Wenn jemand mein Auge ausschlägt, darf ich dem Täter ebenfalls das Auge ausstechen. Im Mittelalter wurden übrigens solche Rechtspraktiken in mehreren christlichen Ländern basierend auf diesen Versen umgesetzt. Noch heute kritisieren viele Menschen die Tora als »primitiv« wegen dieser Verse, und wenn z.B. die israelische Armee gegen Terroristen kämpft, hört man oft, dass dies typisch jüdisch sei und eben Rache gemäß dem biblischen Prinzip »Auge um Auge«.

In unserer jüdischen Tradition werden diese Verse aber völlig anders verstanden. Dafür haben wir neben der schriftlichen Tora auch die mündliche Tora, die viele Dinge über die rabbinische Literatur erläutert. Es gibt keinen einzigen Fall eines solchen Prinzips der Rache in der gesamten Bibel, noch war es die Absicht dieser Rechtsverordnung. Der Zweck dieser Regelung ist das Recht auf finanzielle – nicht physische – Entschädigung, basierend auf dem Grad der Verletzung: der Wert eines Auges für den Verlust eines Auges usw., also grundsätzlich so, wie es moderne Gesetze in Bezug auf Schadensersatz und Schmerzensgeld regeln. Die Rabbiner erklären, dass das Gesetz versuche, den Schaden so weit wie möglich auszugleichen, und daher sei gerade eine buchstäbliche, körperliche Vergeltung eine übermäßige Strafe, da der Täter sterben könnte und dies nicht zu rechtfertigen sei, so dass der monetäre Ausgleich der einzig richtige Weg sei. Unter anderem wird das im Talmud diskutiert: »Es wird gelehrt: Rabbi Dostaj ben Jehuda sagte: ›Auge um Auge‹ meint eine Geldentschädigung. Du sagst, eine Geldentschädigung, vielleicht ist dem nicht so, sondern wirklich das Auge? – Ich will dir sagen, wie könnte man das in dem Fall, wenn das Auge des einen groß und das Auge des anderen klein ist, aufrecht erhalten? […] Rabbi Schimon bar Jochai sagte … Wie könnte man das in dem Fall, wenn ein Blinder einen geblendet, ein Verstümmelter einen verstümmelt oder ein Lahmer einen lahm gemacht hat? […] In der Schule Rabbi Jischmaels wurde gelehrt: Die Schrift sagt: ›soll ihm zugefügt werden‹, und unter zufügen ist eine Geldzahlung zu verstehen.«[131]

Ein anderes Beispiel sind die Regeln bei Kapitalverbrechen. Viele Wissenschaftler behaupten immer noch, das Konzept der »Mehrheitsregel« im Recht gehe von den Rechtspraktiken des antiken Griechenlands und Roms aus. Die Tora formulierte jedoch viele Jahrhunderte vor den Griechen und Römern genau ein solches Prinzip: »Folge nicht einer einfachen Majorität zu Strafurteilen, und stimme bei streitigen Meinungen nicht so ab, dass einer von seiner Meinung abgehe, damit nach der Majorität der Ausschlag erfolge.«[132] Gerade bei der Todesstrafe wurde auf dieser Basis die Tora von den Rabbinern so ausgelegt, dass es praktisch unmöglich war, eine Todesstrafe zu verhängen.[133] In der Mischna heißt es: »Ein Sanhedrin [Oberster Gerichtshof], der alle sieben Jahre einen Menschen tötet, wird ein mörderisches genannt. Rabbi Elasar ben Asaria sagt: ›Oder sogar einmal in 70 Jahren.‹ Rabbi Tarfon und Rabbi Akiwa sagten: ›Wenn wir im Sanhedrin gewesen wären, wäre niemals ein Todesurteil gefällt worden‹.«[134]

Diese Beispiele aus der Rechtsgeschichte Israels zeigen, dass das Judentum nicht das primitive und rachsüchtige, blutdürstige Volk war und ist, wie es uns immer wieder vorgehalten wurde und leider noch heute teilweise vorgehalten wird. Ganz im Gegenteil, unser Rechtssystem hat alles getan, um falsche Verurteilungen zu verhindern, basierend auf dem Mehrheitsentscheid und einer klaren Beweisführung. Wir Juden können stolz sein auf unser Rechtsverständnis und unsere ethisch-moralischen Werte von Recht und Gerechtigkeit.

Truma תרומה »Hebopfer« (Ex 25,1 - 27,19)

Kurzzusammenfassung

Die Israeliten spenden für das Heiligtum (Stiftszelt), dessen Bau mit konkreten Anweisungen beginnt. Es werden unter anderem die Bundeslade, der Tisch, der Leuchter, der Altar und das Grundbauwerk detailliert beschrieben. Das Stiftszelt soll die Gegenwart Gottes symbolisieren.

Zeichen, Orte, Symbole der Nähe Gottes

In den nächsten Kapiteln der Tora lesen wir über den Bau des *Mischkan*, des Stiftszeltes. Das ist scheinbar unspektakulär angesichts der Offenbarung Gottes und Seiner Tora auf dem Berg Sinai, über die wir gerade vorher gelesen haben. Und doch behauptet beispielsweise Franz Rosenzweig (und ich kann ihm da nur zustimmen), dass der Bau des Stiftszelts der eigentliche Höhepunkt des Buches Exodus, ja sogar der gesamten Tora sei – schließlich sei er die Grundlage für den zukünftigen Tempel und sein Allerheiligstes. Rosenzweig schreibt[135], dass die Israeliten während der Sklaverei bauen mussten, was die Ägypter wollten. Jetzt, da sie frei sind, können sie selbst entscheiden und bauen freiwillig einen Ort der Verbindung und Kommunikation mit Gott. Rosenzweig verweist sogar auf die Schöpfungsgeschichte und vergleicht das »Machen« (*asa* auf Hebräisch) des Stiftszeltes mit dem »Machen«

der Welt, d.h.: So, wie Gott die Welt erschaffen habe, »erschaffen« die Israeliten das Heiligtum. Ein wunderbarer Vergleich. Die Verbindung zur Schöpfungsgeschichte, über die Rosenzweig ausführlich schreibt, findet sich bereits im Midrasch: »Warum heißt es: ‚O Herr, ich liebe deine Wohnung und den Ort deiner Herrlichkeit‹ [Psalm 26,8]? Denn es [das Stiftszelt] ist gleichbedeutend mit der Erschaffung der Welt.«[136]

Passend dazu war das Stiftzelt ein Ort, der von allen mit ihren individuellen Beiträgen mitgetragen wurde, wie es gleich am Anfang unserer *Parascha* heißt: »Von jedermann, den sein Herz zur freiwilligen Spende bewegt, sollt ihr Meine Spende in Empfang nehmen.«[137] In diesem Satz fällt auf, dass dort nicht steht: eine »Spende geben«, sondern eine Spende »in Empfang nehmen«. Hierzu erklärt Rabbiner Alschich, dass es sich bei diesen Beiträgen sowohl um ein Geben als auch um ein Nehmen handle, denn wenn jeder Einzelne seinen individuellen Beitrag zum *Mischkan* leiste, werde er über kurz oder lang auch davon nehmen und profitieren. Zudem profitiere davon die Gemeinschaft als Ganzes.[138]

Das Wort, das am häufigsten in unserer *Parascha* vorkommt, ist die Anleitung des Mose durch Gott, etwas zu machen, also *WeAsita*, zu Deutsch: »Und mache!« Bei der Bundeslade (Aron Habrit) steht[139] *WeAsu* – zu Deutsch: »Und sie sollen machen« – im Plural. Nach Nachmanides wird hier der Plural verwendet, um uns zu lehren, dass die Tora (die sich in der Bundeslade befindet) für uns alle da ist und vom ganzen Volk mitgetragen werde – nicht nur von den Priestern, die ihren Dienst im Tempel verrichten.[140] Jeder und jede von uns darf und soll von der Tora lernen und profitieren, wie der Talmud in Kidduschin (62a) lehrt: »Die aufgerollte Tora liegt in der Ecke, jeder, der lernen will, kann kommen und lernen.«

So sprach Gott zu Mose: »Sie sollen mir ein Heiligtum schaffen, so werde ich unter ihnen wohnen.«[141] Nur – wozu brauchen wir überhaupt einen solchen Ort? Jeder erlebte doch die Gegenwart Gottes am Berg Sinai. Schon in Ägypten vollbrachte er viele Wunder und zeigte Seine Allgegenwart und Macht. Braucht Gott oder brauchen wir wirklich so ein Zelt? Rabbiner Cassuto gibt meines Erachtens eine hervorragende Antwort: Solange die Israeliten in der Nähe des Berges Sinai waren, erinnerten sie sich an Gott und Seine Gegenwart. In dem Moment jedoch, in dem sie ihre Reise fortsetzten, wurde diese Verbindung unterbrochen. Nur durch ein sichtbares Symbol könnten sie die Gegenwart Gottes bewahren – und dieses Symbol sei das Stiftszelt.[142] Sforno betont, dass, während die Funktion der *Menora* (hebr. »Leuchter«) und des *Schulchan* (hebr. »Tisch«) darin bestand, Gottes Gegenwart einzuladen, bestand die Rolle des goldenen Altars darin, Gottes Gegenwart zu empfangen, sobald sie angekommen sei.[143]

Das Heiligtum ist aber viel mehr als nur eine physische Konstruktion, wie der Malbim anhand eines scheinbaren Fehlers im Text der Tora aufzeigt: »Es heißt [in Ex 25,8]: ›Sie sollen mir ein Heiligtum schaffen, so werde ich unter [wortwörtlich im Hebräischen: »in«] ihnen wohnen.‹ Es heißt ›in ihnen‹, den Menschen, nicht ›in ihm‹ dem Heiligtum. Jeder Mensch soll ein Stiftszelt in seinem eigenen Herzen errichten, damit Gott in ihm wohnt.«[144] Unser spirituelles Bedürfnis sollten wir dabei also nicht unterschätzen. Wir brauchen ein »Tool« zur Kommunikation mit Gott. Und letztlich sollen wir es selbst sein. Rabbi Chaim Woloschin erklärte: »Es heißt [in Ex 25,8]: ›Sie sollen mir ein Heiligtum schaffen, so werde Ich in ihnen [oder: in ihm] wohnen. ›In ihnen‹, dem Volk, nicht ›in ihm‹, dem Heiligtum, denn der Mensch soll ein Stiftszelt in seinem eigenen Herzen errichten, damit Gott in ihm wohnt. Denkt nicht, dass Meine letztliche Absicht der Bau des Heiligtums als Gebäude ist. Vielmehr ist der Zweck des Wunsches des Stiftszelts und seiner Gefäße lediglich der Zweck, davon abzuleiten, wie man sich selbst formt [...] alle von euch heilig, passend und bereit, Gefäße zu sein für Meine *Schechina* [göttliche Gegenwart] im wortwörtlichen Sinne.«[145]

Das ist eine ganz starke Botschaft. Ja, es stimmt, wir brauchen physische Zeichen von Gott, wir brauchen Symbole, um Seine Gegenwart zu verstehen, und wir brauchen Orte, an denen wir Gott spüren. Das alles gibt uns Halt und Kraft in herausfordernden Zeiten oder einfach in unser Suche nach Spiritualität und Gott. Viel wichtiger jedoch als jeder Tempel und alles Physische ist es, Gott in unseren Herzen und Seelen zu haben – selbst ein Gefäß zu sein, das das Göttliche aufnimmt. Wir sollen als Konsequenz und als Ziel daraus ein spirituelles, ethisch-moralisches Leben nach Gottes Offenbarung führen.

Tezawe תצוה »Du sollst befehlen« (Ex 27,20 - 30,10)

Kurzzusammenfassung

Die Menora, der Leuchter im Tempel, und seine Funktion werden beschrieben, danach die Kleidung der Priester und des Hohepriesters. Schließlich wird die siebentägige Initiationszeremonie für Aaron und seine vier Söhne in das Priesteramt erläutert.

Licht für die Welt - im Tempel und im Herzen

Unser Wochenabschnitt setzt die Beschreibung der Gegenstände im Stiftszelt fort und beginnt mit Gottes Anweisungen zum *Ner Tamid* (dem ewigen Licht): »Du aber befiehl den Israeliten, dass sie dir reines Olivenöl, gepresst, zur Leuchte nehmen, für den Leuchter liefern, um beständig Licht brennen zu lassen. Im Stiftszelt, außerhalb des Vorhangs vor der Bundeslade, sollen es Aaron und seine Söhne von Abend zu Morgen vor Gott ordnen; eine ständig eingehaltene Verpflichtung bei den Israeliten von Generation zu Generation.«[146]

Meist wird der hebräische Ausdruck *Ner Tamid* mit »ewiges Licht« übersetzt. Tatsächlich ist, wie wir gerade gelesen haben, diese Übersetzung nicht ganz exakt. Vielmehr sollte es »konstantes/ regelmäßiges/ immerwährendes« Licht heißen, da es im Laufe der Jahrhunderte durchgehend von Generation zu Generation immerwährend und regelmäßig beleuchtet werden musste, wie es auch im Toratext heißt. Die Verpflichtung für das Öl des Lichts liegt übrigens, anders als bei der Verpflichtung zum Entzünden, nicht bei den Priestern, sondern beim ganzen Volk Israel, wie in der Tora beschrieben. Rabbiner Hirsch erläutert dazu: »Die Sorge für die Geistespflege soll allgemeines Anliegen des Gesamtnation bilden, nicht Kastenangelegenheit der Priester sein. Das Öl der Nation soll sich zum Lichte der Tora darbieten; der Baum des Nationalgeistes, nicht des Priestergeistes, ist in der *Menora* vergegenwärtigt … die tägliche Versorgung mit Leuchtmitteln und des das klare, helle Leuchten bedingenden Zustands der Lampen, die eigentliche priesterliche Aufgabe, das Anzünden selbst durfte erforderlichen Falls selbst durch einen ›Nichtpriester‹, einen ›Laien‹ geschehen.«[147]

Damit wird auch klar, dass die hier erwähnten Leuchter nicht irgendwelche Leuchter sind, sondern die Leuchter der *Menora* des Tempels, des bekannten siebenarmigen Leuchters[148], weithin ein Symbol für das Judentum. Die *Menora*, also der siebenarmige Leuchter, war ein sehr komplexes Kunstwerk und konnte, wie es der Midrasch erklärt, nur durch Bezalel (dem quasi künstlerischen Leiter des Stiftszelts) verstanden und gebaut werden: »Der Leuchter des Heiligtums war so kompliziert, dass Mose es nicht verstehen konnte, obwohl Gott ihm zweimal ein himmlisches Modell zeigte; aber als Er [Gott] es Bezalel beschrieb, verstand dieser sofort und machte ihn sofort; woraufhin Moses seine Bewunderung für die schnelle Weisheit Bezalels ausdrückte und erneut sagte, dass er ›im Schatten Gottes‹ [Hebräisch ›*bezel el*‹] gewesen sein muss, als ihm die himmlischen Modelle gezeigt wurden.«[149]

Das Licht der *Menora* erleuchtete das Allerheiligste, das ihr gegenüber war. Da es ständig brannte, wurde es später auch »ewiges« Licht genannt, insbesondere im Zusammenhang mit dem heutigen *Ner Tamid*, das immer noch symbolisch in unseren Synagogen leuchtet. Seit der Zerstörung des Zweiten Tempels fungieren die Synagogen als »kleine Heiligtümer«, und ein Licht brennt immer als Erinnerung an das *Ner Tamid* im Tempel. Der Ort des Lichts in unseren Synagogen heute ist oft nicht mehr direkt gegenüber dem *Aron HaKodesch* (dem Heiligen Schrein, also dem Schrank in dem die Tora-Schriftrollen in der Synagoge aufbewahrt werden, die das Allerheiligste des Tempels symbolisieren), sondern befindet sich meist daneben oder auch darüber. Trotzdem symbolisiert es immer noch das Licht der *Menora* des Tempels, eine kleine spirituelle Erinnerung an den Tempel von Jerusalem und damit in gewisser Weise ein Symbol der Gegenwart Gottes in unserer Mitte.

Dieses Licht symbolisiert jedoch nicht nur Gottes Gegenwart, sondern auch unser Wirken in dieser Welt. So wie Gott uns Licht gibt, können wir mit guten Taten in der Welt leuchten, metaphorisch gesprochen. Im Midrasch heißt es: »Wenn Israel die Menora anzündet, gibt Gott selbst sozusagen Licht – so wie Er Israel Licht gibt. Sie sagten auch: Wie das Öl Licht gibt, gab der Tempel der ganzen Welt Licht. [...] Diejenigen, die die Tora studieren, geben Licht, wo immer sie sind.«[150] Es geht dabei jedoch nicht nur um rituelle Gesetze und Glaubenspraxis, sondern auch um soziales und ethisches Handeln. Der Midrasch schreibt weiterhin über jemanden, der den Armen Geld gibt: »Warum heißt es in Sprüche 6, 23: ›Denn die *Mizwa* [hebr. »das Gebot«] ist ein Licht‹? Weil, so, wie eine Flamme nicht abnimmt, wenn von ihr eine neue Flamme entzündet wird, so ist es mit jemandem, der eine *Mizwa* erfüllt, also eine gute Tat begeht oder Wohltätigkeit übt, denn dadurch wird sein Besitz nicht abnehmen.«[151]

Wir können also viel tun, um dieser Welt Licht zu geben, und es gibt keine Entschuldigung, nicht zumindest etwas Kleines, nach unseren Möglichkeiten, zu tun. Entsprechend schreibt ein chassidischer Kommentar[152], dass jeder Jude das *Ner Tamid* in seinem Herzen anzünden müsse. Wir sollen auf der Straße und auf dem Markt leuchten, ob bei weltlichen oder religiösen Handlungen, im Grunde in allen Angelegenheiten, die uns und unsere Mitmenschen betreffen. Wir sollen anfangen, ein bisschen mehr zu lernen, mehr zu lehren, mehr zu helfen, uns mehr zu kümmern und vieles mehr, um diese Welt zu erleuchten!

Ki Tissa כי תשא »Wenn du erhebst« (Ex 30,11 - 34,35)

Kurzzusammenfassung

Die Israeliten geben einen halben Schekel für den Bau des Stiftszelts. Als Mose zu spät vom Berg Sinai kommt, macht sich das Volk Israel ein goldenes Kalb und betreibt Götzendienst. Nach Moses Intervention vergibt Gott diese Sünde und Mose geht ein zweites Mal auf den Berg Sinai.

Tanz um das Goldene Kalb - Fauxpas und Neubeginn

Es ist eine dramatische Szene am Fuße des Berges Sinai: Mose kommt herunter zum Lager Israels und sieht die Menschen um das goldene Kalb tanzen und Götzen anbeten. Mose ist verständlicherweise sehr wütend (er zerschmettert sogar die beiden Tafeln des Bundes): »Da war es, als er näher zum Lager kommen war, und das Kalb und Tänze sah – da erglühte Moses Zorn, und er warf aus seinen vereinten Händen die Tafeln, und zerschmetterte sie unten am Berg. Er nahm sodann das Kalb, dass sie gemacht hatten, verbrannte es im Feuer, zerrieb es bis es ganz fein wurde, streute es auf das Wasser hin und gab davon Israels Söhnen zu trinken.«[153] Ebenso wütend und enttäuscht ist auch Gott: »Siehe, es ist ein hartnäckiges Volk, und nun, überlasse es Mir, so wird Mein Zorn gegen sie erglühen, so dass Ich sie vernichte …«[154] Doch jetzt passiert etwas Unglaubliches: Mose, der sicherlich jedes Recht hat, wütend zu sein, verteidigt das Volk und fleht Gott an, es zu verschonen, wie der Talmud erläutert: »Sogleich erschlaffte die Kraft und er hatte keine Kraft zum Reden. Als Gott aber sprach: ›lass ab von mir, ich will sie vertilgen‹ [Dtn 9,14], sagte Mose: Es hängt also von mir ab. Sogleich richtete er sich auf, stärkte sich im Gebet und flehte um Erbarmen.«[155] Aus diesem Grund ließ Gott sie am Leben.[156]

Der Grund ist, dass Mose die Menschen und ihre Probleme versteht. Auch wenn es falsch war, was sie taten, konnte er sich in ihre Lage versetzen. Das große Dilemma: Gott ist abstrakt und für die Menschen nicht fassbar. Aus Ägypten sind sie es gewohnt, dass die Götter in Bildern und Statuen sichtbar sind. Zudem befürchten sie, dass Mose und Gott sie verlassen haben könnten, als Mose auf den Berg geht und so lange dort bleibt, und es ist zudem das Resultat eines Missverständnisses, wie Raschi erklärt: »Denn, als Mose auf den Berg stieg, sagte er zu ihnen, nach 40 Tagen komme ich wieder, in den ersten 6 Stunden des Tages. Sie meinen nun, dass der Tag, an dem er hinaufgestiegen war, zur Zahl gehöre; er aber hatte gesagt, ›volle 40 Tage‹, die aus Tag und Nacht beständen, während der Tag seines Hinaufsteigens ohne Nacht war.«[157] Das Volk denkt also, dass es nun in der Wüste allein gelassen sei, ohne Führung, ohne Schutz. Deshalb fordern sie ein Bildnis, auf das sie sich beziehen können, wenn sie über Gott sprechen, und das sie – so dachten sie – leiten und beschützen kann: »Als das Volk sah, dass Mose ihre Erwartung vom Berg herabzukommen nicht erfüllte, versammelte sich das Volk über Aaron, und sie sprachen zu ihm: auf, mache uns Götter, die vor uns hergehen sollen; denn dieser Mann Mose, der uns aus dem Land Ägypten heraufgeführt, wir wissen nicht, was ihm geschehen ist.«[158]

Wir lesen nun über zwei Herangehensweisen an das Problem des abstrakten Gottes. Aaron, Moses Bruder, ist das schlechte Beispiel: »Aaron sagte zu ihnen: entnehmt die goldenen Ringe, die in den Ohren eurer Frauen, eurer Söhne und Töchter sind, und bringt sie mir. Da entnahm das ganze Volk sich die goldenen Ringe, die in ihren Ohren waren, und brachten sie zu Aaron. Er nahm es aus ihrer Hand, bildete es mit dem Gravierstichel und machte es so zu einem Kalb aus Guss; da sagten sie: dies sind deine Götter, Israel, die dich aus dem Land Ägypten heraufgeführt!«[159] Er versäumt es, die Menschen zurückzuhalten, und lässt sie außer Kontrolle geraten. Er sucht nach einer einfachen Lösung und gibt den Menschen genau das, was sie verlangten. Er hasst Konfrontationen und will beliebt bleiben. Oft ist jedoch die einfachste Lösung nicht die beste, und alles zu tun, was die Leute verlangen, ist nicht immer das angemessenste. Das Ergebnis ist eine Katastrophe – und das Problem des unsichtbaren Gottes bleibt ohnehin ungelöst.

Moses Ansatz war völlig anders. Er bringt Lösungen für die Bedürfnisse der Menschen. Er versteht, dass sie gar nicht so genau wissen, was sie eigentlich wollen. Mose gibt ihnen nun vielleicht nicht das, was sie fordern, aber genau das, was für ihre Bedürfnisse und zum Wohle der Gemeinschaft das Beste ist.

Es ist kein Zufall, dass wir direkt nach der Geschichte vom goldenen Kalb über zwei Dinge lesen: das Stiftszelt und verschiedene Anweisungen von Mose an das Volk Israel. Und genau das sind die Lösungen für das Problem des unsichtbaren Gottes: Das

Stiftszelt, ein Zelt der Begegnung, ist ein Ort, der symbolisch die Anwesenheit Gottes in unserer Mitte darstellt, ein Ort des Gottesdienstes und der Gemeinschaft. Die Anweisungen Moses lässt uns die Wege Gottes verstehen, was Gott von uns will, wie wir uns verhalten sollen. Wir »sehen« und »erleben« Gott, indem wir seine »Eigenschaften« nachahmen: »Es zog Gott seinem Angesicht vorüber und verkündete: Gott bleibt immer Gott, kraftübend, sein Werk liebend und Gunst gewährend; lange geduldend, und liebereich und wahrheitsreich; pflegend Liebe für die Tausendsten, hinweghebend Vergehen und Empörung und Leichtsinn.«[160]

Das Problem mit dem abstrakten Gott haben wir heute immer noch. Und wenn wir ehrlich sind, haben wir auch alle unsere »goldenen Kälber«. Wir bejubeln frenetisch einen Fußballverein oder lieben einen Film- oder Musikstar. Daran ist nichts auszusetzen, aber wenn wir uns zu sehr an diese Leidenschaften binden, wird es wie eine Ersatzreligion. Es stimmt, es ist viel komplizierter und braucht mehr Zeit und Energie, um zu beten, zu Gemeindeveranstaltungen zu gehen und Tora zu lernen. Ich bin jedoch davon überzeugt, dass wir letztendlich – wenn wir durch Gottesdienst, Gemeinschaft und Lernen mehr von unserer Religion, unserer Tradition und unserer eigenen Identität verstehen – alle in der Lage sind, Gott, unseren Schöpfer, für uns selbst zu finden – und das ist die größte Befriedigung, die man sich vorstellen kann, eine Befriedigung, die uns selbst das beste Fußballspiel und der beste Film nicht geben können.

Wajakhel ויקהל
»Und er versammelte«
(Ex 35,1 - 38,20)

Kurzzusammenfassung

Mose versammelt das Volk und erinnert nochmals an die Einhaltung des Schabbats. Danach führt er weiter die Anweisungen Gottes zum Bau des Stiftszelts aus. Die Menschen spenden mehr zum Bau, als notwendig ist. Abschließend wird die Ausstattung des Stiftszelts beschrieben, die Bezalel und andere Künstler fertiggestellt haben.

Schabbat und Mischkan - Heiligung von Zeit und Ort

Obwohl sich unser Wochenabschnitt fast ausschließlich mit Details des Baus des Stiftszelts beschäftigt, beginnt die *Parascha* mit einem Satz, der nicht so recht dazu zu passen scheint: »Mose ließ die ganze Gemeinde der Söhne Israels sich versammeln und sprach zu ihnen: dies sind die Gegenstände, die Gott zu machen geboten hat. Sechs Tage soll Werk geschaffen werden, aber am siebten Tag soll euch ein Heiligtum, ein durch Werkeinstellung Gott zu begehender Schabbat sein; wer an ihm ein Werk schafft, soll hingerichtet werden. Ihr sollt kein Feuer in allen euren Wohnstätten am Tag des Schabbats anzünden.«[161]

Die Anweisungen zu Schabbat sind jedoch durchaus richtig hier, denn es gibt eine wichtige Verbindung zwischen Schabbat und dem Bau des Stiftszelts: Alle hier verrichteten Arbeiten sind genau die Tätigkeiten, die am Schabbat verboten sind, wie Rabbiner Hirsch ausführt: »Die in der Gewinnung, Produzierung und produzierenden Umwandlung der Stoffe sich bekundende Herrschaft des Menschen über die Erdwelt erhält im Tempel ihre höchste Bestimmung. Der Mensch unterwirft sich die Welt, um sich und seine Welt Gott zu unterwerfen und seine Welt zu einer Stätte des Gottesreiches, zu einem Tempel zu umwandeln, in welchem Gottes Herrlichkeit auf Erden weilt. Der Tempelbau ist eine Heiligung der Menschenarbeit, und unsere Stelle stellt ihn als eine Vereinigung aller verschiedenen schaffenden Werktätigkeiten des Menschen dar, durch welche die im Schabbat […] durch Einstellung aller *Melacha* [Tätigkeit] zu vollziehende Gotteshuldigung ihren präzisesten Inhalt erhält. Jede beim Tempelbau zur Anwendung gekommene produktive Tätigkeit wird dadurch zu einer *Aw Melacha,* zu einer Produktionskategorie, die viele unter denselben Begriff sich fassende Tätigkeiten als *Toldot,* als Ableitung unter sich begreift. […]«

Betrachten wir diese Kategorien, so erscheinen sie sämtlich als wirkliche Produktionen, d.h. als solche Tätigkeiten, durch welche ein Objekt eine wirkliche Veränderung erfährt, durch deren absichtliche Erzeugung sich die Herrschaft des Menschen über die irdischen Dinge bekundet, deren Unterlassung am Schabbat somit die Huldigung des einen einzigen wirklichen Schöpfers und Herrn, dessen Lehnsträger und Diener der Mensch in Seiner Weltherrschaft nur ist, zu bekunden sich eignet.«[162] Abarbanel erklärt, dass dies aber auch notwendig sei, um deutlich zu machen, dass der Schabbat wichtiger ist, als der Bau des *Mischkan:* »Wir hätten angenommen, dass [das Gebäude des Stiftszeltes] alle anderen biblischen Vorschriften in der Wichtigkeit überwog und der Schabbat sicherlich ruhen würde. Perfektion liegt in der Handlung, und Arbeitsleistung ist besser als keine Arbeitsleistung und Ruhen. Aus diesem Grund sagte der Ewige zu Mose, er solle den Israeliten sagen: Obwohl die Arbeit des Stiftszeltes heilig und in meinen Augen von großer Bedeutung ist, dürft ihr den Schabbat trotzdem nicht übertreten, sondern müsst ihn beachten.«[163]

Aber warum ist das so? Sollte nicht tatsächlich der Bau des Stiftszelts – also des mobilen Heiligtums und des symbolischen Ortes von Gottes Gegenwart – so wichtig und heilig sein, dass er die Schabbatruhe »übertrumpft«? Abraham Jehoschua Heschel gibt darauf eine eindrückliche Antwort: »Eines der bedeutendsten Wörter in der Bibel ist das Wort *qadosh* – heilig; dies Wort ist mehr als alle anderen ein Zeichen für das Geheimnis und die Majestät des Göttlichen. Nun, was war der erste heilige Gegenstand der Weltgeschichte? War es ein Berg? Ein Altar?

Es ist eine einzigartige Gelegenheit, bei der das bedeutsame Wort *qadosh* zum ersten Mal gebraucht wird: Im Buch Genesis am Ende der Schöpfungsgeschichte. Wie außerordentlich bemerkenswert ist die Tatsache, dass es auf die Zeit angewendet wird: ›Und Gott segnete den siebenten Tag und machte ihn heilig.‹ (1. Mose 2,3) Im Schöpfungsbericht wird kein Gegenstand im Raum erwähnt, dem der Charakter der Heiligkeit zukäme […]

Sechs Tage leben wir unter der Tyrannei der Dinge des Raumes; am Sabbat versuchen wir, uns einzustimmen auf die Heiligung der Zeit. An diesem Tag sind wir aufgerufen, Anteil zu nehmen an dem, was ewig ist in der Zeit, uns vom Geschaffenen dem

Geheimnis der Schöpfung selbst zuzuwenden, von der Welt der Schöpfung zur Schöpfung der Welt.«[164]

Die Heiligkeit liegt nach Heschel also in der Zeit, dem Schabbat, weniger im Raum. Um Heschel zu ergänzen (nicht zu kritisieren): Heiligkeit liegt aber eben auch im Raum. Sie ist in beidem, wie wir diese Woche lernen, in Zeit und Raum. Schabbat und *Mischkan* gehören unbedingt zusammen. Der Ramban erklärt, dass der Exodus aus Ägypten nicht mit dem eigentlichen Auszug getan war, nicht einmal mit der Offenbarung der Tora am Berg Sinai. Erst mit dem Bau des *Mischkan* kann das zweite Buch Moses enden und ist der Exodus aus Ägypten tatsächlich geschafft. Erst seitdem haben wir die Möglichkeit, einen Ort zu schaffen, an dem wir mit Gott in Verbindung treten können – und wir bestimmen selber die Zeit, wann wir das tun und wann eben nicht. Das ist Freiheit.[165]

Die Heiligung des Ortes und die Heiligung der Zeit sollen uns quasi herausnehmen aus der Hektik des Alltages, an dem wir Gott kaum spüren oder über ihn nachdenken. Gott ist sehr abstrakt, aber die Synagoge und der Schabbat geben uns die Möglichkeit, endlich mal die alltäglichen Sorgen loszulassen, uns zurückzunehmen, nicht an die Arbeit zu denken. Das gibt uns Zeit und Ruhe für unsere Familie, für uns und dafür, die Heiligkeit Gottes zu spüren. Schabbat und die Synagoge sind echte Geschenke Gottes an uns, wenn wir willens sind, sie wirklich anzunehmen.

Pekude פקודי »Die Zählungen« (Ex 38,21 - 40,38)

Kurzzusammenfassung

Eine Bestandsaufnahme der für das Stiftszelt verwendeten Materialien wird gemacht. Bezalel und die anderen Künstler fertigen die priesterlichen Gewänder und die Brustschilde der Priester an. Schließlich wird das Stiftszelt eingeweiht und werden Aaron und seine Söhne in das Priesteramt eingeführt.

Haus der Versammlung - Haus der Kunst

Unser Wochenabschnitt setzt sich noch ein letztes Mal mit der Konstruktion des *Mischkan* auseinander, diesmal mit einer detaillierten Beschreibung aller verwendeten Materialien und fertiggestellten Gegenstände – der Text liest sich zum Teil wie die Arbeit eines Wirtschaftsprüfers, der durch die Bücher einer Firma geht. Der Grund, warum wir immer wieder über das Stiftszelt lesen, ist dessen große Wichtigkeit, wie in meinem Kommentar zur vorigen *Parascha* bereits erwähnt. Eine Frage stellt sich jedoch bezüglich der Verbindung von Stiftszelt und göttlicher Gegenwart. Wir lesen in der Tora: »Die Wolke bedeckte das Stiftszelt und die Gegenwart des Ewigen erfüllte das *Mischkan*.«[166] Bedeutet das etwa, dass der Omnipräsente in ein kleines Zelt passt? Ist Gott nicht überall? Natürlich wissen wir, dass das Stiftszelt nur ein vorübergehendes »Zuhause« ist, und selbst der Tempel in Jerusalem war nicht dauerhaft – seit 2000 Jahren haben wir keinen mehr. Wo ist Gott also jetzt?

Zuallererst ist es wichtig zu verstehen, dass Gott nie wirklich physisch im Stiftszelt oder im Tempel »wohnte«. Rabbiner Ettlinger schreibt, dass die Gegenwart des Ewigen im *Mischkan* nur eine Emanation der Göttlichen Gegenwart ist.[167] Außerdem erklärt der Ramchal[168], dass diese Gegenwart des Ewigen in unserer Mitte eigentlich nur unsere Beziehung zu Gott darstellt. Das bedeutet, dass, obwohl Gottes Gegenwart ständig und überall ist, unser Bewusstsein für diese göttliche Gegenwart mittels unserer Inspiration durch einen bestimmten Anlass oder Ort stärker sein kann. Daher sind das Stiftszelt, der Tempel in Jerusalem oder unsere Synagogen heute keine Orte, an denen Gott tatsächlich »wohnt«. Es sind Orte der Heiligkeit für *uns*, weil *wir* ihnen diese Bedeutung geben und weil wir Orte abseits unseres hektischen Alltags brauchen, um uns auf unseren Glauben zu konzentrieren, wofür wir sonst oft weder Zeit noch Raum haben.

Zweifellos war der Tempel in Jerusalem ein ganz wichtiges Zentrum des jüdischen Lebens und der jüdischen Spiritualität – über die Wallfahrtsfeste hinaus auch ein Ort des jüdischen Zusammenkommens und des gemeinsamen religiösen Erlebens. Nur wegen des Tempels »versammelte sich die gesamte Nation an einem Ort, und das schaffte eine brüderliche Verbindung und Vereinigung«, so erklärt es Rabbiner Luzzatto; denn nur durch ethische Lehren, Predigten und Gott Lob singen sei »die Furcht vor Gott und Seiner Größe nicht in die Herzen der Massen durchgedrungen«.[169] Last, not least, brauchte das Volk Israel während der schwierigen Zeit in der Wüste Gottes Gegenwart und Führung. Das Stiftszelt war der Ort, an dem die göttliche Gegenwart symbolisch residierte.

Maßgeblich entscheidend für die Vollendung des Stiftszelts war Bezalel. Oberrabbiner Hertz erklärt, dass die Tora den zwei leitenden Baumeistern Anerkennung für die getreue Ausführung ihres Arbeitsauftrages zolle[170]: »Bezalel, Sohn Uris, Sohn Churs vom Stamm Juda, hatte alles angefertigt, was Gott Mose befohlen hatte. Neben ihm war Oholiaw, Sohn Achisamachs vom Stamm Dan, Bildhauer und Wirker, und Sticker in himmelblauer, purpurroter, karmesinroter Wolle und Byssus.«[171] Grund genug, sich etwas näher mit Bezalel zu beschäftigen, nach dem immerhin die älteste und renommierteste israelische Kunsthochschule in Jerusalem benannt ist.

Laut Midrasch ist Bezalel mit Mose verwandt: »Er verdankte seine Weisheit den Verdiensten frommer Eltern; da sein Großvater Chur und seine Urgroßmutter Mirjam waren, war er somit ein Großneffe von Mose.«[172] Im Talmud heißt es, dass Bezalel erst ein Teenager war, als er die Bauleitung übernahm[173]; trotzdem besaß er schon eine Weisheit, die weit über das Übliche hinausging: »Bezalel besaß eine so große Weisheit, dass er die Buchstaben des Alphabets kombinieren konnte, mit denen Himmel und Erde geschaffen wurden. Das ist die Bedeutung der Aussage [Ex 31,3]: ›Ich habe ihn mit Weisheit und Wissen gefüllt‹, was die Werkzeuge waren, mit denen Gott die Welt erschaffen hatte, wie in Sprüche 3,19-20 erwähnt.«[174]

Bezalel konnte die kompliziertesten Geräte des Stiftszelts herstellen, die nicht einmal Mose erfassen konnte.[175] Wie Raschi erklärt, hat Bezalel sogar Anweisungen erfassen können, die Mose ihm so nicht gesagt hatte: »Es steht hier [Ex 38,22] nicht ›was Er befohlen hatte‹, sondern es steht ›alles, was der Ewige Mose befohlen hatte‹; selbst bei Dingen, die sein Lehrer Mose nicht zu ihm gesprochen hatte, erfasste sein Geist das, was zu Mose auf dem Sinai gesagt worden; denn Mose befahl Bezalel zuerst, die Geräte zu machen, und dann die Wohnung; da sagte Bezalel zu ihm, es ist der Gebrauch in der Welt, zuerst ein Haus zu bauen und dann die Geräte hineinzustellen; und Mose sprach, so habe ich es auch aus dem Munde des Heiligen, gelobt sei Er, empfangen […] und so machte er die Wohnung zuerst, und dann machte er die Geräte.«[176]

Deshalb hat Gott selbst und direkt Bezalel als Baumeister erwählt und »mit Gottesgeist erfüllt, mit Weisheit und Einsicht und mit Erkenntnis«.[177] Bezalel machte die Bundeslade persönlich[178] und weil »er sich mehr der Arbeit hingab und aufopferte, wird sie nach seinem Namen genannt«, so Raschi.[179] Viele Jahre später würde ein Nachkomme von Chur und Bezalel in Israel König werden und durch seine besonderen Fähigkeiten das Königtum in Israel errichten: David. Sein Sohn wird ihm folgen, und – wie Bezalel – schon in jungen Jahren Verantwortung übernehmen und mit einer außergewöhnlichen Weisheit gesegnet sein: Salomo.[180]

WAJIKRA

(3. Buch Mose – Levitikus)

Wajikra ויקרא »Und er rief« (Lev 1,1 - 5,26)

Kurzzusammenfassung

Nach der Fertigstellung des Stiftszelts und der Einführung der Priester in ihr Amt, erläutert Gott nun Mose die verschiedenen Opferarten, die im Tempel dargebracht werden sollen. Je nach Funktion des Opfers - es gibt fünf Kategorien: Emporopfer, verschiedene Arten von Huldigungsgaben (Speiseopfer), Friedensopfer, Entsündigungsopfer und das Schuldopfer - variiert auch die Opferungsart.

Gottesdienst im Herzen

Heute mag uns der Opferdienst, insbesondere die Tieropfer, befremdlich vorkommen. In der Antike galt dieser Ritus aber als eine sehr tiefe spirituelle Erfahrung. Es war die ursprüngliche Form des Gottesdienstes und der Kommunikation mit Gott. Durch die Texte der rabbinischen Literatur lässt sich erahnen, wie tief bewegt Menschen davon waren. Der Tempel war zudem ein Ort der Zusammenkunft. Zu den Wallfahrtsfesten pilgerten Hunderttausende oder gar Millionen von Menschen nach Jerusalem und feierten gemeinsam. Der Opferdienst ist auch die direkte Antwort auf eine Glaubensnot: den unsichtbaren und abstrakten Gott. Mose verstand, wie gesagt, dass die Menschen Gott nicht begreifen konnten und sich deshalb das Goldene Kalb schufen.

Das Stiftszelt mit dem Opferdienst wurde dann ein Ort für die symbolische Präsenz Gottes, ein Ort des Gottesdienstes und des Miteinanders (vgl. auch oben Wochenabschnitt Ki Tissa). Ursprünglich vorgesehen war es nicht, wie der Radak erklärt: »Gott hat zunächst dem Volk Israel nur geboten, auf Seine Stimme zu hören, wie Er in Mara sagte: ›Wenn sie fleißig auf die Stimme des Herrn, ihres Gottes, hören, und das tun werden, was richtig ist vor seinen Augen …‹ (Ex. 15:26). Erst als sie zu sündigen begannen, befahl Gott ihnen, Opfer zu bringen […]. Wenn Israel nicht in der Wüste gesündigt hätte, hätte Gott uns nicht die Gesetze der Opfer gegeben, denn zuerst befahl er ihnen: ›Gehorche meiner Stimme‹ (7:23).«[181] Die Natur des Menschen ist aber anders, und so verfügte Gott einen Opferdienst, ähnlich wie es das Volk Israel aus Ägypten kannte, aber mit völlig neuen Inhalten.[182]

Nach der Zerstörung des Tempels musste ein Ersatz für den Opferdienst gefunden werden. Während der Zeit des Zweiten Tempels gab es bereits Synagogen, die dann die symbolische Funktion des Tempels im Miniformat übernahmen – und das Gebet ersetzte die Opfer. Im Talmud heißt es dazu: »Es wird gelehrt: ›Indem ihr den Ewigen, euren Gott, liebt und ihm von ganzen Herzen dient‹ [5. Mose 28,12]. Welcher Dienst wird mit dem Herzen verrichtet? Es ist das Gebet.«[183] Sowohl das Interieur der Synagoge, wie auch Gebetszeiten und Grundelemente der jüdischen Liturgie wurden dem Tempeldienst nachempfunden.

Das Gebet ist ein Geschenk Gottes an uns, damit unsere Seele mit ihrem Ursprung in Verbindung bleiben kann. Wir brauchen ein Tool zur Kommunikation mit Gott. Haben wir keins, dann suchen wir es (vielleicht auch durch Meditation oder einen Guru in Indien) oder betäuben das Verlangen (z.B. durch Materialismus), suchen also einen Ersatz. Unsere Seele brauche die Spiritualität wie der Körper die Nahrung, wie es Jehuda Halevi erklärt.[184] Das Gebet ermöglicht uns, aus dem Alltäglichen aufzusteigen zum Heiligen, Göttlichen. Es ermöglicht uns, über das Körperlich-natürliche hinauszukommen, und gibt uns spirituelle Nahrung für unser Leben in der profanen Welt. Das Gebet ist aber auch Selbstreflexion, wie Rabbiner Hirsch erläutert: »*Hitpallel* [beten] wovon *T'fillah* [Gebet] gebildet ist, heißt ursprünglich: über sich urteilen, über sich richten, oder, wie die Form *hitpa'el* [eine Reflexivform in der hebräischen Grammatik] häufig ein inneres Streben bezeichnet: Ein Urteil, und zwar ein wahres Urteil über sich erstreben, gewinnen. Es bezeichnet also: hinaustreten aus dem tätigen Leben und sich ein Urteil der Wahrheit über sich, über sein Ich, d.h. über alle seine Beziehungen zu Gott und zur Welt und Gottes und der Welt zu sich erstreben, und mit der Kraft solchen Urteils Geist und Herz durchdringen, wodurch beide, geläutert und gehoben und gestärkt, neu dem tätigen Leben wiedergegeben werden. Die Handlung solcher Selbsturteilseringung heißt *T'fillah*. *T'fillah* nennen wir deutsch ›Gebet‹; doch drückt dieses Wort den Begriff *T'fillah* nur unvollkommen aus, da es an Bitte erinnert die nur eine Unterabteilung der *T'fillah* ist, oder an die alte Bedeutung des Wortes Beten, die, wenn ich nicht irre, bloßes Hersagen ist.«[185]

Wir sollen also durch unser Gebet in uns gehen, uns immer wieder die Zeit nehmen, selbstkritisch zu reflektieren. Das Gebet stärkt uns, verändert uns, lässt uns Gottes Wahrheiten erkennen, annehmen und im täglichen Leben anwenden. Hätte es nicht diese Wirkung, es wäre sinnlos.[186]

Das Gebet hat also mehr Wirkung für und in uns als bei Gott. Wie könnten wir auch Gottes Willen direkt beeinflussen? Traditionell dient das Beten im Judentum eher dem Nachdenken über unseren Schöpfer, dem Dank an Gott für alles, was er gemacht hat. Natürlich geht es auch um Bitten an Gott; aber dass man auf jedes Gebet sofort eine positive Antwort bekommt, so funktioniert das nicht. Wie bisher beschrieben, ist der Sinn des Gebets, eine Verbindung zu Gott zu schaffen und die Verbesserung unseres Selbst, unserer Handlungen – und das ist schon sehr viel. Wie Rabbiner Reuven Leuchter schreibt, ist das Gebebt tatsächlich wirksam, nur nicht immer so, wie wir uns das vorstellen. Ich kann Gott nicht heute bitten, dass ich im Lotto gewinne, und morgen passiert es dann auch; aber unser Gebet bewirkt, dass Gott unsere Bedürfnisse wahrnimmt, und Er sie auch auf die eine oder andere Weise erfüllt.[187] Und Beten bedeutet sogar noch mehr: Gott führt uns im Leben, Gott nimmt direkt Einfluss und bleibt aktiv in Seiner Schöpfung. Rabbi Chaim von Woloschin meint: »Die Funktion des Gebetes besteht darin, die Beteiligung Gottes an der Menschheit und den Welten zu intensivieren und den Segen und die Heiligkeit der Welten zu erhöhen. Daran sollte man beim Beten denken.«[188]

Zaw צו »Gebiete!« (Lev 6,1 - 8,36)

Kurzzusammenfassung

Die Vorschriften für verschiedene Opfer werden ergänzt. Diesmal sind sie allerdings nicht an das ganze Volk Israel gerichtet, sondern an die Priester und dementsprechend viel detaillierter und praktischer. Schließlich wird die Weihe der Priester und der erste Opferdienst beschrieben.

Ritual und Ethik

Unsere *Parascha* wiederholt teilweise die Beschreibung der verschiedenen Arten der Opfer, und zwar ähnlich wie letzte Woche und außerdem die Aufgaben der Priester im Tempel. »Opfer« ist dabei allerdings keine gute Bezeichnung, wie Rabbiner Hirsch erläutert: »Es ist in hohem Grade zu bedauern, dass es kein deutsches Wort gibt, durch welches der im Ausdruck *Korban* liegende Begriff ungetrübt wiedergegeben werden kann. Unglücklicherweise hat sich dem Wort ›Opfer‹, das doch seinem Ursprunge von dem lateinischen offero nach nur ›Darbringung‹ bedeutet, die Vorstellung zerstörender, vernichtender Einbuße verknüpft, die dem Wesen und Begriffe des hebräischen *Korban* völlig fremd, ja konträr entgegengesetzt ist. [...] Der Begriff: darbieten, darbringen, setzt einen Wunsch, ein Verlangen, ein Bedürfnis nach dem Dargebrachten bei demjenigen, dem es dargebracht wird, voraus, das durch die Darbringung seine Befriedigung finden soll. Es ist nicht von der Vorstellung Gabe, Geschenk, zu trennen. Von allem diesen ist jedoch der Begriff *Korban* fern. Es heißt nie Geschenk, Gabe, kommt überhaupt nur in Beziehung vom Menschen zu Gott vor und lässt sich ja nur aus der Wurzel Karow innewohnenden Bedeutung begreifen. Karow heißt ja: nahen, näherkommen, also in innige Beziehung zu jemandem gelangen. Damit ist aber sofort dem Begriff die positivste Gewinnung eines vielmehr erhöhten Daseins als Ziel und Wirkung vindiziert …«[189]

Die *Parascha* beschäftig sich gerade mit dieser Spiritualität und den damit verknüpften ethisch-moralischen Bedingungen.

Der *Midrasch* verbindet den Anfangvers des heutigen mit dem Ende des letzten Wochenabschnitts: »›Gebiete Aharon und seinen Söhnen und sprich: dies ist das Gebot der Brandopfer‹ (Lev 6,2). Sagte der Heilige, gesegnet sei Er: Beachte das, was vorher geschrieben wurde … warum? ›Denn ich, der Ewige, liebe das Recht und hasse Raub beim Brandopfer‹ (Jes 61,8). Was wurde vorher geschrieben? ›Dann soll er, wenn er gesündigt und sich verschuldet hat, wiedergeben, was er mit Gewalt genommen oder mit Unrecht an sich gebracht … hatte‹ (Lev 5,23) … Wenn du beabsichtigst, ein Opfer zu bringen, dann sollst du nichts von irgendjemandem stehlen … Wann werden deine Opfer angenommen? Wenn deine Hände vom Raub gereinigt sind!«[190]

Der *Midrasch* macht also eine wichtige moralische Aussage in Verbindung mit den Themen des Raubes und des Brandopfers, speziell durch das Zitat des Propheten Jesaja: Das Opfer von jemanden, der in irgendein unehrliches Handeln verwickelt ist, taugt nicht und wird nicht von Gott angenommen. Das ist die zentrale

Botschaft des Propheten Jesaja und anderer Propheten. In einer Zeit sozialer Ungerechtigkeit und des Götzendienstes kritisierte Jesaja die Oberschicht scharf für deren Sünde und Korruption. Der Prophet verglich sie sogar mit Sodom und Gomorra. Bezüglich der gebrachten Opfer im Tempel sagte er: »Höret des Ewigen Wort, ihr Herren von Sodom! Nimm zu Ohren die Weisung unsres Gottes, du Volk von Gomorra! Was soll mir die Menge eurer Opfer?, spricht der Ewige. Ich bin satt der Brandopfer von Widdern und des Fettes von Mastkälbern und habe keinen Gefallen am Blut der Stiere, der Lämmer und Böcke.«[191]

Jesaja sagt also, dass Gott kein Interesse an Opfern hat, die von schlechten Menschen dargebracht werden, weil sie nicht wirklich das meinen und tun, wofür die Opfer stehen. Sie sollen nicht denken, dass sie erst sündigen und sich dann einfach »freikaufen« können – mit einem Ritual, dessen Bedeutung sie nicht ernst nehmen. Ganz ähnlich formulierte es auch der Prophet Jeremia: »Verlasst euch nicht auf Lügenworte, wenn sie sagen: Der Tempel des Ewigen, der Tempel des Ewigen, der Tempel des Ewigen ist hier! … Ihr seid Diebe, Mörder, Ehebrecher und Meineidige und opfert dem Baal … Und dann kommt ihr und tretet vor mich in diesem Hause, das nach meinem Namen genannt ist, und sprecht: Wir sind entbunden [von der Sünde], – und tut weiter solche Gräuel. Haltet ihr denn dies Haus, das nach meinem Namen genannt ist, für eine Räuberhöhle?«[192] Auch Jeremia verurteilt die Scheinheiligkeit der Oberschicht, die sündigt und sich nicht um die Benachteiligten in der Gesellschaft kümmert, aber gleichzeitig minutiös die Opfervorschriften befolgt. Der Prophet macht klar, dass solche Opfer eine Beleidigung Gottes seien – und keine Vergebung der Sünden bewirken. Interessanterweise verwendet auch Jeremia das Wort

»Räuber« im Zusammenhang mit den unehrlichen, abgewiesenen Opfern, genau wie der *Midrasch*.

Ähnlich auch Rabbenu Bachja über die Verpflichtung der Priester, die Kleidung zu wechseln, nachdem sie die Asche der Brandopfer an einen separaten Ort gebracht haben: »Sogar für das Heben der Asche … trägt der Priester gute, heilige Kleidung. Wir lernen daraus, dass alle religiösen Aufgaben … in würdiger Weise durchgeführt werden sollen … und dass wir bescheiden sein sollen zum Ruhm Gottes.« Rabbenu Bachja lehrt uns also, dass wir nur Taten zur Verherrlichung Gottes erfüllen können, wenn wir sie in würdiger Weise und – ganz wichtig! – bescheiden tun. Das bedeutet, wenn wir sie für Gott und nicht zu unserem eigenen Vorteil tun und mit einem reinen Herzen, frei von Sünde.

Das Judentum fordert beides: das Rituelle und das Ethische – eine ganz wichtige Botschaft, auch für uns heute. Beides ist miteinander verbunden und voneinander abhängig. Eines der beiden zu ignorieren bedeutet, die jüdische Tradition nicht voll zu beachten. Um es in modernen Beispielen zu erklären: Jemand, der den Armen gibt, aber nicht betet oder den Schabbat nicht hält, ignoriert einige der wichtigsten Rituale des Judentums. Andererseits: Jemand, der betet, den Schabbat hält und koscher isst, aber stiehlt, betrügt oder lügt, ist ebenso weit entfernt vom jüdischen Ideal. Nur die Einheit von Ritualen und Ethik erfasst die Ganzheit des Judentums.

Schemini שמיני »Achter« (Lev 9,1 - 11,47)

Kurzzusammenfassung

Am achten Tag nach der Einweihung des Heiligtums werden die Priester feierlich in ihr Amt eingesetzt, und Feuer aus dem Himmel verzehrt die Opfer. Zwei der Söhne Aarons verstoßen allerdings gegen die Vorschriften und sterben. Danach benennt Gott die koscheren Speisegesetze und erläutert die erlaubten und verbotenen Tiere.

Bedeutung der koscheren Speisevorschriften

Dieser Wochenabschnitt führt in die *Kaschrut*, die jüdischen Speisegesetze, ein, und die Tora nennt die Tiere, die zu speisen erlaubt bzw. unerlaubt sind: »Gott sprach zu Mose und zu Aaron, ihnen zu sagen: sprechet zu Israels Söhnen: dies, wenn es lebenskräftig ist, ist, was ihr von allem Vieh, das auf dem Land leben, essen dürft: Alles, was einen Huf bildet, und ihn ganz durchspaltet zu zwei Hufen, zugleich wiederkäuend ist unter dem Vieh, das dürft ihr essen. Jedoch dies dürft ihr nicht essen von den Wiederkäuern und den so Behuften: das Kamel […] und das Kaninchen […] den Hasen […] und das Schwein… Dies dürft ihr essen von allem, was im Wasser lebt: Alles, was Flossen und Schuppen hat im Wasser – in Meeren und in Strömen – die dürft ihr essen. Alles aber, was Flossen und Schuppen nicht hat […] von allem Kleintier des Wassers und allem Tierwesen, das im

Wasser lebt, Abscheu sind sie euch. Jedes geflügelte Kriechtier, das auf Vieren geht, ist euch Abscheu. Und jedes Kriechtier, das auf der Erde kriecht, Abscheu ist es, es soll nicht gegessen werden.«[193]

Wir lesen zwar die Definition der Tiere, die wir essen dürfen und welche nicht – doch nirgendwo in der Tora finden wir dafür eine Begründung. Das hat im Laufe der Jahrhunderte immer wieder für Diskussionen und Spekulationen gesorgt, zumal es hier auch keine einheitliche Meinung gibt.

Einige wichtige mittelalterliche Kommentatoren, wie Maimonides und der Raschbam, meinten, dass medizinische und gesundheitliche Gründe der entscheidende Faktor für das Verbot sind, bestimmte Tiere zu essen: »Jeder, der sich an die von uns angegebene Weise hält, garantiere ich, dass er sein gesamtes Leben lang niemals krank werden wird, bis er ein hohes Alter erreicht hat und stirbt. Er wird keinen Arzt brauchen und sein Körper wird perfekt sein und er wird sein ganzes Leben lang stark bleiben.«[194]

Dem stimmte auch Nachmanides zu: »Denn all diese verbotenen Nahrungsmittel sind bekanntlich Nahrungsmittel, die nicht gut für die Gesundheit sind.«[195]

Diese Meinung wird sogar von vielen modernen Gelehrten geteilt, obwohl klar ist, dass das medizinische Wissen, über das wir heute verfügen, früher unbekannt war, und viele ungesunde Pflanzen erlaubt sind, während gesundes Fleisch, zum Beispiel Strauß oder Kaninchen, verboten ist. Einige Regeln haben den Nebeneffekt, zur Gesundheit beizutragen, aber sicherlich war es nie ihr Zweck. Wenn wir zum Beispiel vor dem Essen die Hände waschen, tun wir dies nicht aus hygienischen Gründen, sondern als Erinnerung an die Priester im Tempel, die vor den Opferungen ihre Hände rituell gewaschen haben.[196]

Rabbiner Arama bemerkt daher richtig: »Die Speisegesetze sind nicht, wie einige behauptet haben, durch medizinische Überlegungen motiviert … Wäre dies der Fall, würde die Tora auf das Niveau einer medizinischen Abhandlung reduziert … Die Nichtjuden, die Schweinefleisch und das Fleisch anderer unreiner Tiere essen, genießen eine gute Gesundheit.«[197]

Selbst Maimonides sieht nicht nur gesundheitliche Vorteile, sondern auch einen quasi-pädagogischen Grund: »Die Speisegebote erziehen uns, unsere Lust zu meistern. Sie gewöhnen uns daran, das Wachsen unserer Begierde einzudämmen, die Vergnügungssucht zu mildern und die Neigung zu bezwingen, Essen und Trinken als Lebenszweck anzusehen«[198]

Rabbiner Luntschitz geht noch etwas weiter. Für ihn ist der Zweck der Kaschrut das Wohl der Seele. Nicht-koscheres Essen entferne den Geist der Reinheit und Heiligkeit, schaffe eine Blockade der Intelligenz und verursache Grausamkeit.[199]

Die Gründe für die Speisegesetze gehen also weit über gesundheitliche Gründe hinaus. Sie haben eine tiefe ethische und spirituelle Bedeutung. Ein wichtiger Aspekt ist das Tier. Für uns Juden ist ein Tier nicht nur ein Objekt, sondern ein Lebewesen mit einer Seele. Deshalb muss die Schlachtung besonders hohen Standards entsprechen und dem Tier unnötiges Leid erspart bleiben[200], und deshalb ist es verboten, milchige und fleischige Speisen zusammen zu essen, wie Nachmanides erklärt: »Der Grund warum ›Denn du bist eine heilige Nation dem Ewigen, deinem Gott‹ verbunden ist mit ›esse nicht das Böcklein in des Mutters Milch‹ ist nicht, weil es ekelhaftes Essen wäre. Es ist vielmehr verboten, um zu zeigen, dass wir heilig sein sollen in Bezug auf unser Essen und nicht als grausames und gnadenloses Volk handeln – die Mutter melken, um ihr Junges in ihrer Milch zu kochen.«[201]

Fleischkonsum ist grundsätzlich nur ein Kompromiss. Das Ideal ist es eigentlich, dass wir uns, wie Adam und Eva im Garten Eden, vegan ernähren. Rabbiner Kook schrieb: »Die ganzen Speisevorschriften, die den Tiergenuss betreffen, sind ein versteckter Tadel für den Menschen, dem durch die grundsätzliche Erlaubnis, Fleisch zu essen, nur ein Zugeständnis gemacht wurde, das ihm helfen soll, seine Mordlust zu überwinden. Das Ziel ist es, aus dem Menschen ein zunächst gegenüber seinen Mitmenschen, dann aber auch gegenüber den Tieren, von Mitleid erfülltes Wesen zu machen. Der Mensch soll durch das Verbot, das Blut zu essen, darauf aufmerksam gemacht werden, dass das Tier nicht einfach ihm preisgegeben, ein beliebig zu verwertendes Objekt ist, sondern eine lebende Seele.«[202]

Gerade deshalb sind im Judentum die Regeln der Speisegesetze vielfältig und streng – und ganz aktuell; denn es geht nicht um die Frage nach dem technischen Ablauf einer Mahlzeit, sondern um ein ganz bewusstes Essen. Es geht darum, wann wir essen, was wir essen, wie wir essen, und den Geist, in dem wir essen. Das prägt unsere jüdische Persönlichkeit, und selbst die Mahlzeit wird von Heiligkeit durchdrungen.

Tasria תזריע »Sie empfängt« (Lev 12,1 – 13,59)

Kurzzusammenfassung
Das Konzept von ritueller Reinheit und Unreinheit wird nun erläutert. In diesem Zusammenhang geht es um die Vorschriften, die eine Frau betrifft, die ein Kind geboren hat, und um die Beschneidung eines Jungen am achten Tag nach der Geburt.

Reinheit – Unreinheit – Ehe, Familie, Glaube

In diesem Wochenabschnitt lesen wir über die rituelle Unreinheit in Verbindung mit der Geburt eines Kindes (in der nächsten *Parascha* dann auch in Verbindung mit der Menstruation der Frau) und über die Beschneidung eines Jungen am achten Tag nach der Geburt. Zunächst wirken diese Regeln von Unreinheit, Reinheit und Beschneidung anachronistisch und für uns moderne Menschen fast schon befremdlich. Wenn wir allerdings etwas tiefer in die Bedeutung blicken, werden wir merken, wie fundamental diese Konzepte für unsere jüdische Identität sind.

Die Konzepte von *Tuma* und *Tahara*, die als »unrein« und »rein« übersetzt werden, sind tatsächlich schwer zu verstehen. Deshalb möchte ich anfangs erklären, was sie nicht sind. Sie haben nichts Überirdisches und keine mythologische Bedeutung (wie in heidnischen Kulten). Die Frau ist während der Zeit von *Nidda* (während der Menstruation) auch in keiner Weise minderwertig. Es ist einfach ein juristischer Begriff in der Tora, der erklärt, dass sie in einem spirituellen Zustand lebt, in dem sie nicht an bestimmten Speisen teilnehmen oder den Tempel betreten kann (während der Zeit des Tempels). *Tuma* bedeutet wörtlich auch nicht »unrein«, es gibt also keinen hygienischen Aspekt.

Während die meisten Vorschriften in Verbindung mit der rituellen Unreinheit und Reinheit seit der Zerstörung des Tempels heute nicht mehr relevant sind, gelten aber immer noch die Regeln bezüglich der Menstruation und der Geburt, auch *Taharat Mischpacha* (wörtlich: Reinheit der Familie) genannt. Darin ist zum Beispiel geregelt, dass Frauen während ihrer Periode (und eine gewisse Zeit danach) keinen physischen Kontakt zu ihrem Ehemann haben, bis sie in die *Mikwe*, in das rituelle Tauchbad, gehen. Natürlich begegnen sich Ehepartner auch in dieser Zeit der intimen Abstinenz respektvoll und voller Warmherzigkeit.

Warum aber sind solche Regeln heute noch notwendig? Die Antwort finden wir im Konzept der Sexualität im Judentum. Das Judentum ist der Sexualität überhaupt nicht negativ eingestellt, aber Sexualität ist auch nicht nur auf das Physische beschränkt, was letztlich nur zu emotionaler Einsamkeit und Leere führen würde. Das Judentum kennt einen Mittelweg. Sexualität basiert auf Ehe und Partnerschaft. Eine solche Partnerschaft kann nur durch Vertrauen und gegenseitige Verantwortung entstehen. Das hebräische Wort für Liebe, *Ahawa*, drückt das gut aus. Eigentlich ist die Übersetzung mit »Liebe« (im romantischen Sinn) nicht richtig. In den meisten Fällen wird das Wort *Ahawa* in der Bibel nämlich eher für Verantwortung und Fürsorge verwendet, zum Beispiel wenn es heißt: »Liebe den Fremden.« Vertrauen und Verantwortung füreinander entwickeln sich aber nur, wenn man einander gut kennt und versteht. In der Tora heißt es: »Und Adam kannte Eva.«[203] »Kennen« wird hier als Umschreibung für die sexuelle Beziehung zwischen Adam und Eva verwendet. Es könnte eigentlich kein schöneres Wort geben, meint es doch, dass eine Partnerschaft tiefes Wissen über den anderen voraussetzt, sowohl was die Gefühle, als auch, was den Verstand betrifft.

Die Regeln von *Taharat Mischpacha* sorgen einerseits dafür, dass die Ehepartner jenseits der sexuellen Attraktivität respekt- und liebevoll miteinander umgehen können. Andererseits stärken sie genau diese physische Anziehung durch die Zeit der intimen Abstinenz. Die schützt nämlich nicht nur Frauen vor dem Drängen des Mannes in einer für sie sensiblen Zeit, sondern, so der Talmud, »damit sie [nachher] ihrem Mann so lieb sei, wie in der Hochzeitsnacht«.[204]

Taharat Mischpacha soll die Ehe erhalten und stärken und ist zutiefst spirituell und bedeutsam. Für das Judentum ist es wichtig, Heiligkeit in das Eheleben zu bringen. Vor allem die Trennungszeit zwischen Mann und Frau symbolisiert dies, wie Rabbiner Hirsch erläutert: »Abgesehen von den gewiss auch hier vorwaltenden, tiefen physiologischen Gründen, hebt kein Gesetz wie dieses das Geschlechtliche hinaus aus dem Bereich niedriger Sinnlichkeit und reiht es ein in den Kreis sittlich reinen, geheiligten Menschtums.«[205]

Genau hier besteht auch die Verbindung zwischen der rituellen Unreinheit einer Frau nach dem Gebären und der Beschneidung eines Jungen. Wie Rabbiner Hirsch erklärt »ist der siebentägige

Zyklus der Unreinheit der vollendendete Ablauf eines zu überwindenden Zustands, insbesondere als den Hinaustritt aus dem geschöpflich-unfreien (sechs) in das im Bund mit Gott zu gewinnende menschlich freie Dasein (sieben) erkannt, und den achten Tag als den aufgrund der göttlich freien Menschennatur zur vollen und höheren Lösung der Bestimmung desselben sich aufbauenden Geburtstag zum jüdischen Beruf, als die Wiederholung des ersten Tages auf erhöhter Stufe begriffen, gleichsam die jüdische Oktave des ersten Tages der physischen Geburt.«[206]

Der Nebeneffekt der hygienischen Vorteile ist nicht der Grund der Beschneidung, sondern, wie Rabbiner Karo erklärt: »Die *Brit Mila* [Beschneidung] ist die erste und wichtigste *Mizwa*, ohne die er kein Jude ist. Durch die Beschneidung nimmt er das Joch des himmlischen Königreiches auf sich. Er wurde gekennzeichnet, um dem Ewigen zu dienen und seine Gebote zu erfüllen. Daher erscheint die *Mizwa* der Beschneidung im Zusammenhang mit der Geburt eines männlichen Kindes.«[207]

Ehe, Familie und Glaube sind die Fundamente des Judentums und genau dafür sind die spirituellen Aspekte von Unreinheit, Reinheit und Beschneidung auch heute noch essenziell wichtig. Unsere jüdischen Riten sind nicht anachronistisch, sie geben immer noch aktuelle Antworten auf die Herausforderungen unserer Zeit, wie beispielsweise auf die Fragen nach idealer Partnerschaft, Sexualität oder Spiritualität.

Mezora מצורע »Aussätziger« (Lev 14,1 - 15,33)

Kurzzusammenfassung

Weitere Details zum Konzept von spiritueller Reinheit und Unreinheit werden beschrieben. Das zentrale Thema ist aber ein Hautausschlag/Belag, Zaraat (oft fälschlicherweise als Lepra übersetzt), der Menschen, aber auch Kleidung und Häuser befallen kann, und dessen Heilung.

Wie mit Krankheit und Leiden umgehen?

Das komplexe und schwierige Thema der rituellen Reinheit und Unreinheit wird in diesem Wochenabschnitt fortgesetzt; aber ein weiteres, damit verbundenes Thema ist dabei ganz zentral: die verschiedenen Erscheinungsformen der Zaraat-Krankheit und die dazugehörigen Rituale der spirituellen Reinigung. *Zaraat*, oft fälschlicherweise als »Lepra« übersetzt, ist ein weißer, roter oder grüner Ausschlag/Belag, der auf der Haut, auf Kleidung und an Häusern auftreten kann. Maimonides, selbst berühmter Arzt und bekannt dafür, dass er jeglichen Aberglauben ablehnt, war überzeugt, dass Zaraat keine Krankheit im engeren Sinn sei, sondern durch *Laschon Hara*, d.h. durch üble Nachrede ausgelöst wird. Zaraat soll uns vor bösem Klatsch warnen und diejenigen, die trotzdem weiterhin schlecht über andere sprechen, bestrafen, indem sie von der Gemeinschaft isoliert, abgesondert werden.[208]

Auf den ersten Blick scheint eine solche Einschätzung weit von unserer heutigen Lebensrealität entfernt, aus einer vergangenen Zeit, in der Aberglaube oder nur eine primitive Form der Spiritualität dominierten. Wenn wir uns allerdings intensiver mit dem Text unseres Wochenabschnitts beschäftigen, werden wir feststellen, dass diese Kommentare heute genauso relevant sind wie damals. *Tuma*, die spirituelle Unreinheit (vgl. Kommentar zum letzten Wochenabschnitt) wird auf eine von drei Arten übertragen: durch den Kontakt mit einer Leiche, durch den Kontakt mit Personen, die an Zaraat leiden, oder durch den Kontakt mit Körperabsonderungen, die mit der Erzeugung von Leben zusammenhängen, beispielsweise Menstruationsblut oder Sperma.

Diejenigen, die sich in einem Zustand der *Tuma* befinden, dürfen sich den heiligen Bereichen des Tempels bzw. des Stiftszelts nicht nähern. *Tuma* hat aber auch positive Aspekte. Die Tatsache, dass die Tora Rituale der spirituellen Reinigung so stark betont, unterstreicht, dass Gott Regeneration und Wiedereingliederung wünscht. Zudem wird *Tuma* durch sehr positive Dinge wie Geburt oder Fürsorge für die Toten übertragen. Folglich hat *Tuma* auch eine gute Seite. Daher verstehen einige zeitgenössische Kommentatoren *Tuma* anders als in der Vergangenheit. Sie heben hervor, dass einer der Gründe, warum es den Menschen, die spirituell unrein sind, verboten sei, den Tempel zu betreten, darin bestehe, dass Geburt und Fürsorge für die Toten selbst große spirituelle Erfahrungen seien, die durch den Besuch des Tempels nicht noch verstärkt werden müssten.

Rabbiner Riskin schreibt: »Gottes Geschenk an den Menschen, der nach dem göttlichen Ebenbild erschaffen wurde, ist, dass es neben der Körperlichkeit auch die Spiritualität gibt, neben dem Tod auch das ewige Leben, neben der rituellen Unreinheit (*tuma*) auch die rituelle Reinheit (*tahara*). Daher bringt das sehr menschliche Leben, das aus dem Mutterleib hervorgeht, nicht nur den Hauch des Todes, *tuma*, mit sich, sondern auch die Hoffnung auf neues Leben, *tahara* [...]. Es liegt in der Macht des Menschen, seine physischen Hemmnisse und Unvollkommenheiten zu überwinden, seine tierischen Triebe und Instinkte zu veredeln und zu heiligen, die menschliche Natur zu vervollkommnen und eine unvollkommene Welt zu erlösen.«[209]

Einige zeitgenössische Kommentatoren verstehen den Begriff der *Tuma* als die spirituelle Dimension der Ehrfurcht vor der wundersamen Natur der Geburt, der unglaublichen Kraft des Todes und den Geheimnissen von Krankheit und Heilung. Hier zeigt die jüdische Tradition etwas, was Wissenschaft und Medizin – die selbstverständlich richtig und wichtig bei Krankheiten sind – manchmal zu wenig berücksichtigen, nämlich den Zusammenhang zwischen physischer und psychischer Gesundheit. Die Tatsache, dass es der Priester war, der die unreine Person untersuchte und die Diagnose stellte, half den Betroffenen und beschleunigte die Heilung, da er dabei half, sie so schnell wie möglich wieder in die Gemeinschaft zu integrieren. Es ist auch wichtig anzumerken, dass der Priester eigentlich nicht heilte. Er führte die rituelle Reinigung erst durch, nachdem der Kranke geheilt war, um nicht den Eindruck zu erwecken, dass durch die *Tahara* eine Art Zauber wirke.

Doch warum dann der Verweis auf geistige oder moralische Fehler, die zur Krankheit der Person beigetragen haben könnten? Gerade das ist für uns moderne Menschen so schwer zu akzeptieren, aber gerade das eröffnet eine ganz moderne Sicht auf die Medizin. Wir wissen, dass es negative Folgen hat, wenn wir unseren Körper vernachlässigen. Schlechte Ernährung und mangelnde Bewegung beeinträchtigen unsere körperliche Gesundheit. Wir vernachlässigen aber allzu oft die spirituelle Dimension einer Krankheit. Nicht gesund zu essen oder sich nicht genügend zu bewegen, das ist der Gesundheit nicht förderlich. Aber so wie wir für diese physischen »Sünden« einen Preis zahlen müssen, so »kosten« letztlich auch spirituelle Übertretungen physische Konsequenzen. Die Medizin hält es üblicherweise nicht für ratsam, den Patienten zu sagen, dass sie – je nach Anamnese – für ihre eigene Krankheit auch selber verantwortlich oder mitverantwortlich sind. Aus Sicht einer ganzheitlichen Medizin und unter dem Gesichtspunkt der gemeinschaftlichen Verantwortung, die jeder Mensch für den Nächsten hat, steht jedoch außer Frage, dass wir für unsere eigenen Krankheiten und Leiden mitverantwortlich sein können.

Wenn wir gemeinsam entschlossen wären, die Ursachen unserer Zivilisationskrankheiten ernsthaft anzugehen, wären einige zeitgenössische Krankheiten und Leiden sicherlich inzwischen verschwunden. Die Tatsache, dass wir durch die Wunder der modernen Medizin die durchschnittliche Lebensdauer des Menschen in den letzten hundert Jahren so stark verlängert haben, ist ein Beweis für unsere Fähigkeiten.

Tuma, rituelle Unreinheit, ist nicht als Strafe Gottes gedacht, sondern als göttliches Signal, dass Schritte unternommen werden können, um die Ursache der Krankheit zu finden, damit sie letztendlich geheilt und beseitigt werden kann.

Acharej Mot אחרי מות
»Nach dem Tode«
(Lev 16,1 - 18,30)

Kurzzusammenfassung

Das unautorisierte Nahetreten vor Gott wird als Grund für den Tod der beiden Söhne Aarons genannt. Nur der Hohepriester darf an Jom Kippur, dem höchsten Feiertag, das Allerheiligste betreten. Es folgt die Beschreibung des dazugehörigen Opfers zweier Ziegenböcke, deren Schicksal das Los entscheidet.

Sündenbockrituale - Persönliche Rekreation

Im gesamten Buch Levitikus lesen wir immer wieder über Opfer, diesmal aber vielleicht über die wichtigsten Opfer überhaupt: »Er [Aaron] nehme die beiden Böcke, stelle sie vor den Ewigen hin am Eingang des Stiftszeltes, lege auf die beiden Böcke zwei Lose, ein Los für den Ewigen und ein Los für Asasel. Aaron bringe den Bock, auf welchen das Los für den Ewigen gefallen ist, dar und mache ihn zum Entsündigungsopfer. Der Bock, auf welchen das Los Asasel gefallen ist, soll lebendig vor dem Ewigen hingestellt werden, auf ihm zu sühnen und ihn als Asasel fortzuschicken in die Wüste hin.«[210]

Diese Verse beschreiben das zentrale Opfer zu Jom Kippur, dem jüdischen Versöhnungstag, dem höchsten und heiligsten Feiertag im Judentum. Wie Marc Breuer schreibt, »ist es sicher, dass dieses Opfer eines der stärksten Symbole, die die Tora kennt, bedeutet. Der ganze Tag des Jom Kippur ist unter das Zeichen der totalen Erneuerung gestellt, zu der der Jude aufgerufen ist. Man könnte fast sagen, dass der Mensch nicht von Gott, sondern von sich selbst die Vergebung erwarten soll. Jeder Mensch besitzt auf integrale Weise und in jedem Augenblick seines Lebens die potentielle Möglichkeit, seine Schritte zum Weg des Guten oder des Schlechten zu lenken … Die völlige Freiheit des Menschen umfasst seine Größe wie sein Elend. Angesichts des Heiligtums zeigen wir uns mit allen Elementen dieser Freiheit, die unsere Wahl so schwer, aber auch so erhaben macht. Dieser Tag des Jom Kippur lehrt uns aber auch, dass jede unentschiedene, dazwischen liegende Haltung unmöglich ist. Es gibt nicht drei Böcke vor dem Priester, es gibt deren nur zwei. Wir haben keine andere Wahl; wenn wir den Weg zum Heiligtum verschmähen, gibt es nur die Wüste, das Nichts, die Einsamkeit und das Untergehen.«[211]

Die Tiere sind grundsätzlich völlig gleich, die Lose sind völlig gleich, ebenso die spätere Kennzeichnung der Tiere, so erklärt es der Talmud.[212] Ihr unterschiedliches Schicksal aber symbolisiert die Entscheidung, die wir treffen müssen. Rabbiner Hirsch erklärt dazu: »Offenbar haben wir hier die Darstellung zweier ursprünglich völlig identischer Wesen, die sich an Der Schwelle des Heiligtums zu vollendetem Gegensatz scheiden. Sie sind beide gleich …, sind beide zusammen in gleicher Weise vor den Ewigen gestellt, über beide schwebt in ganz gleicher Weise, mit ganz gleicher Möglichkeit der Entscheidung, die Entscheidung ›für den Ewigen‹, wie die Entscheidung ›für Asasel‹, der eine wie der andere kann das eine wie das andere werden, ja, jeder kann das eine was er wird nur werden, weil er auch das andere hätte werden können … – und bis zum schneidendsten Gegensatz gehen von da an ihre Wege auseinander. Der ›für den Ewigen‹ Entschiedene erleidet unter der Schneide des Heiligtums den *Schechita*[Schlacht]-Tod, wird aber vom Gefäße des Heiligtums aufgenommen und gelangt in das Allerheiligste, in die Nähe der heiligsten Stätte, wo sich das Ideal des jüdischen Gesetzeslebens zum Träger des Göttlichen auf Erden vollendet. Der ›für Asasel‹ Entschiedene bleibt unberührt von Der Schneide des Heiligtums, erleidet nicht den *Schechita*[Schlacht]-Tod, bleibt unverändert am Leben, in lebendiger Selbstheit vor Gott im Eingange zum Heiligtum, gelangt aber als solcher nicht weiter hinein ins Heiligtum, vielmehr hinaus aus dessen Räumen, hinaus aus Dem Wohnkreis der Menschen, hinein in die Öde und endet das, dem Heiligtum den Rücken kehrend, bewahrte Selbstleben wüst in der Wüste.«[213]

Hier sind also zwei Ziegenböcke, die ursprünglich völlig identisch sind und dann zwei völlig gegensätzliche Wege gehen. Beide werden zusammen in einer ähnlichen Art und Weise vor Gott an den Eingang des Stiftszelts gebracht. Die Entscheidung, ob sie »zu Gott« bzw. »zu Asasel« gehen, schwebt über beiden in genau der gleichen Weise. Ihr Schicksal mit Hilfe des Loses wird danach entschieden, was zu ihnen passt. Der eine, »zu Gott«, kommt in das Allerheiligste, wo er zum Ideal eines jüdischen Tora-Lebens wird, als Träger der Göttlichkeit auf Erden. Der andere, »für Asasel«, bleibt unangetastet, am Eingang des Heiligtums, und wird weg von allem Menschlichen, von aller Zivilisation hinaus in die Wüste geschickt, entfernt. Er kehrt dem Heiligtum den Rücken.

Jeder und jede von uns ist symbolisch so eine Ziege. Jeder und jede von uns hat die Kraft, den Proben unserer Willenskraft zu trotzen. Von der Art, wie wir diese Kraft einsetzen, hängt die Würdigkeit oder Unwürdigkeit unserer moralischen Existenz ab. Wir können diese Kraft verwenden, um uns an Gott zu binden, im Widerstand gegen alle internen und externen Versuchungen und Überlegungen und sozusagen symbolisch zu einem Ziegenbock Gottes werden. Oder wir können sie für die hartnäckige Ablehnung Gottes und Seiner heiligen Gesetze der Ethik und Moral verwenden. Was also letztendlich unser Los entscheidet, ist nicht, wie schön wir an Jom Kippur beten oder fasten, sondern all das soll uns nur zu dem führen, was wirklich entscheidend ist, was wirklich das Schicksal des einen Ziegenbockes von dem des anderen unterscheidet, nämlich wer wir sind, welchen Charakter wir haben und wie wir handeln. Bleiben wir gefangen in einem Handeln, das vielleicht sogar juristisch korrekt ist, aber letztlich nur unseren eigenen Vorteil im Sinn hat, oder schaffen wir es, auszubrechen aus unserer allzu weltlichen Logik, und eröffnen die Bereitschaft, unsere Mission im göttlichen Plan anzunehmen und uns einzusetzen für das Gute in dieser Welt, in unserem täglichen Handeln, indem wir uns um andere kümmern, indem wir füreinander da sind.

Am höchsten und heiligsten Tag des jüdischen Jahres entscheidet sich, ob wir uns spirituell erneuern können und diese Erneuerung eine Auswirkung auf uns und unser konkretes Handeln hat.

Kedoschim קדושים »Heilige« (Lev 19,1 - 20,27)

Kurzzusammenfassung

Diese beiden Kapitel aus Levitikus führen in Bedeutung und Bedingung von Heiligkeit ein, d.h. in verschiedene Gesetze des ethisch-moralischen Handelns, wie Unterstützung der Armen, Ehrlichkeit, Respekt gegenüber den Eltern und Schutz des Fremden. Schließlich ergeht das Gebot der Nächstenliebe.

Heiligkeit - Nächstenliebe

In unserem Wochenabschnitt lesen wir zwei der vielleicht wichtigsten Aussagen der Tora überhaupt, über Heiligkeit und über Nächstenliebe: »Der Ewige sprach zu Mose und sagte: Sprich zur ganzen Gemeinde der Söhne Israels, und sage ihnen: Heilig sollt ihr sein; denn heilig [*kadosch*] bin Ich, Gott, euer Gott.«[214] Und etwas später lesen wir: »Liebe den Nächsten wie dich selbst.«[215] Das sind ganz starke Aussagen, aber jeder stellt sich wahrscheinlich etwas anderes darunter vor. Was ist Heiligkeit genau? Wie erfülle ich die Nächstenliebe?

Heiligkeit hat viele Bedeutungen, wie der Midrasch erklärt: »Das Wort ›heilig‹ wird in sehr unterschiedlichen Zusammenhängen verwendet. Die Engel, der Himmel, die Propheten, die Gerechten, Israel, der Schabbat und die Opfer gelten in der Schrift als ›heilig‹.«[216] Um Heiligkeit zu erlangen, müssen wir, wie die Folgeverse zeigen, gewisse ethisch-moralische Standards erfüllen, und so geht es hier, wie Rabbiner Hirsch anmerkt, um »soziale Anforderungen […] vorzugsweise Charaktertugenden, die die Aufrichtigkeit, Gewissenhaftigkeit, Brüderlichkeit, Versöhnlichkeit, die die Nächstenliebe als schützende und heilschaffende Genien des sozialen Lebens einführen, deren Pflege keine Institution staatlicher Gewalt erzielen, deren Verletzung kein menschlicher Richter erreichen kann, deren Herrschaft rein nur durch den Charakter ihrer Glieder bedingt ist.«[217]

Kapitel 19 des Buches Levitikus ist ein wahrer Schatz an Ethik und Moral. Ja, das heißt auch, bestimmten Gesetzen und Ordnungen zu folgen, aber nicht um dieser Gesetze willen, sondern um unserer selbst willen, damit wir durch sie »Leben gewinnen«.[218] Denn Gott will, dass wir leben, dass wir gut leben, alle miteinander, nicht nur die Starken und Mächtigen. Dafür sind Regeln und ethisches Handeln notwendig. Die Tora leitet unseren Weg zur Erlösung, wie es der Talmud erklärt: »Die Tora führt zur Inachtnahme, die Inachtnahme führt zur Vorsicht, die Vorsicht führt zur Reinheit, die Reinheit führt zur Absonderung, die Absonderung führt zur Lauterkeit, die Lauterkeit führt zur Frömmigkeit, die Frömmigkeit führt zur Demut, die Demut führt zur Sündenscheu, die Sündenscheu führt zur Heiligkeit, die Heiligkeit führt zur göttlichen Inspiration, und die göttliche Inspiration führt zur [Macht der] Totenbelebung.«[219]

Mit der Heiligkeit verbunden ist die Nächstenliebe. Wie der Talmud ausführt, ist sie ein ganz wichtiges Prinzip in der Tora, vielleicht das wichtigste. So sagte Rabbi Akiwa, einer der größten Rabbiner überhaupt: »,Liebe deinen Nächsten wie dich selbst‹ ist ein großer Grundsatz der Tora.«[220] Und der nicht weniger wichtige Rabbi Hillel meinte aus unserem Vers ableitend: »Was dir verhasst ist, das tu deinem Nächsten nicht. Das ist die ganze Tora, alles andere ist Kommentar, jetzt geh und lerne!«[221] Für Rabbi Hillel fasst dieser Satz letztlich den Inhalt der ganzen Tora zusammen. Er hat das sicherlich nicht gesagt, weil es gut klingt oder weil es politisch korrekt ist. Er war tief überzeugt, dass alle Gebote der Tora letztlich ein Hauptziel haben, nämlich die Nächstenliebe. Wäre der Mensch dazu vollumfänglich fähig, müsste es keine anderen Gebote geben. Da der Mensch aber noch nicht auf diesem Niveau der Uneigennützigkeit ist, gab Gott die Gebote der Tora, um den Menschen zu »konditionieren« und ihn dem Ziel näherzubringen, letztlich schlechte Eigenschaften zu überwinden.

Rabbiner Hirsch führt dies weiter aus: »*Weahawta l'reacha kamocha ani HaSchem* [Liebe den Nächsten wie dich selbst / Liebe deines Nächsten Wohl wie deines, Ich bin Gott] ist die zusammenfassende Schlussmaxime für unser ganzes soziales Verhalten in Gesinnung, Wort und Tat. Die edelste Grundgesinnung Gott und Menschen gegenüber heißt: *Ahawa*, Liebe. […] Die Liebe, die hier gefordert wird, wird von uns in Beziehung zu *allen* unseren Nebenmenschen gefordert […]. Dies, sein Wohl und Weh sollen wir lieben, wie das eigene, sollen uns freuen mit seinem Glücke, wie mit dem eigenen, sollen uns betrüben über sein Leid, als hätte es uns getroffen, sollen mit derselben Freudigkeit zu seinem Wohle beitragen, als gälte es das eigene Wohl, sollen Leid von ihm abwenden, als wären wir selber davon bedroht. Das ist eine Forderung, die wir selbst in Beziehung auf den uns im höchsten Grade antipathisch widerstehenden Menschen erfüllen können, erfüllen sollen;

denn diese Liebesforderung sieht völlig ab von der Persönlichkeit des Nebenmenschen, gründet sich auf keine seiner Eigentümlichkeiten, sondern *ani HaSchem* heißt das Motiv dieser Forderung, im Namen Gottes wird sie von uns für alle unsere Nebenmenschen erwartet …«[222]

Ein heiliges Leben zu leben bedeutet, in der Lage zu sein, mit anderen in einer Gemeinschaft aus Liebe, Wahrheit und Respekt zu leben. Es bedeutet, die anderen in einer Weise zu behandeln, wie wir selbst gerne behandelt werden möchten; füreinander da zu sein, sich gegenseitig zu helfen – das ist im Wesentlichen Tora und Judentum. Und das passiert nicht irgendwo isoliert und auch nicht vornehmlich durch Rituale, sondern mitten im täglichen Leben, in der ganz gewöhnlichen Interaktion mit dem Anderen. Das ist nicht immer einfach, vor allem, wenn wir den anderen nicht gut kennen oder nicht mögen, oder wenn wir manchmal schlichtweg zu bequem sind. Aber wir alle haben das Potenzial, um dorthin zu kommen, um Heiligkeit zu erreichen, wenn wir nur ein klein bisschen mehr an uns selbst arbeiten, wie Rabbiner Alschech schreibt: »Gott spricht jeden von uns an, damit wir nicht glauben, dass nur wenige Auserwählte es schaffen können, heilig und fromm zu sein, sondern dass jeder Jude seinen Standard verbessern kann, um zur Heiligkeit zu gelangen, wenn er danach strebt.«[223]

Emor אמור »Sage« (Lev 21,1 - 24,23)

Kurzzusammenfassung

Anfangs werden besondere Bestimmungen erläutert, die nur die Priester betreffen. In einem zweiten Teil finden wir die jüdischen Festtage aufgezählt und erläutert. Schließlich geht es um Strafen bei Kapitalverbrechen.

Vom Sagen und Sprechen

Dieser Wochenabschnitt erklärt die besonderen Regeln der *Kohanim*, der Priester, und beginnt mit folgender Anweisung: »Gott sagte zu Mose: sage nun zu den Priestern, den Söhnen Aarons, in Beziehung zu keiner Person darf er [ein Priester] sich unter seinen Volksgenossen verunreinigen. Nur in Beziehung zu seiner Ehehälfte, die ihm nahe ist, in Beziehung zu seiner Mutter, seinem Vater, seinem Sohn, seiner Tochter und seinem Bruder, auch zu seiner unverheirateten Schwester, die ihm noch nahe ist, die keines Mannes geworden, in Beziehung zu ihr hat er sich zu verunreinigen [durch Beerdigung]. Nicht hat ein Ehemann sich unter seinen Volksgenossen zu verunreinigen in Beziehung zu einer Ehe, die ihm Entweihung war. Sie [die Priester] sollen keine Glatzstelle auf ihren Kopf machen und die Ecke ihres Bartes nicht abscheren, und an ihren Körper sollen sie keine Verwundung machen. Heilig sollen sie ihrem Gott sein und sollen den Namen ihres Gottes nicht entweihen; denn was durch Hingebung an Gottes Feuer zum Opfer ihres Gottes gestaltet werden soll, bringen sie nahe, darum sollen sie ein Heiligtum sein. Eine Unzüchtige und Entweihte sollen sie nicht heiraten und eine von ihrem Mann Geschiedene sollen sie nicht heiraten, denn heilig ist er [der Priesterstamm] seinem Gott. Und du sollst ihn zur Heiligkeit anhalten; denn das Opfer deines Gottes bringt er nahe; heilig auch soll er dir sein, denn heilig bin Ich, Gott, der euch zur Heiligkeit beruft.«[224]

Das alles sind ziemlich schwere Einschränkungen für die Priester, keine leichte Sache. Was ebenfalls auffällt, ist, dass die Tora das hebräische Wort *Amar* (hebr. »sagen«) zweimal und in dieser Kombination ausschließlich in diesem Vers verwendet, und zwar genau dann, wenn die Tora in die zusätzlichen Gebote und Bestimmungen der *Kohanim* einführt. Deshalb ist der Name dieser *Parascha* entsprechend *Emor*. Wenn Gott normalerweise Gebote an Mose mitteilt, wird üblicherweise eine Kombination der hebräischen Wörter *Daber* (hebr. »sprechen«) und dem eben schon erwähnten *Amar* verwendet. Also entweder *Wajedaber HaSchem El Mosche L'Emor* (hebr.: »Und Gott sprach zu Mose uns sagte …«) oder *Wajomer HaSchem El Moshe Daber* (hebr. »Und Gott sagte zu Mose und sprach …«).

Da stellt sich natürlich die Frage, warum die Tora ausgerechnet hier nur das Wort *Amar* verwendet und nicht auch *Daber*. Es gibt zwei interessante Erklärungen, von zwei ganz großen zeitgenössischen Rabbinern. Die eine ist von Rabbiner Hirsch. Er erklärt, dass es einen Unterschied zwischen *Daber* und *Emor* gebe, so wie bei »sprechen« und »sagen«. Sprechen, so erklärt er, geschehe, ohne darauf zu achten, ob der Angesprochene auch tatsächlich genau zuhört und alles versteht und aufnimmt, was gesprochen wurde. Sagen hingegen sei eine genaue Mitteilung, und man könne für sich alleine sprechen, aber nichts für sich alleine sagen. Um eine sehr lange Erklärung kurz zu fassen: Während vorher, beispielsweise im letzten Wochenabschnitt, das ganze Volk Erklärungen über die Tora gehört hat, sind es nun die Priester. Während also im letzten Wochenabschnitt zum Volk gesprochen wurde, aber Gott vielleicht nicht von allen erwartete, dass sie sich alles ganz genau und detailliert merken und zuhören werden, sind es nun die *Kohanim*, die zuhören. Und die müssen alles ganz genau wissen, denn sie haben einen speziellen Status, sie werden das Volk religiös-spirituell führen, sie werden dem Volk Antworten geben und den Tempeldienst verrichten müssen. Die Priester müssen also ganz genau zuhören und deshalb darf Mose nicht nur einfach *sprechen*, sondern er muss ihnen *sagen*, was sie zu machen haben.[225]

Die andere Erklärung ist von Rabbiner Mosche Feinstein. Er weist darauf hin, dass *Daber* eher »stark reden« bedeute, während *Amar* eher einem weicheren Ton in der Rede entspreche. Rabbiner Feinstein zitiert den Talmud[226] und erklärt, dass die Tora *Daber* verwende, weil Gott betonen möchte, dass wir es mit Geboten zu tun haben, wir also zu etwas verpflichtet seien. Daher die starke, feste Sprache von *Daber* bei der Einführung zu den meisten Geboten. Die *Kohanim* hingegen unterliegen wesentlich strengeren Bestimmungen als andere Juden. Erstere haben besondere Regeln, ob bei der Heirat oder bezüglich des Kontakts mit Toten, etc. Sie sollen jedoch verstehen, dass diese zusätzlichen Einschränkungen Teil eines sozusagen größeren Pakets sind – im Zusammenhang mit ihrer herausragenden Stellung im Namen Gottes, im Tempeldienst, und als spirituelle Führungspersönlichkeiten des jüdischen Volkes. Deshalb das weiche *Amar*, damit die Priester nicht gleich denken, dass die zusätzlichen Beschränkungen zu schwer seien, sondern doch eigentlich für die *Kohanim* einen Nutzen hätten – in ihrem speziellen Status.

Rabbiner Feinsteins Erklärung lässt sich gut mit unserer Situation heute verknüpfen: Es ist nicht immer leicht, jüdisch zu sein. Ganz im Gegenteil. Es kann manchmal anstrengend sein, und wer mag schon Anstrengendes. Aber es kann auch einen echten Gewinn bedeuten, als bewusster Jude, als bewusste Jüdin zu leben: Man hat eine jüdische Gemeinde, jüdische Verwandte und Freunde. Darüber hinaus gibt es die jüdischen Rituale, die Werte, das Zusammensein am Schabbat und an den Feiertagen. Dieses Füreinander-da-Sein zeichnet das Judentum besonders aus. Genau dafür lohnt es sich, die eine oder andere Einschränkung in Kauf zu nehmen und mehr Verpflichtungen zu haben als andere. Für unsere Identität ist das sehr wichtig und, wenn wir ehrlich sind, doch auch ein Geschenk, das wir gerne annehmen.

Aber – um auf Rabbiner Hirsch einzugehen – das heißt natürlich auch, dass wir nicht einfach nur halbherzig zuhören oder gar weghören dürfen, wenn jemand über Religiöses spricht (*Daber*). Mehr denn je ist es wichtig, dass wir auch den *Emor*-Part erfüllen – also genau zuhören. Seit der Zerstörung des Tempels gibt es keine Priester mehr, die zwischen Gott und uns spirituell vermitteln. Wir alle sollen ein heiliges Volk von Priestern sein.[227] Das heißt, wir müssen Verantwortung übernehmen. Unser Leben besteht eben nicht nur aus eigennützigen Vorteilen, sondern auch aus Nächstenliebe und Dienst – dies lohnt sich allemal.

Behar בהר »Auf dem Berge« (Lev 25,1 - 26,2)

Kurzzusammenfassung
Auf dem Berg Sinai erklärt Gott die Gesetze für Schmita und Jowel, also für Schabbat- und Jubeljahr. Alle sieben Jahre und im 50. Jahr müssen Schulden erlassen, Knechte freigelassen und Land wieder an den ursprünglichen Besitzer zurückgegeben werden. Zum Ende geht es um das Zinsverbot.

Soziale und ökologische Gerechtigkeit

Unser Wochenabschnitt widmet sich den Problemen des Landes. Das ist erstaunlich, denn noch befinden sich die Israeliten in der Wüste. Gott möchte aber offensichtlich schon die »Staatswerdung« Israels voranbringen und damit letztlich auch aufzeigen, dass es eine Zeit geben wird, in der Gott nicht mehr direkt intervenieren wird, sondern sich das Volk Israel in seinem Land selbst organisieren muss. Eine entscheidende Rolle spielt dabei das Land, denn einerseits ist es wichtig für die landwirtschaftlichen Erträge, also für Auskommen und Wohlergehen, andererseits ist der Besitz des Landes grundlegend für die Verteilung des Reichtums.

Für eine gerechte Verteilung des jährlichen Ertrags und für eine Sicherung der zukünftigen Erträge des Landes gibt es das Konzept der Schabbatjahre, also *Schmita* (jedes 7. Jahr, auch Schabbatjahr genannt) und *Jowel* (das 50. Jahr, also sieben mal sieben Jahre, plus eins; auch Jubeljahr genannt). Dazu heißt es in der Tora: »Aber im siebten Jahr soll das Land seinen Schabbat der Ruhe haben, einen Schabbat für den Ewigen, an dem du dein Feld nicht besäen noch deinen Weinberg beschneiden sollst. Auch was nach deiner Ernte von selbst wächst, sollst du nicht ernten … Und dieser Schabbat des Landes soll euch Nahrung bringen, dir und deinen Knechten und deiner Magd, deinem Tagelöhner und deinen Gästen, die sich bei dir aufhalten«[228], und kurz darauf steht: »Und ihr sollt das fünfzigste Jahr heiligen und sollt im Land eine Freilassung ausrufen für alle, die darin wohnen. Es ist das Jubeljahr, in dem jeder bei euch wieder zu seinem Eigentum kommen und zu seiner Familie zurückkehren soll … Ihr sollt nicht säen, … [und] nicht ernten …«[229]

Es gibt zwei Grundprinzipien in Bezug auf die Schabbatjahre. Das eine ist die Frage des Besitzes, das andere die Frage des Ruhens. Bezüglich des Besitzes macht Gott klar, dass das Land letztlich immer ihm alleine gehöre, wie Rabbiner Hirsch erklärt: »Es haben die letzten Sätze des vorigen Kapitels ›Gott‹ als Urborn alles ›Rechts‹ und die ›Persönlichkeit‹ Gottes als Fundament alles Rechts von Personen und von durch die Menschenpersönlichkeit zu ›Gütern‹ erhobenen Sachen an die Spitze der Rechtsgesetzgebung gestellt. Daran schließt sich nun dieses Kapitel an, indem es für den engeren Kreis des jüdischen Landrechts Gott als eigentlich einzigen, wirklichen Herrn und Eigentümer des jüdischen Landes, der jüdischen Menschen und Güter statuiert und von diesem einen Rechtsbegriff aus das Boden-, Menschen- und Güterrecht entwickelt.«[230]

Bezüglich des Ruhens ist die ist die Heiligkeit des Schabbats die Grundlage der Schabbatjahre. So wie wir an sechs Tagen der

Woche arbeiten und am siebten Tage, dem Schabbat, ruhen, so »arbeitet« die Welt bzw. das Land sieben Jahre lang und ruht im siebten Jahr. Diese spirituellen Prinzipien haben sehr konkrete und praktische Konsequenzen. Auf landwirtschaftlicher Ebene schützt das Gesetz vor einer Verödung (oder Erosion) des Bodens. Auf sozialer Ebene sind die Auswirkungen noch weitreichender: Die Tora implementiert eine Entschuldung im *Schmita*-Jahr und jeder kann kostenlos von den Feldern essen. Wenn ein Israelit aufgrund finanzieller Probleme zum Schuldknecht wurde oder sein Eigentum verpfänden musste, dann wird er spätestens im Jubel-Jahr frei und bekommt sein Eigentum zurück bzw. seine Nachkommen, falls er nicht mehr lebt.[231]

Rabbiner Leiner verbindet in einem Kommentar *Schmita* und *Jowel* mit der jüdischen Ethik von *Pirkei Awot*, der Sprüche der Väter, einem Mischna Traktat. Im fünften Kapitel, in dem es um vier Typen von Menschen in Bezug auf ihre Großzügigkeit geht, lesen wir unter anderem: »Wer sagt, ›Was mein ist, ist dein, und was dein ist, ist dein‹, der ist ein frommer Mensch.«[232] Rabbi Leiner erklärt: »*Schmita* … ist ›was mein ist, ist dein‹, das bedeutet, dass jemand all seinen irdischen Besitz Gott überträgt; und *Jowel* bezieht sich auf ›Was dein ist, ist dein‹, denn … jeder kehrt zu seinem Besitz und seiner Familie zurück.«[233]

Das lehrt uns wichtige Aspekte des Umweltschutzes und der sozialen Gerechtigkeit. Aller Reichtum und die Welt, in der wir leben, gehören nicht uns, sondern grundsätzlich Gott. Das bedeutet jedoch nicht, dass wir nichts besitzen oder diese Welt nicht nutzen dürfen, sondern dass im Idealfall jeder einen gleichen Anteil an dieser Welt haben solle und wir mit der Umwelt nachhaltig umgehen. Wenn jemand finanzielle Probleme hat, so wird er nicht für immer in Überschuldung leben müssen. Spätestens am *Jowel* wird er frei sein und seinen Besitz zurückbekommen.

Eine jüdische Gesellschaft kann nicht auf Gewinnmaximierung auf der einen Seite und Armut auf der anderen basieren, und unsere Welt wurde nicht von Gott erschaffen, um ausgebeutet zu werden. Gott sagt in unserer *Parascha* ganz deutlich: »Das Land ist mein. Ihr seid nur Fremde und auf meinem Land geduldet.«[234] Deshalb sind wir verpflichtet, behutsam und nachhaltig mit dem Land umzugehen und es möglichst gerecht zu verteilen. Das Judentum favorisiert kein System, in dem niemand Land besitzt, und auch kein System, in dem nur wenige Personen fast alles besitzen. Das Judentum möchte, dass möglichst alle einen gleichen Anteil am Land und am Reichtum des Landes haben. »Es sei bemerkt«, so schrieb Marc Breuer, »dass dieses Gesetz eine wahre Geisel der Menschheit erspart, deren verheerende Auswirkungen weit spürbar wurden: der Großgrundbesitz, der oft einen wahren Staat im Staat bedeutet und der imstande ist, allein alle Aktivitäten eines Landes zu dominieren, und damit den Untergang einer echten Volksgemeinschaft hervorbrachte.«[235]

Auch wenn die praktischen Aspekte von *Schmita* und *Jowel* heute (im Wesentlichen) ihre Bedeutung verloren haben, sollten sie eine Erinnerung sein an unsere Verantwortung, Lösungen für die ökologischen und sozialen Probleme dieser Welt zu finden.

Bechukotai בחוקותי »In meinen Satzungen« (Lev 26,3 - 27,34)

Kurzzusammenfassung

Gott ermahnt die Israeliten, seinen Geboten treu zu bleiben; dann werden sie in Frieden und Wohlstand in ihrem Land leben. Sollten sie allerdings den Bund mit Gott brechen, wird das göttliche Strafe zur Folge haben. Das dritte Buch der Tora schließt mit den Vorschriften für Gelübde.

Segnungen - Verfluchungen - Gelübde

Ganz am Ende des Buches Levitikus erinnert uns Gott noch einmal an die Gesetze und Gebote, die wir hüten sollen. Wir sollen und dürfen nicht vergessen, was wir gerade am Berg Sinai gehört und empfangen haben; denn wenn wir Gottes Regeln befolgen, dann wird uns viel Gutes widerfahren – wenn nicht, dann wird es uns schaden: »Wenn ihr nach meinen Satzungen wandelt und meine Gebote hütet und sie tut, so werde ich euch Regen geben zur rechten Zeit, dass die Erde gebe ihren Ertrag und der Baum des Feldes gebe seine Frucht. Und es wird reichen bei euch das Dreschen an die Lese und die Lese wird reichen an die Aussaat, und ihr werdet euer Brot essen zur Sättigung und werdet ruhig wohnen in eurem Land. Und ich werde Frieden geben in das Land, dass ihr schlafet und keiner euch aufschreckt … Wenn ihr mir aber nicht gehorcht und nicht tut alle diese Gebote und wenn ihr meine Satzungen verwerft und wenn euch meine Rechte anekeln, dass ihr nicht tut all meine Gebote, dass ihr brechet meinen Bund, so werde auch ich dieses euch tun: ich werde euch heimsuchen mit Bestürzung, mit Schwindsucht und Entzündung, durch welche die Augen vergehen und die Seele verschmachtet, und ihr werdet umsonst euren Samen säen; denn eure Feinde werden ihn essen … Und ihr verschwendet umsonst eure Kraft, denn euer Land wird seinen Ertrag nicht geben, und der Baum des Landes wird nicht geben seine Frucht. Und wenn ihr mir gegenwärtig wandelt und euch weigert, mir zu gehorchen, so werde ich euch siebenmal mehr schlagen euren Sünden gemäß …«[236]

Der Teil mit den negativen Konsequenzen des Bundesbruchs mit Gott[237] wird in der jüdischen Tradition *Tochecha* genannt, zu Deutsch »Ermahnung/Warnung« und ist nicht unproblematisch. Soll das heißen, wenn wir uns an die Gebote halten, werden wir viel Gutes bekommen, materielle Güter und Sicherheit? Und wenn nicht, dann wird es nicht mehr regnen und es wird uns schlecht gehen, wie es im Text steht? Wir wissen doch, dass die Welt so nicht funktioniert. Ich kann nicht heute Schabbat halten und koscher essen und dafür morgen ein schönes Auto vom Himmel geschenkt bekommen. Auf der anderen Seite gibt es gute Menschen, die leiden, und schlechte Menschen, die ein wunderbares Leben genießen. Selbst die Bibel stellt ein solches Verständnis in Frage, zum Beispiel im Buch Hiob. Was aber meint die Tora dann?

Zunächst einmal ist es wichtig festzuhalten, dass nicht jede Übertretung der Gebote einer anderen unbedingt gleich ist. Es macht einen Unterschied, ob es nur aus Unwissenheit oder mit vollem

Wissen und böser Absicht geschieht. Sforno erklärt: »›Wenn ihr meine Gesetze verachtet‹ – dass ihr sie nicht nur ignoriert, sondern aktiv verachtet; ›und wenn deine Seele meine Rechtsordnungen verabscheut‹ – wenn ihr wie eine Person handelt, die absichtlich etwas ausspuckt, weil sie es verabscheut …«[238]

Hinsichtlich der Segnungen scheint die Tora anzudeuten, dass das Einhalten der Gebote nur materielle Vorteile in dieser Welt bringt. Viele Kommentatoren lehnen diese Idee ab und denken, das sei ein Missverständnis. Wichtiger als diese Welt sei das Leben nach dem Tod. Schlechte Menschen werden demnach, auch wenn sie jetzt und hier ein gutes Leben haben, letztendlich bestraft, so wie es der Ramban erklärt: »Nun erwähnt die Tora hier nicht die Belohnung der Existenz der Seelen in der Welt der Seelen und in der Welt, die nach der Auferstehung kommen wird, denn ihre Existenz [nach dem Tod des Körpers] ist eine Notwendigkeit auf dem Weg der Schöpfung … und die Form der Bestrafung ist das Auslöschen der schuldigen Seele [vom ewigen Leben] …«[239] D.h., ein schlechter Mensch, der momentan hier ein gutes Leben haben mag, dessen Seele wird ausgelöscht, und jemand, der rechtschaffen ist und momentan ein schlechtes Leben hat, wird im Jenseits belohnt. Maimonides stimmt dem grundsätzlich zu, kommt aber zu einem anderen Schluss. Er meint, dass wir bereits in dieser Welt davon profitieren würden, wenn wir die Gebote einhalten, aber die endgültige Belohnung bekämen wir im Jenseits. Er schreibt, dass Gott Hindernisse beseitigen werde, die uns daran hindern, Seine Gebote zu befolgen. Und umgekehrt, wenn wir nur die materiellen Vorteile genössen, aber vergäßen, Gott zu dienen, würden wir folglich schon in dieser Welt – und sicherlich im Jenseits – scheitern.[240]

Ich glaube, dass die Tora hier noch mehr sagen will. Es liegt in unserer Hand, wie wir diese Welt gestalten. Wenn wir versuchen – so weit wie möglich –, ein Leben nach den rituellen und ethischen Geboten der Tora zu führen, wird uns Gott zu einer guten Welt verhelfen. Rabbiner Hirsch erklärt, dass wir mit dem Beachten der Gebote alles täten, was die Basis für »physisches, soziales und politisches« Heil sei. Wenn wir als »geistig erleuchtete und gewissenhafte Menschen, und durch Erfüllung seiner Gebote zu Vollbringern des Rechts und der Liebe« lebten, dann sei nichts anderes wichtiger, »als die Verwirklichung des göttlichen Willens auf der Menschenerde ... zu vollenden.«[241] Wenn wir die Tora zum Hauptfokus unseres Lebens machen, dann werden wir also Segen, Frieden und Glück haben, dann werden wir Gesellschaften aufbauen, in denen alle Menschen genügend für ihre berechtigten Bedürfnisse haben – das ist die Vision unserer *Parascha*.

Das Wichtigste ist aber nicht der äußere Wohlstand, der hier genannt wird. Gott endet nämlich die Reihe der Segnungen mit folgender Proklamation: »Ich, der Ewige, euer Gott, der Ich euch aus dem Land Ägypten hinausgeführt, dass ihr ihnen nicht Knechte bleibt; Ich zerbrach dann auch die Schirrstangen eures Jochs und lehrte euch, aufrecht zu wandeln.«[242] Darum geht es also zutiefst: Gott gab uns die Freiheit und lehrte uns, aufrecht zu wandeln. Aufrecht zu wandeln ist hier nicht im körperlichen Sinne zu verstehen, sondern spirituell, wie Raschi erklärt.[243] Und so sollen wir aufrecht und aufrichtig als freie Menschen durchs Leben gehen.

BEMIDBAR

(4. Buch Mose – Numeri)

Bemidbar במדבר »In der Wüste« (Num 1,1 - 4,20)

Kurzzusammenfassung

Am Anfang des Buches Numeri werden die Israeliten gezählt. Diese Zählung erfolgt über die Stammesfürsten und ergibt über 600.000 Männer im wehrfähigen Alter. Ein weiteres Thema ist dann die Anordnung der Lagerstätten der Stämme, die entsprechend der vier Windrichtungen um das Stiftszelt erfolgt.

In der Wüste - jeder zählt

Mit diesem Wochenabschnitt beginnt ein neues Buch der Tora – *Bemidbar* (hebr.: »In der Wüste«, oder auch Numeri, »Das Buch der Zahlen«, nach der griech. Bezeichnung). Abarbanel sieht das Buch im Zusammenhang der bisherigen Bücher der Tora: Nach der Erschaffung der Welt, den Geschichten unserer Erzväter in Genesis, nach der Bildung des jüdischen Volkes, dem Exil in Ägypten und dem Auszug von dort in Exodus, nach den Aufgaben der Priester und dem Beginn des Ritus im Heiligtum in Levitikus, widmet sich nun Numeri mit dem Weg ins Land Israel, dem Führungsstil von Mose und den Bedingungen der Wanderschaft und im Lager.[244]

Erst jetzt, also mehr als eineinhalb Bücher der Tora nach der Geschichte vom Auszug aus Ägypten, geht die eigentliche Wüstenwanderschaft des Volkes richtig los. Das heißt, dass sich ein

Großteil der vierzig Jahre in der Wüste in diesem Buch der Tora abspielen. Doch diese Zeit in der Wüste (vom Sinai über den Negev bis zum Ostjordanland) ist mehr als eine physische Reise. Sie zeigt die spirituelle Entwicklung einer Gruppe befreiter Sklaven, die noch oft genug in der Sklavenmentalität gefangen ist und noch nicht genau weiß, was sie mit ihrer Freiheit anfangen soll (und manchmal am liebsten zurück nach Ägypten will), bis schließlich zum Volk Israel, das aus einer neuen, starken Generation erwächst, das physisch und spirituell bereit ist, das Land Israel einzunehmen und zu besiedeln. Dabei ist sehr wichtig, dass Gott seinen Glauben an das jüdische Volk niemals aufgibt und den Bund immer wieder bestätigt – trotz einiger (spiritueller) Rückschläge während der Wüstenwanderung. Es zeigt sich, wie sehr Israel diese Entwicklung braucht, um sich seiner Heiligkeit bewusst zu werden und die besonderen Verpflichtungen, die aus seiner Erwählung resultieren, anzunehmen.

Ich habe mich immer gewundert, warum die Israeliten vierzig Jahre in der Wüste sein mussten, bis sie schließlich ins Land Israel einziehen durften. Von der Strecke her hätte diese Reise doch viel schneller gehen können und müssen. Erst als ich Rabbiner in Osteuropa wurde und mich damit auch intensiver mit den Gesellschaften der ehemals kommunistischen Länder auseinandergesetzt habe, wurde mir klar, dass grundlegende Veränderungen in einer Gesellschaft ihre Zeit brauchen. Zwei Generationen ist das Minimum an Zeit, das notwendig ist, um eine Veränderung in der Mentalität der Menschen von der Sklaverei zur Freiheit zu erreichen. In diesem Buch der Tora, wie auch in den postkommunistischen Ländern, sehen wir, dass dies nicht nur lange dauert, sondern dass es auch immer wieder Rückschläge gibt, und dass erst eine neue Generation, die nicht mehr im alten System aufgewachsen ist, schlussendlich das Neue erschaffen kann.

Das Ideal des Neuen ist bis dahin immer in Konkurrenz zur Realität der Übergangsphase. Rabbiner Samson Raphael Hirsch erklärt das sehr gut: Während das Ende von Exodus und das ganze Buch Levitikus ein Idealbild der Heiligkeit beschrieben, das so im Leben des Einzelnen und des ganzen Volkes seine Verwirklichung finden solle, kämen wir jetzt mit Numeri wieder zurück in die Wirklichkeit und in eine Lebensrealität, in der dieses Ideal noch nicht umgesetzt worden sei. Vom Weg dorthin handele dieses vierte Buch der Tora.[245]

Unsere *Parascha* beginnt mit einer detaillierten Beschreibung der Ordnung des Lagers und aller Stämme. In der Mitte ist immer das Stiftszelt, das mobile Heiligtum. Das Stiftszelt, so Nachmanides, ist eine Erinnerung an den Berg Sinai, auf dem die Tora gegeben wurde. Das bedeutet, dass Gottes Präsenz nun (im spirituellen Sinne) vom Sinai zum Stiftszelt übergegangen ist, dort weiterhin mit Mose und dem Volk in Verbindung steht und in Form der Wolke anzeigt, wann sie lagern und wann sie aufbrechen sollen.[246] Zudem erteilt Gott die Anweisung, eine Volkszählung durchzuführen: »Gott sprach zu Mose …: Nehmt die Gesamtsumme der ganzen Gemeinde des Volkes Israel auf, nach ihren Familien, nach dem Haus ihrer Väter, mit Zählung der Namen, alle Männlichen, von zwanzig Jahren und darüber, jeder, der in der Lage ist in den Krieg zu ziehen …«[247]

Die Frage ist, warum so eine Volkszählung nötig ist, da erst vor Kurzem, im Zusammenhang mit dem Bau des Stiftszelts[248], das Volk bereits gezählt wurde. Der Raschbam erklärt das ganz pragmatisch mit militärischen Notwendigkeiten. Das erscheint logisch, da nur Männer über zwanzig gezählt werden und beispielsweise die Leviten, die aufgrund ihres Dienstes im Stiftszelt vom Militärdienst befreit sind, nicht mitgezählt werden.[249]

Es gibt aber auch tiefergehende Gründe; denn jede Person, die gezählt wird, erhält einen persönlichen Segen von Mose und Aaron, und jeder Einzelne soll in Ehren an ihnen vorbeigehen. Rabbiner Arama dachte diese Idee weiter und schreibt: »Sie [wurden nicht gezählt] wie Tiere oder Objekte, sondern jeder hatte eine ganz eigene Bedeutung, wie ein König oder Priester, und Gott hat ihnen eine besondere Liebe gezeigt, und das ist die Bedeutung des Erwähnens eines jeden von ihnen mit Namen und Status, denn sie waren alle gleich und individuell in ihrem Status.«[250]

Das zeigt, dass jeder Einzelne wichtig ist und wir alle gleich sind. Alle Jüdinnen und Juden sind wichtig für das Gelingen unserer Mission als auserwähltes, heiliges Volk. Das Judentum lehnt jede Ideologie ab, in dem nur die Masse wichtig ist und sich das Individuum unterzuordnen hat, denn, so Rabbiner Hirsch, »durch eine solche Zählung wird der Gesamtrepräsentanz das Bewusstsein, dass die Gesamtheit nicht als Idee, sondern nur in der wirklichen Allheit ihrer Glieder bestehe, und es wird jedem Einzelnen das Bewusstsein, dass er ein bedeutungsvoll mitzählendes Glied dieser Gesamtheit bilde …«[251] Bei uns liegt es an jedem und jeder Einzelnen, ob wir die Mentalität von Sklaverei schließlich überwinden können und die Freiheit annehmen und verwirklichen. Jeder Mensch zählt!

Nasso נשא »Erhebe« (Num 4,21 - 7,89)

Kurzzusammenfassung

Die Zählung des Volkes wird abgeschlossen und das Lager nach der Ausrichtung der Stämme in drei Bereiche eingeteilt: das heilige Zentrum mit dem Stiftszelt, das Lager der Leviten darum herum und äußere Bereich der restlichen Stämme. Abschließend bringen die zwölf Stämme jeweils ihr Opfer zur Einweihung des Altars.

Segen der Priester

Einer der berühmtesten Abschnitte der jüdischen Liturgie wird in unserem Wochenabschnitt genannt: der *Birkat Kohanim* (Priestersegen): »Gott sprach zu Mose: Sprich zu Aaron und zu seinen Söhnen: So sollt ihr das Volk Israel segnen – zu sagen ist es ihnen –

Es segne dich Gott und behüte dich.
Es erleuchte Gott Sein Angesicht dir und begnade dich.
Es trage Gott Sein Angesicht dir zu und gründe dir Frieden.
Sie legen Meinen Namen auf das Volk Israel; und Ich, Ich werde sie segnen.«[252]

Dieser besondere Segen wurde jeden Tag von den Priestern im Tempel gesprochen. Bis heute ist er Bestandteil der jüdischen Liturgie und teilweise wird er auch von den Nachfahren der Priester im Tempel, die heute noch den Status des *Kohen* haben, rezitiert, wie Marc Breuer erläutert: »Unsere heutige Liturgie enthält denselben Wortlaut, aber die Form seiner Verlesung variiert entsprechend den regionalen Gebräuchen. So schalten ihn die aschkenasischen Gemeinden nur als Rezitation im Achtzehngebet des Vorbeters [Wiederholung des Hauptgebets] ein und lassen ihn von den *Kohanim* nur an den Festtagen (die nicht auf einen Schabbat fallen) laut aussprechen. Die sefardischen Gemeinden dagegen lassen ihn an vielen Orten täglich von den *Kohanim* sprechen, (so auch in allen Gemeinden im Lande Israel). Eine große Anzahl von Bedingungen sind zu erfüllen, damit der Priester ihn sprechen darf. So zum Beispiel: er hat seine Schuhe auszuziehen, er muss seine Hände mit Wasser übergießen (was durch die Leviten besorgt wird), der Segen muss stehend und mit erhobenen Händen und gespreizten Fingern gesprochen werden. Alle diese Vorschriften sind in erster Linie von einem Sinn inspiriert, nämlich dem Priester wie der Versammlung den Begriff der tiefen Bedeutung dieser Sätze zu vermitteln.«[253]

Symbolisch wird damit die Segnung im Tempel »imitiert«, wie sie im Talmud beschrieben ist: »Nachdem die Priester aus dem Heiligtum herausgekommen waren, kamen sie und stellten sich auf die zwölf Stufen vor der Eingangshalle … Dann sprachen sie den Segen über das Volk in einem Segensspruch [statt der üblichen drei Absätze], draußen [außerhalb des Heiligtums] sprach man ihn zwar in drei Segenssprüchen, im Heiligtum aber in einem Segensspruch. Im Heiligtum sprach man den Gottesnamen aus, wie er geschrieben wird, draußen den dafür gebräuchlichen Ausdruck [eine Umschreibung, wie heute noch üblich].«[254]

Die Worte des Segens sind damals wie heute eindrücklich und kraftvoll. Dabei ist wichtig zu betonen, dass der Segen von Gott kommt, nicht von den Priestern selbst, sie sind nur ein »Werkzeug« Gottes, wie es bspw. der Raschbam aufzeigt.[255] Rabbiner Hirsch hingegen betont die Rolle der Gemeinde: »Unsere Priester sind demnach bei ihrem Segensprechen vollkommen passives Organ, nur in Folge Aufrufs der Gemeinde und nur den ihnen namens der Gemeinde vorgesprochenen Segen sprechen sie aus. Es ist also in Wahrheit die Gemeinde, die durch ihren Mund den von Gott vorgeschriebenen Segen über sich aussprechen lässt.«[256]

Die besondere Bedeutung und Wirkmächtigkeit dieses Priestersegens erläutert Marc Breuer so: »Die drei zentralen Punkte des Priestersegens sind: die Hut Gottes, die Barmherzigkeit Gottes und der Friede Gottes. Diese drei Segnungen sind unerlässlich, um dem Leben des Menschen die moralische und materielle Sicherheit zu geben, die für ihn unerlässlich sind. Die Hut Gottes: Gewiss betrifft dieser Begriff in erster Linie alle physischen Gefahren, die uns bedrohen können. Die Krankheit, die Armut, die physische Gefahr. Unsere Weisen haben jedoch darin noch einen tieferen Sinn gesehen. ›Dass Gott dich segne‹, indem er dir materielle Güter verleiht, aber auch dass deine Güter dich nicht besitzen, d.h. dich beherrschen. Mit anderen Worten, eine wirkliche Hut ist notwendig, nicht nur um uns vor dem schädlichen Einfluss und dem Elend der Armut zu beschützen, sondern ebenso und mit derselben Stärke, um uns vor dem unheilvollen Einfluss des Reichtums zu schützen. Die Barmherzigkeit Gottes: Unsere Weisen interpretieren: ›Auf dass Gott dir Seine Gunst ebenso wie diejenige der Menschen verleihe.‹ Auf dass deine Person diesen inneren Frieden verbreite, der den Frieden mit Gott widerspiegelt. Und so gelangen wir zum dritten Element: dem Frieden Gottes. Der Friede ist nicht etwa ein negativer Begriff, er ist nicht das Fehlen des Kriegszustandes oder dessen provisorische Aufhebung. Der wahre Friede ist Handlung, die Zusammenfassung aller Anstrengungen für ein konstruktives und sittliches Ziel, für einen Aufbau, an dem jeder Mensch teilnehmen und in welchem er sein ganzes Können und Vermögen geben kann. Es ist anlässlich dieses Segens, dass die Priester den Namen Gottes, den unaussprechlichen Namen, aussprachen, denn in diesen Ausdrücken des Segens liegt die ganze Größe der göttlichen Mitteilung verborgen.«[257]

Insbesondere das Wort *Schalom* hat also eine viel umfassendere Bedeutung als die übliche, wörtliche Übersetzung »Frieden«. *Schalom* beinhaltet Ganzheit, Harmonie und Vollständigkeit in jeglicher Hinsicht. Der Midrasch erklärt, dass die Tora Frieden sei und alle ihre Wege Frieden seien.[258] Frieden ist eine der Säulen der Welt und für jede Gemeinschaft von grundlegender Bedeutung.[259]

Schalom Bajit – wörtlich »Frieden im Hause« – ist das jüdische Konzept der Harmonie innerhalb der Familie. Frieden zwischen Personen und Gruppen ist die Grundlage jeder Gesellschaftsordnung. Schließlich ist Frieden auch die Verbindung zwischen uns und Gott, das Gleichgewicht und die Ganzheit unserer Beziehung zu unserem Schöpfer. Das ist der wesentliche Inhalt des Segens, den Gott uns durch den *Birkat Kohanim* gibt: Sein Wunsch, dass wir mit Ihm und unseren Mitmenschen in Harmonie sind. Wie es in Pirkei Awot heißt: »Sei einer der Schüler von Aaron: Liebe den Frieden und jage dem Frieden nach. Liebe die Menschen und bringe sie der Tora nahe.«[260]

Beha'alotcha בהעלותך »Wenn du anzündest« (Num 8,1 - 12,16)

Kurzzusammenfassung

Aaron wird angewiesen, die Lampen des Leuchters zu zünden, und die Leviten, ihren Dienst im Stiftszelt aufzunehmen. Auf Nachfrage des Volkes wird eine zweite Pessach-Feier für diejenigen installiert, die am eigentlichen Pessach verhindert waren. Einige Personen beschweren sich über die Essensversorgung und verlangen Fleisch, was Gott gewährt, aber gleichzeitig die Anstifter bestraft. Mose wird von seinen eigenen Geschwistern wegen seiner »äthiopischen Frau« herausgefordert.

Der Status des Konvertiten im Judentum

Wir befinden uns im zweiten Jahr nach dem Auszug aus Ägypten. Gott weist Mose und das Volk Israel an, auch nach dem ersten Pessach-Opfer in Ägypten, dessen Blut auf den Toren vor der zehnten Plage (dem Tod der Erstgeborenen) geschützt und letztlich den Auszug aus Ägypten bewirkt hat, künftig jedes Jahr Pessach zu feiern und ein Opferlamm zu bringen.[261] Es gab aber auch Personen, die das Pessach-Opfer am Datum des Pessach-Festes nicht bringen konnten und sich nun an Mose wenden: »Es waren aber Männer, welche in Beziehung zu einer Menschenperson [durch den toten Körper eines Menschen] unrein waren, und deshalb das Pessach nicht an diesem Tag vollziehen konnten; diese traten vor Mose und vor Aaron an diesem Tag hin, und es sprachen diese Männer zu ihm: Wir sind unrein in Beziehung zu einer Menschenperson; warum sollen wir zurückstehen, das Opfer Gottes nicht in seiner bestimmten Zeit nahe zu bringen in der Mitte des Volkes Israel?«[262]

Mose war von dieser Anfrage völlig überrascht und musste erst einmal bei Gott nachfragen. Gott gibt dem Anliegen tatsächlich statt: »Da sagte ihnen Mose: Wartet, ich will hören, was Gott über euch gebieten wird. Da sprach Gott zu Mose: Sprich zu Israels Söhnen: Wenn irgendeiner in Beziehung auf eine Person unrein oder auf einem fernen Weg sein wird, bei euch oder euren Nachkommen, und hat [für] Gott das Pessachopfer zu vollziehen, so sollen sie es im zweiten Monat am vierzehnten Tag zwischen den beiden Abenden vollziehen, mit Mazzot [ungesäuerten Broten] und bitteren Kräutern sollen sie es essen.«[263] Gott ergänzt seine Anweisungen mit einem weiteren überraschenden Vers: »Und wenn jemand aus der Fremde bei euch eingetreten sein wird [ein Proselyt], so hat er Gott das Pessachopfer zu vollziehen, nach dem Gesetz des Pessachopfers und nach der darauf bezüglichen Vorschrift, so hat er es zu vollziehen. Ein Gesetz soll es euch sein, für den aus der Fremde Eingetretenen und den Eingeborenen des Landes.«[264]

Es ist ungewöhnlich, dass ein Feiertag wiederholt wird, denn die Tora nennt keine weiteren Beispiele für »Ersatzfeste«. Vielleicht ist der Grund für dieses zweite Pessachfest dessen einzigartige Bedeutung für die jüdische Identität, sowohl persönlich als auch kollektiv, die mit der Erinnerung an den Auszug aus Ägypten über die Dimension anderer Feste hinausgeht. Noch ungewöhnlicher erscheint aber, dass Gott hier explizit erklärt, dass diese Regel nicht nur für geborene Juden, sondern auch für den ins Judentum »aus der Fremde Eingetretenen«, also für einen Konvertiten gilt. Im Vers wird er ausdrücklich von Gott zusammen mit den »Eingeborenen des Landes«, mit geborenen Juden, genannt. Ein Grund dafür ist nicht genannt, und so lässt nur spekulieren: Vielleicht sollte damit klargestellt werden, dass Konvertiten, die bzw. deren Vorfahren ganz sicherlich nicht beim Auszug aus Ägypten dabei waren, trotzdem gleichwertig mit eingebunden werden in dieses im hohen Maße nationalitätsstiftende Ritual. Wenn Übergetretene also wirklich ein Teil Israels sein sollen, dann muss es ihnen erlaubt werden, an diesem zentralen Identitätsritual ohne Unterschied zu geborenen Juden teilzunehmen.

Was auch immer der genaue Grund sein mag, es ist auf jeden Fall ein starkes Statement für die Gleichstellung des Konvertiten, die, wie Rabbiner Hirsch schreibt, »selbst hinsichtlich des Pessachopfers … als Basis seiner völligen Rechtsgleichheit vor dem Gesetz überhaupt betrachtet werden« kann; denn wird durch »die Begehung des Pessachopfers die ganze jüdische Vergangenheit auch die seine … und jeder aus der Verschiedenheit der Abstammung hervorzuleitende Unterschied völlig aufgehoben«. Und mehr noch, er darf diese zweite Pessach sogar dann feiern, wenn er am ersten Pessach noch gar nicht jüdisch war.[265]

Diese hohe Wertschätzung und völlige Gleichstellung des Konvertiten finden wir in der rabbinischen Literatur und bei vielen wichtigen Rabbinern, bspw. bei Maimonides. In seinem Brief an Ovadia (einen Konvertiten aus dem Christentum) antwortet er auf dessen Frage, ob er denn »Gott *unserer Väter*«, der »*uns* erwählt hat«, etc. beten dürfe, obwohl Konvertiten doch gar nicht von Abraham, Isaak und Jakob abstammten: »Ja, Du sollst dies alles in der vorgeschriebenen Reihenfolge sagen und nicht im geringsten ändern. So wie jeder geborene Jude seine Segenssprüche und sein Gebet sagt, wirst auch Du gleichermaßen segnen und beten, ob allein oder in der Gemeinde. Der Grund dafür ist, dass Abraham, unser Vater, das Volk lehrte, dessen Geist öffnete und ihnen den wahren Glauben und die Einheit Gottes offenbarte … Seitdem zählt jeder, der das Judentum annimmt … zu den Nachfolgern und der Familie Abrahams … Darum sollst du beten: ›Unser Gott‹ und ›Gott unserer Väter‹, denn Abraham ist dein Vater … und betrachte Deine Herkunft nicht als minderwertig.«[266]

Es ist zwar richtig, dass es auch ambivalente und sogar ablehnende Positionen gibt[267], aber die grundsätzliche Haltung ist sehr positiv, was nicht zuletzt die *Megilat Ruth* (das Buch Ruth) eindrücklich beweist, die zum Schawuot-Fest gelesen wird – und nicht nur Ruth konvertierte, auch der Prophet Ovadia und berühmte Rabbiner wie Meir, Jochanan ben Torta, Onkelos u.a. Ebenso wird in der *Amida*, dem Hauptgebet der jüdischen Liturgie – an der Stelle über die Gerechten – der Konvertit besonders erwähnt und damit auch besonders gesegnet.

Unser Wochenabschnitt zeigt, dass wir Juden denjenigen, die sich uns freiwillig und aus lauteren Motiven anschließen, mit großem Respekt, Liebe und Sensibilität begegnen sollen. Wir dürfen nie vergessen, dass es neben dem Gebot, jeden Juden zu lieben[268], auch ein zusätzliches Gebot gibt, den Konvertiten zu lieben.[269]

Schlach Lecha שלח לך »Schicke!« (Num 13,1 - 15,41)

Kurzzusammenfassung

Mose schickt zwölf Kundschafter ins Land Israel, um es zu erkunden. Nach ihrer Rückkehr sind sich zwar alle einig, dass das Land sehr gut sei, aber zehn der Kundschafter raten von einer Eroberung ab, weil die Einwohner zu stark seien. Nur zwei, Josua und Kaleb, wollen das Land einnehmen, wie von Gott befohlen. Das Volk hat Angst und will nach Ägypten zurück. Zur Strafe muss es vierzig Jahre lang in der Wüste bleiben, und erst eine neue Generation kann das Land in Besitz nehmen.

Intrigante Kundschafter

Wie der Rückblick später im letzten Buch der Tora zeigt, sind die Israeliten durch die Wüste Paran gezogen und stehen nun an der Grenze zum verheißenen Land. Bevor sie es erobern, verlangen sie von Mose die Entsendung von Kundschaftern, um zu schauen, wie sie es am besten einnehmen könnten.[270] Daran ist grundsätzlich nichts auszusetzen, denn jetzt sollten – mit dem Einzug ins Land Israel – der Schutz und die Führung durch Gott aufhören und die Menschen das Heft des Handelns übernehmen, und so steht in unserem Wochenabschnitt: »Gott sprach zu Mose: Entsende du dir Männer, dass sie das Land Kanaan erforschen, welches Ich den Söhnen Israels gebe. Je einen

Mann für den Stamm seiner Väter sollt ihr entsenden, jeder sei ein Hervorragender unter ihnen.«[271]

Schließlich kommen sie nach vierzig Tagen zurück und berichteten: »Sie gingen und kamen [zurück] zu Mose und Aron und zu der ganzen Gemeinde der Söhne Israels zur Wüste Paran nach Kadesch und brachten ihnen Antwort und der ganzen Gemeinde und zeigten ihnen die Frucht des Landes.«[272] Rabbiner Hirsch erklärt, dass sie »bei ihrer Rückkehr von vornherein die Absicht hatten, nicht erst Mose und Aaron, sondern sogleich dem ganzen Volke das Resultat ihrer Sendung mitzuteilen, und eben darin spricht die ganze Böswilligkeit ihres Verfahrens aus. Sonst hätten sie zuerst Mose und Aaron Bericht erstattet und hätten sich Rat und Belehrung erholt. Allein das wollten sie eben nicht, sahen vielmehr in Opposition gegen Mose und Aaron ihr und des Volkes alleiniges Heil. Ihr Bericht war sofort eine Anklage Moses und Aarons in Gegenwart des Volkes und eine Aufforderung an dieses, sich vor Mose und Aarons Untergang drohenden Absichten zu retten.«[273]

Kaleb versuchte noch zu intervenieren: »Da beschwichtigte Kaleb das Volk für Mose und sprach: Wir können wohl hinaufziehen und es in Besitz nehmen, denn wir sind ihm wahrlich mächtig genug. Die Männer aber, welche mit ihm hinaufgewandert waren, sagten: Wir können nicht gegen dieses Volk hinaufziehen, denn es ist uns zu stark. Und brachten nun Verleumdung des Landes … unter Israels Söhnen aus, und sagten: dort haben wir die Riesen gesehen … Wir waren wie Heuschrecken in unseren Augen, und so waren wir auch in ihren Augen.«[274]

Alle Versuche von Kaleb und Josua, das Volk umzustimmen, scheitern durch den schlechten Einfluss der Kundschafter und die Angst nimmt überhand: »Da erhob die ganze Gemeinde ihre Stimme und ließen ihr freien Lauf, und es weinte das Volk diese Nacht hindurch. Darauf murrten über Mose und über Aaron alle Söhne Israels und es sprach zu ihnen die ganze Gemeinde Israels: Wären wir doch im Land Ägypten gestorben, oder in der Wüste, wären wir da gestorben. Warum bringt uns Gott zu diesem Land hin, um durchs Schwert zu fallen.«[275]

Gott ist es offensichtlich leid, die vielen Klagen zu hören, und sagt zu Mose: »Sage ihnen: so gewiss ich lebe, also ist's von Gott gesprochen, wie ihr vor meinen Ohren gesprochen habt, so werde ich euch tun. In der Wüste werden eure Leichen fallen und alle eure Gezählten von zwanzig Jahren an und darüber, die ihr gegen mich gemurrt habt.«[276] Zudem verkündet Gott, dass die Menschen vierzig Jahre lang in der Wildnis leben werden, genauso viele Tage wie die Tage, in der die Kundschafter das Land ausspioniert hatten. Dann werden letztlich alle, die Ägypten verlassen haben, in der Wüste sterben und das Land Israel nie betreten. Die Strafe klingt erst einmal sehr drastisch. Teilweise sind diese Ängste auch nachvollziehbar. Im Vergleich mit einer anderen Geschichte aus der Tora ist die Reaktion Gottes allerdings sehr gut nachvollziehbar. Die Kundschafter waren ja nicht die ersten, die ins Land Israel geschickt wurden. Ganz am Anfang der Tora geht die Aufforderung Gottes an Abraham: »Der Ewige hatte aber zu Abram gesprochen: Ziehe hinweg aus deinem Land, von deinem Geburtsort und von deines Vaters Hause in das Land, das Ich dir zeigen werde.«[277]

Im Hebräischen klingen das »Ziehe hinweg«, zu Abraham gesprochen, »*Lech Lecha*«, und das »Entsende du dir«, von Mose zu Kundschaftern gesprochen, »*Schlach Lecha*«, sehr ähnlich. Abraham kannte weder den Namen des Landes, noch die Beschaffenheit und trotzdem ging er, ohne seine Mission oder Gottes Absichten infrage zu stellen. In beiden Fällen geht es darum, von einem Land zum anderen zu gehen. Von der Knechtschaft zur Freiheit. Abrahams Entscheidung, den Anweisungen Gottes zu folgen, basierte jedoch auf tiefem Glauben und Vertrauen. Das war bei den Kundschaftern offensichtlich nicht der Fall. Mose, der sich dem Charakter der Kundschafter bewusst war, hoffte, die negativen Gefühle der ehemaligen Sklaven zu verändern und in etwas Positives zu verwandeln. Er dachte nach ein oder zwei Jahren, vor allem nach der Offenbarung am Berg Sinai, würden die Israeliten nicht zuletzt durch die Stammesgruppen als Gemeinschaft zusammenwachsen. Aber Mose hatte sich geirrt.

Der Streit von Josua und Kaleb mit den anderen zehn Kundschaftern handelte nicht von der Beschaffenheit des Landes, sondern von der des Volkes. Die Mission der Kundschafter bestand nicht darin, die Schwäche des Landes aufzudecken, sondern die Schwäche der Menschen aufzuzeigen. Da hilft kein Wasser aus einem Felsen und kein Manna vom Himmel. Damit wird auch klar, dass die Probleme, die das Volk in den letzten Wochenabschnitten benennt, nur vorgeschoben waren: Das entscheidende Problem sind die Angst und das mangelnde Vertrauen in Gott, und selbst die Wunder können den Kleinmut der Menschen nicht überwinden. Deshalb gibt es letztlich keine Abhilfe. Deshalb muss die Generation, die in Ägypten aufgewachsen ist und von der Sklavenmentalität dominiert wird, abgelöst werden, durch Menschen, die in Freiheit geboren wurden und fähig sind, eine Beziehung zu dem Allmächtigen aufzubauen, die auf einem tiefen Glauben an Gott basiert, der sich um sie kümmert. Doch zunächst spitzt sich die Situation sogar noch weiter zu, zu einer echten Rebellion gegen Mose und Gott, wie wir in der kommende *Parascha* sehen werden.

Korach קרח »Korach« (Num 16,1 - 18,32)

Kurzzusammenfassung

Die Kritik an Mose führt zu einer offenen Rebellion gegen ihn, angeführt von Korach. Sie stellen Moses und Aarons Autorität in Frage und wollen selbst die Führung des Volkes übernehmen. Gott straft die Anführer des Aufstands und viele Menschen fallen einer Pest zum Opfer, ehe Mose sie stoppen kann.

Rebellion statt Konfliktmanagement?

In diesem Wochenabschnitt lesen wir über die Rebellion von Korach und einer Gruppe Unzufriedener gegen Mose: »Und sie traten auf vor Mose, und auch 250 Männer von den Kindern Israel, Gemeindefürsten, Versammlungsberufene, Männer von Namen. Und sie versammelten sich wider Mose und Aaron und sprachen zu ihnen: Ihr maßt euch zu viel an, denn die ganze Gemeinde, sie alle sind heilig, und unter ihnen ist Gott. Und warum erhebt ihr euch über die Gemeinde Gottes?«[278] Das sind schwere Vorwürfe, kommen aber nicht von irgendjemandem. Korach war ja ein wohlhabender[279], respektierter Tora-Gelehrter[280], der für die begehrte Position des Tragens der heiligen Lade ausgewählt war[281] – jemand aus der Führungsschicht der Israeliten und einer, der die Tora genau kennt, also wohl ein frommer Mann? Außerdem stimmt es doch, dass Gott selbst am Sinai sagte, dass das ganze

Volk heilig sein solle. Hatte Korach vielleicht recht? Handelte er aus der Überzeugung, etwas Gutes zu tun?

Rabbiner Hirsch stimmt zu: »jeder einzelne der 600.000 ist heilig und daher Gott nahe, und es bedarf daher keines *Priesters*, um für ihn den Ausdruck seiner Gedanken und Gesinnungen im Opfer Gott nahe zu bringen; und es sind eben diese 600.000 und nicht irgendein einzelner, welchem Gott seine Gegenwart zugesagt, Gott bedarf daher keines *Propheten*, um sein Wort an diese 600.000 gelangen zu lassen.«[282] Doch das Ende der Rebellion ist abrupt und die Strafe für Korach und seine Gruppe äußerst brutal, wie die Tora ausführt: »Und es war, wie er zu Ende war, alle diese Worte zu reden, da spaltete sich der Erdboden, der unter ihnen war, die Erde öffnete ihren Mund und verschlang sie und ihre Häuser und alle die Menschen, welche Korachs waren und alle die Habe. Sie und alles ihre sanken lebend ins Grab und es schloss sich über ihnen die Erde und sie verschwanden aus der Mitte der Gemeinde.«[283]

Bei genauerer Betrachtung der Teilnehmer des Aufstands werden die Motive klarer. Die Gruppe um Korach hatte nämlich keineswegs lautere Absichten. Sie sagten wohlklingende, populistische Parolen, um selbst an die Macht zu kommen. Für das Volk und deren Belange interessierten sie sich nicht, wie Ibn Esra aufzeigt: »Zu dieser Meutererbande gehörten … Leviten, die sich bei der Ernennung von Assistenten für die Priester übergangen fühlten, Reubeniten, die dachten, sie seien des Geburtsrechtes … beraubt worden. Die Erstgeborenen Israels, die sich übergangen fühlten, da ihnen das Privileg der Priesterschaft genommen worden war und das den Leviten, die das Goldene Kalb nicht angebetet hatten, gegeben worden war.«[284]

Korach und seine Unterstützer waren kalt berechnend und begannen mit ihrem Aufstand genau in dem Augenblick, als »das Volk dazu verurteilt wurde, in der Wüste zu sterben; da wurde es bitter und einige fingen an, an der Führerschaft Moses zu zweifeln. Diesen Augenblick fand Korach geeignet, seine Meuterei zu beginnen«[285], so Nachmanides. Laut Midrasch behauptete Korach absurde und unwahre Dinge gegen Mose und Aaron, aber da sie echte Gebote aus der Tora aufnahmen, klang die Kritik auf den ersten Blick plausibel: »In meiner Nachbarschaft gab es einst eine Witwe mit zwei vaterlosen Töchtern und einem Acker. Als sie es pflügen wollte, verbot ihr Moses, mit einem Ochsen und einem Esel zusammen zu pflügen (Dtn 22,10). Als sie säen wollte, verbot er ihr die Bestellung mit gemischter Saat (Lev 19,19). Zur Erntezeit befahl ihr Moses, die Körner ungeerntet auf dem Felde zu lassen und keine Nachlese zu halten, sondern sie den Armen zu lassen. Sodann verlangte er die Hebe für die Priester und den Zehnten für die Leviten. Die Frau verkaufte das Feld und kaufte Schafe … Als aber das Erstgeborene der Schafe zur Welt kam, erschien Aaron und forderte es für sich … Er nahm alles und ließ sie weinend mit den beiden Töchtern zurück. Dieses Schicksal befiel diese unglückliche Frau! So handeln sie im Namen des Ewigen, gepriesen sei Er!«[286]

Rabbiner Soloveitchik erklärt, dass Korach letztlich gar nicht an Gott glaubte; er dachte stattdessen tatsächlich, »dass Mose und Aaron machthungrig seien und sich über den Rest Israels stellen. Er meinte, dass Mose sich selbst zum König gesalbt hatte, mit ultimativer Macht und Autorität über das ganze Volk.«[287] Das zeigt sich gerade in seiner Behauptung, alle seien heilig, so Jeschajahu Leibowitz: »Der Unterschied zwischen diesen beiden Wahrnehmungen von ›Heiligkeit‹ ist die Unterscheidung zwischen Glauben und Götzendienst. Heiligkeit ist keine gegebene Annahme, sondern eine Aufgabe, denn es heißt nicht ›Du bist heilig‹, sondern es wird die Forderung formuliert, ›heilig zu sein‹. Aber im unreligiösen Bewusstsein von Korach und seinen Anhängern ist ›die ganze Gemeinde heilig‹, Heiligkeit also etwas, das einem verliehen ist.«[288]

Mose verstand Ziel und Motive dieser gegen ihn erhobenen Behauptungen genau, so Rabbiner Hirsch: »Es war eine Leugnung der Göttlichkeit seiner Sendung, und zwar nicht aus irregegangener Gedankenrichtung, die einer Belehrung zugänglich gewesen wäre, sondern aus ehrsüchtigem Neide, der unter den Deckmantel der Vertretung des allgemeinen nur die Befriedigung eigener selbstsüchtiger Interessen verfolgt und zu diesem Ende durch blendende, der Eigenliebe des Volkes in allen seinen Gliedern schmeichelnde Sophismen Mose und Aaron aus ihrer Stellung zu verdrängen suchte.«[289]

Korach glaubte nicht an Gott, für ihn waren die Tora und die Gebote nur Mittel zum Zweck, um sich selbst über das Volk zu stellen. Dafür konnte Korach nur deshalb Anhänger finden, weil sie Angst hatten. Angst ist aber ein ganz schlechter Ratgeber. Wir sollten immer den Mut haben, uns den Herausforderungen zu stellen. Wir sind in der Lage, mit allen Problemen fertig zu werden. Wir brauchen dafür Vertrauen und den Glauben an Gott.

Chukkat חקת »Satzung« (Num 19,1 - 22,1)

Kurzzusammenfassung

Das Gesetz der Roten Kuh wird erläutert. In der Wüste Kadesch geht das Wasser aus und Mose soll zu einem Felsen sprechen, damit Wasser aus ihm fließt. Mose schlägt aber mit dem Stab auf den Felsen und wird dafür hart bestraft: Er darf nicht ins Land Israel einziehen. Mirjam und Aaron sterben. Aarons Sohn Elasar übernimmt das Amt des Hohepriesters.

Die Rote Kuh

Grundsätzlich ist die Tora-Lesung eine rabbinische *Mizwa*, ein Gebot, das von den Rabbinern eingeführt wurde. Es gibt aber Ausnahmen. Eine – und hier stimmen eigentlich alle überein – ist die *Parascha* über Amalek[290] vor Purim. Diese *Parascha* ist *Deoraita*, also ein Gebot, eine Verpflichtung, direkt aus der Tora. Viele *Rischonim* (mittelalterliche Kommentatoren) sehen diese Verpflichtung aber auch bei einem zweiten Toratext, nämlich bei *Paraschat Para*, also nach Purim und vor Pessach. Dieser Text beinhaltet eben genau das Gebot der *Para Aduma*, der Roten Kuh, um die es u.a. in unserem heutigen Wochenabschnitt geht. Das zeigt die große Bedeutung dieser Roten Kuh, obwohl wir eigentlich wenig über sie und die *Mizwa* in Verbindung mit ihr wissen.

In der Tora heißt es: »Gott sprach zu Mose und Aaron: Dies ist ein Grundgesetz der Lehre, das Gott geboten: Sprich zu Israels

Söhnen, dass sie dir eine vollkommen rote Kuh nehmen, an welcher kein Fehler ist, aus welche kein Joch gekommen. Und gebt sie Elasar dem Priester; er führt sie hinaus außerhalb des Lagers hin und schlachtet sie vor seinem Angesicht. Und es nimmt Elasar der Priester von ihrem Blut mit seinem Finger und sprengt gegen die Front des Stiftszeltes hin von ihrem Blut sieben Mal. Man verbrennt sodann die Kuh vor seinen Augen; ihre Haut, ihr Fleisch, ihr Blut, samt ihrer Exkremente verbrenne man. […] Es sammelt ein reiner Mann die Asche der Kuh und legt sie außerhalb des Lagers an einem reinen Ort nieder. […] Und sie nehmen für den Unreinen von dem Brandstaub des Entsündigungsopfers, und er gibt darauf lebendiges Wasser in ein Gefäß […] es sprengt der Reine an den Unreinen […] und es entsündigt ihn.«[291]

Jemand, der mit einem Toten in Verbindung gekommen ist, ist *Tumat Met*, also unrein (im spirituellen Sinne) durch die Berührung mit dem Toten oder dessen Überresten. Die Asche der geopferten Roten Kuh wird nun mit Wasser vermischt und auf unreine Personen gesprenkelt. Für alle anderen rituellen Unreinheiten (und wir haben immerhin elf Kategorien in der Tora), inklusive *Nidda*, genügt das Eintauchen in die *Mikwe*, das rituelle Tauchbad, nach einer bestimmten Zeit. Wir lesen hier allerdings nicht, warum das so ist oder warum wir ausgerechnet hier eine Rote Kuh brauchen und bei anderen rituellen Unreinheiten nicht. Marc Breuer weist darauf hin, dass wir uns »sicher einer fundamentalen Vorschrift gegenüber befinden, was aus dem Platz hervorgeht, den sie im religiösen Zeremoniell zur Zeit des Tempels eingenommen hat. Ihre eigentlichen Gründe entgehen uns. Dies hat nichts Außergewöhnliches an sich. Die jüdische Auffassung von Reinheit und Unreinheit entstammt der geistigen Sphäre an der Grenze des

Metaphysischen – dem rationalen Denken des Menschen schwer zugänglich. Die Offenbarung hat den Menschen nur den verwirklichbaren Teil des Gesetzes übergeben können, dessen Wurzeln sich in einer Auffassung des Wesens des Alls und des Menschen finden, die durch ihren göttlichen Charakter außerhalb der Reichweite unserer Erkenntnisfähigkeit bleiben wird.«[292]

Selbst König Salomon, der sonst für seine Weisheit bekannt ist, scheitert an der Erklärung des Rituals der Roten Kuh. Er sagt: »Ich dachte ich würde es verstehen, aber ich sehe, dass es weit weg von mir ist«[293], und der Midrasch erklärt, dass damit die *Para Aduma* gemeint sei.[294] Selbst Rabban Jochanan Ben Sakai konnte nicht genau erklären, was an Toten unrein sein sollte und wie gerade die Asche einer Roten Kuh dagegen helfen könnte.[295]

Raschi hat eine Erklärung: »Eine rote Kuh, das gleicht dem Sohn einer Magd, der den Palast eines Königs beschmutzt hat; da sagt man, es komme seine Mutter und wische den Unrat fort; so komme die Kuh und sühne für das Kalb.«[296] Es geht demnach um die Korrektur der Sünde des Goldenen Kalbs. Was aber haben die Sünde des Goldenen Kalbs und die rituelle Unreinheit durch einen Toten miteinander zu tun? Traditionelle Quellen sehen eine Antwort: Es geht um den Tod als Verbindung der beiden Geschichten. Sie verknüpfen die Sünde von Adam und Eva und der daraus resultierenden Sterblichkeit mit der Sünde vom Goldenen Kalb, als das Volk die Unsterblichkeit verloren habe. Es ist aber auch möglich, die Sünde ums Goldene Kalb mit zwei anderen Ereignissen zu verbinden: der Flut zur Zeit Noahs und der Zerstörung des Tempels. Denn die Sünde ist auch der Tod von Gemeinschaften, Zivilisationen. Wie Rabbiner Hirsch erklärt, ist die Gesellschaft zu Noahs

Zeiten nicht untergegangen, weil es große und offensichtliche Sünden gab, sondern kleine Sünden und Gemeinheiten, die sich die Menschen gegenseitig angetan hatten, aus mangelnder Liebe und Solidarität zueinander sowie aus Gier und Habsucht.[297] Der zweite Tempel wurde nicht zerstört, weil der Tempeldienst nicht funktioniert habe – ganz im Gegenteil. Sondern er, und damit das jüdische Staatswesen, sind untergegangen wegen *Sinat Chinam*, also wegen grundlosem Hass.[298]

Darum geht es aus meiner Sicht bei der Roten Kuh: um Korrektur. Eine Korrektur der Sünde des Goldenen Kalbs, aber auch grundsätzlich Korrektur (hebr. *Tikkun*). Die Rote Kuh wird immer in Verbindung gebracht mit der messianischen Zeit und dem Wiederaufbau des Tempels in Jerusalem. Aber wenn wir das wollen, müssen wir dazu die Voraussetzungen in dieser Welt schaffen. Und dafür haben wir im Judentum das Konzept von *Tikkun Olam*, d.h. wir müssen die Welt reparieren und korrigieren, zu einem besseren Ort machen. Gerade in Zeiten von Corona und des Krieges gegen die Ukraine sehen wir, wie wichtig Solidarität und Zusammenhalt sind. Wir müssen Gesellschaften und Gemeinden schaffen, die für die Menschen da sind, in denen sich Menschen füreinander interessieren und einander helfen, wenn nötig, indem wir versuchen, auch die kleinen Sünden zu unterlassen, und uns echt bemühen, unseren Charakter zu bessern und die bestmögliche Version unseres Ichs einzubringen. Ohne das wird es keine messianische Zeit geben – und keine Rote Kuh.

Balak בלק »Balak« (Num 22,2 - 25,9)

Kurzzusammenfassung

Balak ist ein moabitischer König, der einen heidnischen Propheten, Bilam, beauftragt, Israel zu verfluchen, um es militärisch zu besiegen. Was auch immer Bilam versucht, der Fluch wird immer zu Segen. Doch der Aufenthalt der Israeliten bei den Moabitern hat Folgen: Moabitische Frauen verführen einige Israeliten zum Götzendienst.

Wir sind immer noch da!

In unserem Wochenabschnitt lesen wir, wie König Balak fürchtet, dass die Israeliten, die aus Ägypten kommend auf dem Weg nach Israel sind, eine Gefahr für ihn und sein Königreich sein könnten. Daher beauftragt er Bilam, einen nichtjüdischen Propheten und Magier, Israel zu verfluchen, um es zu schwächen sowie schließlich im Kampf besiegen und vertreiben zu können: »Als Balak, Sohn Zippors, alles sah, was Israel an den Amoritern vollbracht hatte – und Moab ungemein angst wurde vor dem Volk, weil es so großmächtig wäre und Moab alles andere widerwärtig fand vor der Gegenwart der Söhne Israels, und Moab schon zu den Ältesten von Midjan hatte sagen lassen: Jetzt wird diese vereinigte Menge unsere ganze Umgebung aufschlucken – und Balak, Sohn Zippors, war doch König für Moab in jener Zeit! – da schickte er Boten zu Bilam, Sohn Beors, nach Petor, welches am Strom liegt, in das Land seiner Volksgenossen, um ihn zu sich zu laden; sie sollten ihm sagen: Siehe, ein Volk ist aus Ägypten hinangezogen; siehe, es hat bereits das Auge der Erde bedeckt, und es hat sich nun mir gegenüber niedergelassen – und nun komme doch, fluche mir diesem Volk, denn es ist mir zu mächtig; vielleicht vermag ich dann, dass wir ihm einen Schlag versetzen und ich es aus dem Land vertreibe, denn ich weiß, wen du segnest, der ist gesegnet, und wem du fluchst, den trifft Fluch.«[299]

Der König hat Angst vor den Israeliten; er hat gehört, wie Israel die Könige Sichon und Og besiegt hat, aber er versteht nicht, dass Israel nur friedlich durch sein Land ziehen möchte, auf dem Weg nach Kanaan. Tatsächlich hat Israel nie gegen Moab Krieg geführt und wird es nicht führen, da Moab letztlich nicht angreifen wird, und nur das wäre für Israel ein Grund zu kämpfen, also zur bloßen Verteidigung. Bilam jedenfalls hätte das jüdische Volk gerne verflucht und auch das versprochene Geld für seine Arbeit genommen. Gott lässt ihn jedoch Segen statt Flüche über das Volk Israel aussprechen: »Wie soll ich verfluchen, den Gott nicht verflucht?«[300] Letztlich kann er Israel keinen Schaden zufügen.

Balak war kein würdiger König und nicht fest im Sattel. Raschi erklärt die etwas merkwürdige Formulierung in der Tora: Balak »war doch König für Moab in jener Zeit«[301]; »er war nicht zur Königswürde hochstehend genug; denn er gehörte zu den Fürsten Midjans (Sichons); aber als Sichon tot war, setzten sie ihn vorläufig über sich.«[302] Er war also nur ein schwacher, unqualifizierter und temporärer Monarch. Das erklärt wahrscheinlich seine Angst und sein Unvermögen richtig, – vor allem besonnen – auf die Situation zu reagieren. Bilam ist eine ganz andere Persönlichkeit. Er hat eigentlich Kenntnis von Gott, aber »bei Bilam geht die Anerkennung Gottes nicht zusammen mit dem moralischen menschlichen Verhalten … Bilam in der ganzen Komplexität seines Charakters ist ein ausgezeichnetes Beispiel für die Notwendigkeit, die Gotteserkenntnis durch den reinigenden Kanal des göttlichen Gesetzes hindurchgehen zu lassen, damit sie effektiv auf den Charakter des Menschen einwirken kann. Bilam kennt Gott, aber das hindert ihn nicht daran, sich einem götzendienerischen Kult hinzugeben. Seine Instinkte haben noch nicht den Stempel der Disziplin erhalten, den allein das offenbarte Gesetz verschafft.«[303]

Nach Bilams erster Segnung Israels denkt König Balak von Moab, dass die Vorbereitungen vielleicht einfach nicht gut genug waren, und wiederholt die Opfer für seine Götzen, in der Hoffnung auf Bilams Erfolg. Aber wieder kann Bilam schließlich nicht anders, als Israel zu loben und zu preisen. Diese Segnungen sagen sehr viel über das Schicksal und die Zukunft unseres Volkes aus. Bilam spricht unter anderem über Gottes ewigen Bund mit Israel und von Israels Schutz durch ihn. Ein Zitat ist berühmt und auch prominenter Teil der jüdischen Liturgie geworden: »Wie gut sind deine Zelte, o Jakob, deine Wohnstätten, o Israel!«[304]

Es gibt einen Aspekt, den ich in Verbindung mit diesem Zitat für wichtig halte: Das Überleben des jüdischen Volkes im Laufe der Jahrhunderte, sogar Jahrtausende, ist ein Wunder. So viele Völker und ihre Herrscher versuchten, uns zu verfluchen, uns zu zerstören, und wir erlebten viele Verfolgungen und Pogrome. Trotzdem sind wir immer noch da, während so viele andere Nationen aus der Weltgeschichte verschwunden sind. Das Geheimnis des jüdischen Überlebens liegt in dem obigen Zitat: »Zelte« und

»Wohnstätten«, unser Heim und unsere Synagoge. Die jüdische Erziehung, die wir zu Hause und in den Synagogen erhalten, ist entscheidend für unsere Identität und damit für unsere Existenz. Wir Juden konnten unsere Tora und unsere Traditionen immer an die folgenden Generationen weitergeben, egal, wie die Situation um uns herum war. Dies kann man letztlich auf zwei Faktoren herunterbrechen: die Flexibilität unserer Halacha, also des jüdischen Religionsgesetzes, um sich an die Orte, Zeiten und Umstände, in denen wir gelebt haben und leben, anzupassen, und zweitens, noch wesentlich wichtiger, der Kern unserer Tora, unserer religiösen Lehre: Moral und Ethik.

Es ist der hohe ethische Standard, der Abraham zum Vater der jüdischen Nation machte. Es ist diese Ethik, die wir in unsere Welt bringen müssen. Als Bilam unsere Moral erkannte, konnte er uns nicht mehr verfluchen, er musste uns nach Gottes Willen segnen. Immer wenn ein schlechter Mensch versucht, einem anderen moralisch korrekten Menschen Schaden zuzufügen, wird er letztlich scheitern. Egal, was für falsche Argumente und Anschuldigungen er auch immer vorbringen wird, am Ende werden sie sich gegen ihn selbst richten.

Das jüdische Volk wird dann eine Zukunft haben, wenn wir unsere Kinder weiterhin in unseren Traditionen und Ritualen erziehen, die von den zukünftigen Generationen diskutiert und studiert werden. Wir Juden müssen unsere ethischen und moralischen Werte weiter stärken. Dann braucht das Judentum keine falschen Propheten oder Magier fürchten, die uns schaden wollen.

Pinchas פינחס »Pinchas« (Num 25,10 - 30,1)

Kurzzusammenfassung

Gott schließt mit Aarons Enkel Pinchas einen Bund des Friedens und einen Bund des Priestertums als Belohnung für die Wiederherstellung der Moral. Eine neue Zählung des Volkes wird durchgeführt und schließlich Josua als zukünftiger Nachfolger von Mose durch Gott benannt.

Eifer und Frieden

Im vorigen Wochenabschnitt haben wir zum Ende hin über den dramatischen geistigen und moralischen Verfall des jüdischen Volkes gelesen. In dieser Situation nimmt Aarons Enkel Pinchas einen Speer und tötet Simri, einen Fürsten aus dem Stamm Simon, und die moabitische Priesterin Kosbi, während die beiden unverfroren Gottes Namen entheiligen: »Da schloss sich Israel dem Peor-Baal an und Gottes Zorn wurde rege gegen Israel … Da sagte Mose zu Israels Richtern: Richte jeder diejenigen der ihm Überwiesenen hin, welche dem Peor-Baal angeschlossen sind. Und siehe, da kam ein Mann von Israels Söhnen und führte die Midjaniterin vor Moses Augen und die Augen der ganzen Gemeinde der Söhne Israels hin, und diese weinten am Eingang des Stiftszelts. Pinchas, der Sohn Elasars, Sohn Aarons des Priesters, sah es, stand auf aus der Mitte der Gemeinde, nahm einen Speer in die Hand, ging dem Mann Israels nach ins Zelt und durchbohrte beide, den Mann Israels und die Frau, in den Leib – und das Sterben wurde abgehalten …«[305]

Der Talmud erklärt, dass Simri und Kosbi mit ihrem obszönen Verhalten auch Moses Autorität infrage stellen: »Er (Simri) brachte sie (Kosbi) vor Mose und sprach zu ihm: Sohn Amrams, ist diese verboten oder erlaubt? Und wer hat dir, wenn du sagst, sie sei verboten, erlaubt, die Tochter Jitros zu heiraten?«[306] Simri stellt es also so dar, als ob Mose, obwohl er selbst mit einer Midianiterin verheiratet ist, dem Rest des Volkes Beziehungen mit Ausländerinnen verbieten möchte. Simri will provozieren und Mose als Heuchler darstellen – was ihm auch gelingt.

Der Talmud fährt fort: »Da entschwand ihm (Mose) die *Halacha* (die Autorität), und das ganze Volk brach in ein Weinen aus.«[307] Mose schafft es also offenbar nicht, in dieser Situation angemessen zu reagieren – ganz im Gegenteil: Er reagiert überhaupt nicht. In diesem Moment springt Pinchas ein und verteidigt die Würde Gottes und die Autorität Moses. Seine Wut und die damit einhergehende harsche Reaktion sind verständlich, denn immerhin ist Pinchas ehrlich besorgt über die Zukunft des jüdischen Volkes, das dem geistigen, moralischen und auch strukturellen Verfall nahe zu sein scheint. Der Midrasch lobt Pinchas, dass er da, wo Mose und die Ältesten versagen, die Verantwortung übernimmt. Für den Midrasch war Pinchas' Töten ein Akt der Selbstverteidigung.[308]

In den Büchern Richter und Josua lesen wir, dass Pinchas wichtige Positionen innehatte. Maimonides erklärt, dass es Pinchas war, der die mündliche Überlieferung von Mose empfing und an Eli, den Hohepriester, weitergab.[309] Gemäß Talmud erlebte Pinchas sechs Wunder, die es ihm ermöglichten, die beiden Sünder zu bestrafen. Und »darauf kam er und schleuderte sie vor Gott, indem er vor Ihm sprach: ›Herr der Welt, wegen dieser sollen 24.000 in Israel sterben?‹ (...) Worüber Rabbi Elasar sagte: Es heißt nicht, er betete, sondern er richtete. Dies lehrt, dass er mit seinem Schöpfer Gericht hielt.«[310]

Ist die übereifrige Tat aber wirklich gerechtfertigt? Genau damit beschäftigt sich der heutige Wochenabschnitt – sozusagen als Fortsetzung der Geschichte. Auf den ersten Blick scheint es so, als werde die Tat gerechtfertigt. Statt einer Strafe erhält Pinchas zwei Belohnungen. In der Tora heißt es, dass Gott zwei Bünde mit Pinchas macht: »Siehe, Ich gebe ihm meinen Bund des Friedens. Ihm und seinen ihm folgenden Nachkommen werde ein Bund des ewigen Priestertums sein, dafür, dass er das Recht für seinen Gott zur Geltung gebracht und Sühne über Israels Söhne vollzogen hat.«[311] Ein genauerer Blick offenbart jedoch einige Ungereimtheiten. Abarbanel fragt sich, warum Pinchas einen Bund des Friedens und einen Bund des Priestertums braucht. Hat er denn nicht schon beides, Frieden und Priestertum? Ist das wirklich eine Belohnung für ihn? Der Neziw erläutert: »Die göttliche Verheißung eines Bundes des Friedens stellt eher eine Garantie des Schutzes gegen den inneren Feind dar, der im eifrigen Täter und in der plötzlichen Tat lauert, gegen die innere Demoralisierung.«[312] Weiter erklärt der Neziw, wie gefährlich Fanatismus sei und dass Pinchas mit dem Attribut des Friedens gesegnet wurde, in der Hoffnung, dass er künftig nicht mehr so aufbrausend und wütend handeln würde.

Ein Blick in den Text der Tora offenbart noch eine weitere Anomalie: Der hebräische Buchstabe *Waw* im Wort *Schalom*[313] (als Gott

Pinchas den Bund des Friedens gibt) ist gebrochen – mit Absicht. Das ist ein weiteres Zeichen dafür, dass Pinchas' Verständnis von Frieden nicht vollständig war und Gott es sozusagen »reparieren« musste. Es ist wohl auch kein Zufall, dass die Weisen für die *Parascha* dieser Woche eine *Haftara* (Prophetenlesung) auswählten, in der das pflichteifrige Verhalten des Propheten Elia kritisiert wird.

Für mich ist die Botschaft klar: Gott straft Pinchas zwar nicht, da Er seine Motive für die Tat versteht. Aber Er gibt ihm den Bund des Friedens als ein klares Zeichen dafür, dass nicht Eifer, sondern Ruhe und Besonnenheit wirksame Mittel gegen die Probleme sind, die wir bewältigen müssen. Die Herausforderungen des Judentums – damals wie heute – sind groß und zahlreich, aber Fundamentalismus oder übereifriger Extremismus sind der falsche Weg.

Extreme Zeiten rechtfertigen keine extremen Maßnahmen. Wenn wir als jüdisches Volk auch im 21. Jahrhundert überleben wollen, müssen wir den Anfechtungen gewachsen sein. Und wir werden sie schließlich auch bewältigen – friedlich, besonnen und klug. Die Diskussionen des Talmud reflektieren dieses Selbstverständnis. Sie zeigen, dass wir keine Dogmen und keine »einzig richtige Wahrheit« haben. Im Gegenteil, manchmal gibt es mehr als eine Wahrheit, und manchmal ist für Gott mehr als nur ein Weg akzeptabel, wie uns der Talmud anhand der Streitgespräche zwischen den großen Weisen Hillel und Schammai lehrt: »Beides, diese und diese, sind die Worte des lebendigen Gottes.«[314]

Matot מטות »Stämme« (Num 30,2 - 32,42)

Kurzzusammenfassung

Den Stammesführern werden die Gesetze der Gelübde und Schwüre erläutert, ebenso die besonderen Regeln für die Gelübde verheirateter Frauen. Danach wird der Kampf gegen die Midianiter und die daraus resultierende Beute beschrieben. Die Stämme Ruben und Gad fragen um Erlaubnis, mit ihren Viehherden das Land rechts des Jordans zu besiedeln, was ihnen gewährt wird, nachdem sie zusagen, an der Eroberung des Landes links des Jordan teilzunehmen.

Gelübde, Schwüre - starke Worte

In unserem Wochenabschnitt weist die Tora auf die Wichtigkeit und Verbindlichkeit des gesprochenen Wortes hin, insbesondere in Verbindung mit Gelübde und Schwüren. In der Tora heißt es: »Es sprach Mose aber zu den Häuptern der Stämme des Volkes Israel: Dies ist das Wort, das Gott geboten. Wenn ein Mann Gott ein Gelübde gelobt, oder indem er einen Eid schwört, seinem Willen eine Einschränkung aufzubinden, darf er sein Wort nicht kraftlos lassen; nach allem, was aus seinem Mund geäußert worden, hat er zu tun.«[315]

Rabbiner Rabinowitz zeigt die Verbindung zwischen unserem Wochenabschnitt und der *Paraschat Truma*, in der es unter anderem um die verschiedenen Opfer geht, die im Stiftszelt gebracht werden. Er erklärt, dass viele Opfer im Stiftszelt und später im Tempel gebracht wurden, um Gelübde und Schwüre zu erfüllen, die Menschen gemacht hatten. Daher sei es jetzt so notwendig zu betonen, wie vorsichtig man mit seinen Worten sein müsse. Diese Regeln und Vorschriften richten sich daher insbesondere an die Häupter des Volkes, die Fürsten und die Stammesführer, damit sie das Volk in diesen Regeln unterweisen.

Gelübde haben eine große spirituelle Kraft und können es uns ermöglichen, etwas Materielles spirituell zu erheben und zu heiligen. Daher muss ein Gelübde oder ein Schwur mit äußerster Sorgfalt und Bewusstsein erfolgen. Da Gelübde aber oft durch den Wunsch motiviert sind, etwas Außergewöhnliches zu tun, sind diejenigen, die die Gelübde ablegen, möglicherweise nicht in der Lage, sie zu erfüllen.[316]

Ein anderes Problem ist es, wenn wir wütend sind oder sonst wie emotional und uns in dieser Situation dazu verleiten lassen, ein Gelübde abzulegen. Vielleicht haben wir vorher nicht wirklich die Konsequenzen unseres Schritts abgewogen. Andererseits kann ein Gelübde natürlich auch eine Stütze sein: Ich nehme mir etwas vor und gerade, weil ich es gelobt habe, muss ich es auch erfüllen. Das ist eine zusätzliche Motivation für mich. Ich sollte aber immer gründlich abwägen, bevor ich ein Gelübde oder einen Schwur mache.

Es gibt in unserem Toratext eine Ungereimtheit. Die Tora spricht von einem Mann, der durch ein Gelübde oder einen Schwur »seinem Willen eine Einschränkung aufbindet«. Im hebräischen Text steht aber: *Lesor Issar*, also wörtlich: »sich einer verbotenen Sache entsagen«. Was meint die Tora damit, dass ich gelobe, mich einer Sache zu entsagen, die ohnehin verboten ist? Logischer wäre es wohl, wenn der Text davon spräche, dass ich mir etwas verbiete, was eigentlich erlaubt ist. Marc Breuer erklärt: »Der göttliche Gesetzgeber hat sehr klar die Grenze zwischen Erlaubtem und Verbotenem gezogen. Es geschieht innerhalb des Gebietes des Erlaubten, wenn wir, indem wir alle Mittel des Geistes und der Materie nutzen, das Leben schaffen, das – weit davon entfernt, der Schöpfung Gottes den Rücken zu kehren – den Meister der Schöpfung durch die tausend Schönheiten der Natur erkennt.

Ein Problem entsteht erst dann, sobald wir uns der Grenze des Erlaubten nähern und plötzlich nein sagen müssen, wenn wir einige Augenblicke vorher noch ja sagten. Der Respekt vor dem Gebiet des Verbotenen enthält einen an sich äußerst großen Spielraum. Unsere Weisen haben uns den guten Rat gegeben (und das Kapitel unserer *Parascha* über die Gelübde ist dessen Ursprung), uns innerhalb des erlaubten Gebietes zu üben, um unser sicher sein zu können, wenn wir uns dem Gebiet des Verbotenen nähern. Praktisch bedeutet dies, dass derjenige, der sich seiner selbst nicht sicher ist, alles Interesse in sich weckt, nicht bis zur äußersten Grenze des Erlaubten zu gehen. Innerhalb des Terrains des Erlaubten ist es für ihn von Nutzen, sich Beschränkungen aufzuerlegen, provisorisch und als Einübung, um besser widerstehen zu können, wenn es sich plötzlich um tatsächlich Verbotenes handelt.

So verstehen wir jetzt den Satz am Anfang dieses Abschnittes: ›Derjenige, der sich Gelübde auferlegen will, um sich die verbotenen Dinge zu untersagen‹, das heißt: Um mit Erfolg den besonderen Charakter der verbotenen Dinge respektieren zu können, ist es bisweilen gut, sich eine zusätzliche Disziplin aufzuerlegen, die ihm erlaubt, einen gestärkten Willen zu erwerben.«[317]

Ein Gelübde (hebr. *Neder*) und ein Eid/Schwur (hebr. *Schwua*) sind sich zwar ganz ähnlich, es gibt im Judentum aber einen Unterschied zwischen ihnen. Bei einem Gelübde sagt man: »Ich werde dieses und jenes tun bzw. nicht tun.« Bei einem Schwur sagt man: »Ich schwöre, dass ich dieses und jenes machen werde.« In den Formulierungen sehen wir einen Unterschied in der Stärke. Laut Talmud geht es bei einem Gelübde immer um ein (bestimmtes) Objekt, bei einem Schwur um eine (allgemeine) Handlung oder eine Person.[318] D.h., bei einem Gelübde sagt man beispielsweise: »Ich werde dieses Fleisch nicht essen.« Bei einem Schwur sagt man: »Ich schwöre, dass ich kein Fleisch mehr essen werde.« Übrigens hört man heute in Israel oder unter Hebräisch sprechenden Juden weltweit oft den Zusatz *Bli Neder* nach der Aussage, etwas Bestimmtes (nicht) zu machen. *Bli Neder* heißt wortwörtlich auf Deutsch »ohne Gelübde«, um zu verdeutlichen, dass man zwar vorhat, etwas Bestimmtes (nicht) zu tun, aber man möchte klarmachen, dass man dazu in diesem Moment kein Gelübde abgelegt hat. Bibel und rabbinische Literatur sprechen sich ohnehin stark gegen Gelübde und Schwüre aus.

Das Judentum betont nachdrücklich die Heiligkeit der Worte. Bereits die Schöpfungsgeschichte beschreibt, wie wichtig und stark Worte sind, da Gott die Welt durch Worte erschafft. Worte sind real und haben die Macht, zu heilen und zu verletzen, zu erheben und zu verleumden. Diese außergewöhnliche Kraft der Sprache ist ein einzigartiges Geschenk des Gottes an uns Menschen. Wir können etwas durch Worte heiligen. Wir sollten aber auch Acht geben, Worte richtig einzusetzen und genau abzuwägen, was wir sagen. Es ist vielleicht das mächtigste Werkzeug des Menschen, um der Welt Güte und Segen zu bringen. Es muss aber mit äußerster Sorgfalt verwendet werden.

Masse מסעי »Reisen« (Num 33,1 - 36,13)

Kurzzusammenfassung

Die verschiedenen Wanderungen und Orte der Wüstenwanderung werden wiederholt. Die Grenzen des Landes Israel werden beschrieben, ebenso die Verteilung durch das neue Führungsduo Hohepriester Elasar und Josua. Das Erbrecht für Frauen wird festgelegt.

Diskriminierung und Ausgrenzung brandmarken

Die Wüstenwanderung geht nun langsam zu Ende. Es ist das letzte Jahr, die Israeliten stehen kurz vor dem Einzug ins gelobte Land. Zu Beginn unseres Wochenabschnitts kommen noch einmal die Reisen und Etappen seit dem Auszug aus Ägypten zur Sprache: »Dies sind die Reisen des Volkes Israel, welche aus dem Land Ägypten nach ihren Heeresgruppen gezogen waren, unter der Führung Moses und Aarons. Mose schrieb ihre Aufbrüche zu ihren Weiterzügen auf Befehl Gottes nieder, dies sind ihre Weiterzüge zu ihren Aufbrüchen.«[319] Danach folgen die verschiedenen Stationen und Orte, an denen die Israeliten sich aufhielten, von Ramses in Ägypten, über Sukkot, Etam, Refidim bis zum Berg Hor, an dem kurz zuvor, im vierzigsten Jahr der Wanderung, Aaron verstarb und beigesetzt wurde.[320]

Rabbiner Hirsch erklärt den Grund für diese Aufzählung: »Mannigfaltige Zwecke dürften dieser Zusammenstellung der

Züge und Rastorte der Wanderung durch die Wüste innewohnen. Eine ganze Reihe von Ereignissen und Erlebnissen dürften sich an diese Wanderzüge und Rastorte in der Wüste geknüpft haben, die für die Familien- und Stammesangehörigen und Nachkommen derer, die sie betrafen, des Gedächtnisses wert gewesen sein mögen, die aber keine Stelle in diesen Büchern der nationalen Gesamtheit fanden, und deren mündlicher Überlieferung durch dieses Verzeichnis Merkstäbe für das Gedächtnis geboten wurden. Welche Spuren mögen ferner diese Orte noch für die nächste und fernere Folgezeit von dem Aufenthalt und den Wanderungen unserer Väter in der Wüste bewahrt haben, und wie sehr mochte damit den Söhnen und Enkeln Gelegenheit geboten gewesen sein, diese Stätten der Gott offenbarenden Wunderwaltung in der Wüste aufzusuchen und den Ort und Stelle sich die aus der Geschichte der Väter redende Tatsächlichkeit der Gottesgegenwart auf Erden an dem Schauplatz der Offenbarung selber lebendig zu vergegenwärtigen … muss schon der bloße Anblick dieser Örtlichkeiten in der Wüste die ganze Göttlichkeit der jüdischen Gründungsgeschichte dokumentieren!«[321]

Im Folgekapitel der Tora geht es dann direkt über von der Vergangenheit in die Zukunft. Die Grenzen des Landes Israel werden definiert, die Verteilung des Landes nach Stämmen und die Organisation der Besitznahme des Landes festgelegt.[322] Jenem Land, das unser Erbgut ist und auf das wir als Jüdinnen und Juden laut der Bibel ein historisches Recht haben. Diese Reise aus Ägypten ist verbunden mit der Reise Abrahams aus seiner Heimat in ein neues, unbekanntes Land, das Gott ihm gab, als Erbteil für alle folgenden Generationen. Beide Reisen haben also das Land Israel als Ziel, denn das Land ist wichtiger und unverzichtbarer Teil des Bundes mit Gott. Obwohl wir als jüdisches Volk mittlerweile schon längere Zeit außerhalb als im Land Israel selbst gelebt haben, ist es spirituell immer präsent, in unseren Gebeten, in der Bibel und wird immer wieder und wieder erwähnt und genannt. Israel kann dabei spirituell verstanden werden, messianisch oder eben auch sehr »physisch« durch den modernen Staat Israel.

Aber die Einnahme des Landes ist nicht ganz unproblematisch, schließlich sollten die Israeliten die Bewohner vertreiben, bzw. sogar ganz auslöschen. Das würde bedeuten, dass das Ende der Wüstenwanderung, das Ziel gleichzeitig verbunden ist mit Leid, das die Israeliten anderen Völkern antun, wie es in der Tora heißt: »Gott sprach zu Mose in den Öden Moabs am Jordan vor Jericho: Sprich zum Volk Israel und sage ihnen: Wenn ihr den Jordan überschreitet in das Land Kanaan, so sollt ihr alle Bewohner des Landes vor euch vertreiben und alle ihre Symbole vernichten; alle ihre Gussbilder sollt ihr vernichten und alle ihre Anhöhen sollt ihr zerstören. Ihr sollte das Land erst zur Besitznahme säubern und dann euch darin niederlassen; denn euch habe Ich das Land gegeben, es in Besitz zu nehmen.«[323]

Muss also ein Genozid verübt werden, um das Land einzunehmen? Gibt es Parallelen zur Gegenwart? Die Antwort ist ganz klar: nein! Die Midianiter, die hier gemeint sind, wurden von den Israeliten nicht getötet, sie werden vielmehr dem jüdischen Volk kurze Zeit später große Probleme bereiten und Israel beherrschen, wie wir im Josuabuch lesen.[324] Außerdem haben wir in der Tora ganz klare moralische Regeln für die Kriegsführung, die das gar nicht zulassen würden.[325] Warum steht es dann so in der Tora?

Diese Völker, allen voran Amalek, sind Metaphern für etwas, das wir in jener Zeit und auch jetzt wieder sehr stark in der Gegenwart erlebten und erleben: Judenhass, den Willen, das jüdische Volk auszulöschen, man könnte auch sagen: »das Böse« ganz allgemein. Die Rabbiner des Talmuds erklären bereits, dass wir gar nicht mehr wissen, wer tatsächlich Amalekiter oder Midianiter sind. Durch die Mischung der Völker seit der Antike unter der Herrschaft der Assyrer gibt es diese Völker nicht mehr. Daher ist ein Vernichtungsbefehl Gottes heute, wie schon in der Antike, völlig obsolet.[326] Aber den Geist Amaleks, den Geist des Hasses, des Bösen schlechthin, den gibt es immer noch und so wurde Amalek das Sinnbild genau dafür. Die Tora fordert also keinen Genozid an Nichtjuden. Ganz im Gegenteil, sie fordert uns auf, den Fremden zu lieben und zu achten. Die Tora fordert uns auf, das Böse in unserer eigenen Mitte auszulöschen.[327]

Hass, Ausgrenzung von Fremden und Antisemitismus gibt es leider gerade heute wieder verstärkt. Ob Fremdenfeindlichkeit wegen Flüchtlingen, Rassismus gegen bestimmte Bevölkerungsgruppen wie Schwarze oder alt-neue Verschwörungstheorien gegen Juden in der Coronazeit. Der Hass und das Böse sind leider immer noch in der Mitte unserer Gesellschaft. Dagegen müssen wir entschieden angehen, d.h.: Wir müssen uns für eine gerechte, freie, tolerante Gesellschaft einsetzen, um die Saat des Hasses bereits im Keim zu ersticken. Wir müssen als Gesellschaft miteinander im Dialog sein, um gemeinsam mit allen aufgeklärten Menschen jede Form von Diskriminierung und Ausgrenzung zu brandmarken.

DEWARIM

(5. Buch Mose – Deuteronomium)

Dewarim דברים »Reden« (Dtn 1,1 - 3,22)

Kurzzusammenfassung

Mose beginnt seine große Abschiedsrede an das Volk Israel. Er ermahnt mit Wiederholungen vieler Gebote die Einhaltung des Bundes mit Gott. In einem kurzen Rückblick erinnert er u.a. an die Einsetzung von Personen in Leitungsfunktionen nach dem Rat seines Schwiegervaters Jitro, um Mose in seinen Aufgaben zu entlasten.

Dienst am Menschen

Das Deuteronomium, auf Hebräisch *Sefer Dewarim*, ist das fünfte und letzte Buch der Tora und beginnt mit einem Rückblick Moses auf die letzten fast 40 Jahre seiner Führung, die vor dem Abschluss steht. Mose wiederholt viele Passagen der vorigen Bücher, weshalb dieses Buch auch manchmal *Mischne Tora*, die Wiederholung der Tora genannt wird. Unser Wochenabschnitt beginnt mit: »Dies sind die Worte, die Mose zu ganz Israel jenseits des Jordans gesprochen hat.«[328] Für einmal sind es also nicht Gottes Worte, die Mose dem Volk mitteilt, sondern seine eigenen.

Rabbiner Hirsch erklärt dazu: »Wie die letzten Kapitel des vierten Buches dasjenige berichten, was Gott in Veranlassung der nun bevorstehenden Besitznahme des Landes und in Beziehung auf dieselbe durch Mose verordnete und anordnete, ist in dieses fünfte Buch das niedergelegt, was nun noch Mose an das

Volk, aus dessen Mitte er nun zu scheiden im Begriffe war und das ohne seine Führung der Lösung seiner Aufgabe in dem im Besitz zu nehmenden Lande entgegenging, gesprochen hat.«[329] Wie Rabbiner Hirsch feststellt, bleibt von Mose »kein Denkmal, keine Ehrensäule, kein irdisches Erinnerungszeichen«, sondern nur das Echo seiner Worte. Das ist erstaunlich. Am brennenden Dornbusch sagte Mose noch, dass er kein guter Redner sei und deshalb die Aufgabe der Führung des jüdischen Volkes nicht übernehmen könne. Gott antwortete ihm, dass sein Bruder Aaron für ihn sprechen könne.[330] Jetzt steht Mose eins um andere Mal vor dem Volk und spricht klar und deutlich – und hier nicht einmal die Worte Gottes, sondern seine eigenen.

Der Midrasch verbindet das »›Ich bin kein Mann von Worten‹ (hebr. *Lo Isch Dewarim*) aus der Episode am brennenden Dornbusch mit ›Dies sind die Worte (hebr. *Ele Dewarim*) unseres ersten Verses: Rabbi Tanchuma sagte: Womit ist diese Sache zu vergleichen? Mit einem Menschen, der Purpur zu verkaufen hatte und ausrief: Hier ist Purpur zu haben. Der König erblickte ihn, hörte seine Stimme, rief ihn und fragte ihn: Was hast du zu verkaufen? Nichts! antwortete er. Ich habe dich doch aber, fuhr der König fort, Purpur anbieten hören, und du sagst: nichts? Mein Herr! sprach der Verkäufer, es ist wahr, ich habe Purpur, aber bei dir ist er doch nichts. Ebenso sprach auch Mose vor Gott, welcher den Mund und die Rede erschaffen, ›Ich bin kein Mann von Worten‹ [d.h. bei dir gelte ich nicht als ein Mann von Worten], aber bei den Israeliten heißt es von ihm: ›Dies sind die Reden‹.«[331] Mose war also durchaus ein guter Rhetoriker, aber vor und im Vergleich mit Gott war es so, als könne er nicht sprechen.

Rhetorik allein allerdings macht noch keine gute Führungspersönlichkeit aus. Wichtiger als jede intellektuelle Begabung ist ein moralischer und geistiger Kompass. Für Mose galten Recht und Gerechtigkeit von jeher als ganz fundamental. Es ist daher sicherlich kein Zufall, dass er so kurz vor dem Einzug ins Land Israel das Volk mahnt, die richtigen Personen als Stammeshäupter und Richter einzusetzen, wie es in der Tora heißt: »In jener Zeit nahm ich eure Richter in die Pflicht und sagte: höret zwischen euren Brüdern und bringet das Recht durch euer Urteil zur Geltung … Erkennt kein Angesicht im Gericht … denn das Gericht ist Gottes.«[332]

Es geht also um mehr als nur um ein gutes juristisches Wissen oder Unbestechlichkeit. Wie der Talmud erklärt: »Die Richter müssen wissen, wen sie richten, vor wem sie richten und wer sie dereinst zur Rechenschaft ziehen wird …, denn ihr richtet nicht vor Menschen, sondern vor Gott.«[333] Daher darf keiner Recht sprechen, der nicht auch die Tora gut kennt und nach ihr lebt: »Dem großen Gericht oder dem Exilarch ist es untersagt, einen Richter zum Richten des Volkes einzusetzen, der die Weisheit der Tora und die Erläuterung ihrer geraden und gerechten Gesetze nicht gelernt hat. Selbst wenn er einige edle Eigenschaften aufweist, ist es nicht richtig, ihn zum Richter zu ernennen, nachdem er in der Weisheit der Tora nicht gelehrt und bewandert ist … Unsere Weisen s.A. sagten: ›Du könntest sagen: dieser Mann ist gutaussehend oder stark oder wohlhabend, oder er kennt alle Sprachen – ich werde ihn als Richter einsetzen.‹ Daher wurde gesagt: ›Erkennt kein Angesicht im Gericht‹ …«[334]

Ein Richter war nicht nur ein Jurist in unserem heutigen Verständnis, er war auch ein moralisches Leitbild und spirituelle

Führungspersönlichkeit. Aus den Richtern der damaligen Zeit wurden später die Rabbiner und Gemeindeleiter. Daher ergänzt Sefer HaChinuch noch: »Es scheint, dass zu diesem Gebot auch gehört, dass jemand, der von der Gemeinde gewählt wurde, Beamte für irgendeinen Zweck zu ernennen, seine ganze Aufmerksamkeit und sein ganzes Wissen darauf richten muss, solche zu ernennen, die für die Positionen, die die Gemeinde braucht, geeignet sind. Er soll niemanden ernennen, der ungeeignet ist.«[335] Ein Richter oder Gemeindevorstand kann, wie Rabbiner Teichman erläutert, nicht einfach nur gebildet oder begabt sein, »ohne das Rüstzeug der Tora und der Entschlossenheit, seine Gemeinde nach deren Weisung zu führen und zu richten – war er, samt all seiner sonstigen Bildung und Talente, unbefugt für das hohe Amt.«[336]

Ein Gemeindeamt bekleiden meint nicht ein Führen nach eigenen Vorstellungen oder Nutzen ziehen aus dieser Position, sondern Orientierung an den Gesetzen von Recht und Gerechtigkeit der Tora sowie eine selbstlose Verpflichtung der Gemeinde gegenüber, bzw. »eine Dienstpflicht im Dienste der Gesamtheit«, wie es Rabbiner Hirsch nennt und dazu ausführt, dass Gemeindevorstände ihre Befugnisse nicht missbrauchen dürften, sondern fair die Interessen der Menschen zu vertreten und die Verwirklichung des Rechts anzustreben haben. Ebenso müssten sie die Mühseligkeiten des Amtes akzeptieren und auch Kritik mit Geduld ertragen können.[337] Am Ende geht es schließlich immer um Menschen.

Waetchanan ואתחנן »Und ich flehte« (Dtn 3,23 - 7,11)

Kurzzusammenfassung

Mose setzt seine Rede fort. Er warnt vor den Gefahren, die lauern, und ermahnt seine Zuhörer, all das Gute, das sie erfahren haben, nicht zu vergessen. Zum Schluss hin werden die 10 Gebote wiederholt.

Einzigartigkeit und Liebe

In diesem Wochenabschnitt führt Mose seine Rede an das Volk Israel fort – unter anderem mit einem der wohl bekanntesten Zitate aus der Tora: dem *Schma Jisrael*. Der Satz »Höre, Israel, der Ewige ist unser Gott, der Ewige ist einzig!«[338] ist wohl so etwas wie ein jüdisches Glaubensbekenntnis geworden, auch wenn es das in unserer Tradition eigentlich nicht gibt. Es ist in der Regel auch Jüdinnen und Juden bekannt, die sonst nicht viel mit Religion zu tun haben. Gerade in schweren Zeiten oder kurz vor dem Tod ist das *Schma*-Gebet wie ein Aufschrei gegen die Situation. Für viele jüdische Kinder ist das *Schma* das erste jüdische Gebet, das sie sagen können – immerhin ist es eines der insgesamt nur zwei Gebete, auf die uns die Tora explizit verpflichtet. Daher sollte es nicht überraschen, dass Rabbiner Eliezer Silver, als er 1945 von den USA nach Europa geschickt wurde, um jüdische Kinder zu finden, die in christlichen Heimen versteckt wurden, laut das *Schma* rezitierte – und bei den Kindern, die darauf reagierten, wusste er, dass sie jüdisch sind.

Der genaue Inhalt des *Schma* ist schwer zu definieren, denn das hebräische Wort *Echad* (zu Deutsch meist mit »Eins« übersetzt) hat ganz verschiedene Bedeutungen, die uns zumindest teilweise etwas über das Wesen und die Eigenschaften Gottes erklären können. Maimonides sagt: »Gott ist einzig. Er ist nicht zwei oder mehr als zwei, sondern einer. Und kein einziges Seiner Geschöpfe … kann sich mit Seiner Einheit vergleichen. Er ist nicht eins einer generellen Kategorie … und nicht eins eines Körpers … sondern Er ist einheitlich …«[339]

Das Wort *Echad* hat also mehrere Bedeutungen: Gott ist einer und der Einzige. Er ist unteilbar und einzigartig. Und Er vereint die Zeit, d.h. Er war, ist und wird sein.[340] Jeschajahu Leibowitz schreibt, dass »die Signifikanz dieses ›einzig‹ ist, dass … es qualitativ ist, nicht quantitativ … In der Sprache der Philosophie: Er ist der transzendente Gott, der Gott, der jenseits von allem ist, was in der menschlichen Wahrnehmung existiert …«[341] Interessant ist sicherlich auch noch, dass die hebräischen Buchstaben *Ajn* und *Dalet* des ersten und des letzten Wortes besonders hervorgehoben werden. Viele Kommentatoren erklären, dass diese beiden Buchstaben das Wort *Ed* ergeben (auf Deutsch: »Zeuge«). Mit dem Rezitieren des *Schma* bezeugen wir also die Existenz des einen, einzigen Gottes.

Es ist aber auch wichtig, das *Schma* im Kontext der *Parascha* zu sehen, die viele Grundprinzipien des Judentums beinhaltet. Neben dem *Schma* sind da noch die 10 Gebote, sodann die Verpflichtung zum Torastudium und drittens viele ethische Grundprinzipien. Das ist sicherlich kein Zufall. Der Glaube an Gott muss mit einer ethisch-moralischen Lebensführung verbunden sein. Jemand, der an Gott glaubt, muss also auch entsprechend handeln, sonst ist der Glaube leer. Wo wäre der Sinn, wenn ich beten, den Schabbat halten und koscher essen würde, gleichzeitig aber auch stehlen und lügen? Praktisch direkt nach dem *Schma* lesen wir in der *Parascha* die folgenden Verse: »Haltet alle Gebote des Ewigen, eures Gottes, Seine Zeugnisse und Gesetze, die Er euch vorgeschrieben hat. Tue, was in den Augen des Ewigen recht und gut ist.«[342] Das bedeutet, so Raschi, Gutes zu tun, über das Gesetz hinaus.[343] Nachmanides erklärt, dass es möglich sei, die Gebote und Verbote der Tora ganz genau zu halten und doch deren Geist und Absicht zu missachten.

Es gibt viele Beispiele in unserem Alltag, die nicht spezifisch durch die Tora geregelt sind. Dann sollen wir nach den Grundprinzipien handeln, die wir in der heutigen *Parascha* lernen, sollen also tun, was recht und gut ist; denn wir sind heilig, weil Gott heilig ist.[344] Das spiegelt sich oftmals im Talmud wider. In vielen Beispielen, aus denen kein direktes Gebot oder Verbot aus der Tora abzuleiten ist (insbesondere im zwischenmenschlichen Bereich), wird immer wieder der oben genannte Vers (6,18) zitiert und gefordert, dass man gut und gerecht handelt, über die Gesetze der Tora hinaus. So finden wir ein direktes Zitat dieses Verses beispielsweise allein im Traktat Baba Mezia an fünf verschiedenen Stellen.[345]

Wir tun was recht und gut ist aus Liebe, die wir Gott entgegenbringen. Denn Glaube, Liebe und Tat sind unabänderlich miteinander verknüpft. Die Liebe ist bedingungslos und vollkommen, wie es der erste Satz direkt nach dem Schma in der Tora ausdrückt (der selbst Teil der drei Abschnitte nach dem Schma ist): »Du sollst den Ewigen, deinen Gott, lieben von ganzem Herzen, ganzer Seele und ganzem Vermögen.«[346]

Das oft zitierte Extrembeispiel ist der Märtyrertod von Rabbi Akiwa. Der Talmud berichtet, wie er bei seiner Hinrichtung das *Schma* sagte. Seine Schüler waren geschockt, dass er sogar bei seiner Folterung noch Gott preisen konnte. Rabbi Akiwa antwortete, dass er sein ganzes Leben über den Vers »mit ganzer Seele« nachdachte (den er als »selbst wenn die Seele genommen wird« interpretierte), und nun, da er den Vers erfüllen konnte, sollte er es nicht tun?[347]

Doch wie können wir einen Gott, der sich so abstrakt anfühlt, einfach bedingungslos lieben? Maimonides meint, dass wir durch das Lernen und Befolgen der Tora, durch das Erfahren Seiner Werke und das Verstehen Seiner Worte zu dieser Liebe finden. Aber – so ergänzt er später – diese Liebe lässt sich nicht nur intellektuell, sondern auch emotional verspüren.[348] Dies spiegelt auch der erste Abschnitt nach dem *Schma* wider: »Du sollst sie deinen Kindern einschärfen und immer davon reden, wenn du zu Hause sitzt oder auf Reisen bist, wenn du dich niederlegst und wenn du aufstehst.«[349]

Das *Schma* ist also ein Hilfsmittel, um uns zu Gott zu bekennen, seine Liebe anzunehmen und auszudrücken und um uns bewusst zu machen, dass dieser Glaube nur im Handeln und im Umgang mit unseren Mitmenschen zum Ausdruck kommt. Das ist so wichtig, weil wir eben auch an einen abstrakten und transzendenten Gott glauben.

Ekew עקב »Sofern« (Dtn 7,12 – 11,25)

Kurzzusammenfassung
Wichtigstes Thema ist jetzt das Wohlergehen des Volkes, das von der Beachtung der Gebote abhängig ist. Mose erinnert aber auch noch einmal an die Irrungen in der Wüste, an das Goldene Kalb, die Korach-Rebellion und die Sünde der Kundschafter.

Götzendienst – Versuchungen des Materiellen

Das Land, in das die Israeliten nun bald ziehen werden, ist von unglaublichem Reichtum geprägt; es ist ein Land, in dem »Milch und Honig fließen«[350] oder, wie es in unserem Wochenabschnitt heißt, ein »Weizen- und Gerste-, Wein- und Feigen- und Granatapfel-Land, ein Oliven- und Dattelland … in welchem dir nichts fehlen wird … dessen Gestein Eisen ist und aus dessen Bergen du Kupfer graben wirst.«[351]

Es sind diese Verse, so Marc Breuer, die »den unvergleichlichen Reichtum des verheißenen Landes beschreiben … Zwei wesentliche Eigenschaften des Landes werden erwähnt: seine landwirtschaftlichen Erzeugnisse und seine Bodenschätze. Landwirtschaftliche Erzeugnisse – hier die sieben wesentlichen: der Weizen und die Gerste, der Wein und die Feige, der Granatapfel, die Olive und die Dattel (denn der ›Honig‹, der im Text erwähnt wird, ist der aus Datteln hergestellte). Bodenschätze: Es handelt sich um die Vorkommen von Eisen und Kupfer, von denen der Boden des Landes eine beachtenswerte Menge enthält. Das Land wird also seinen neuen Einwohnern alle für ein normales Wirtschaftsleben notwendigen Mittel liefern, sowohl für die unmittelbaren Bedürfnisse der Bevölkerung wie auch für die Herstellung der Werkzeuge für die Arbeit und der Waffen.

Es sind diese sieben Erzeugnisse, für die der toratreue Jude dem Schöpfer dankt, wo immer er sich auch befindet, indem er nach dem Genuss ein besonderes Segensgebet spricht. Indessen wird dem Brot ein spezieller Rang eingeräumt, diesem Nahrungsmittel par excellence, das jeder Mahlzeit einen Charakter der Stärke und der Fülle verleiht, weshalb auch das sogenannte Tischgebet nach der Mahlzeit (*Birkat Hamason*) nur gesprochen wird, wenn sie von Brot begleitet wird.[352] Doch diese guten Dinge, die nun das Volk im Land Israel erwarten, kann es nur erhoffen, wenn es weiterhin auf Gott vertraut, seine Gebote hält und keinen Götzen dient: »Als Folge davon, dass ihr diese Rechtsordnungen hört und sie achtsam erfüllt, wird es geschehen, dass Gott, dein Gott, dir den Bund und die Liebe wahren wird, die Er deinen Vätern geschworen. Er wird dich lieben und wird dich segnen und wird dich vermehren, wird segnen die Frucht deines Leibes und die Frucht deines Bodens, dein Korn und deinen Most und dein Öl, den Wurf deiner Rinder und den Reichtum deiner Schafe auf dem Boden, den Er deinen Vätern dir zu geben geschworen hat. Gesegnet wirst du sein mehr als alle Völker, es wird kein Unfruchtbarer und keine Unfruchtbare unter dir sein und in deinem Viehbestand. Es wird Gott von dir jede Krankheit fernhalten, und alle die bösen Leiden Ägyptens, die du kennst, wird Er an dich nicht geben, wird sie geben an alle, die dich hassen. Du wirst alle die Völker, die Gott, dein Gott, dir gibt, zu besiegen haben… damit du ihren Göttern nicht dienst – denn das ist deine Falle.«[353]

Zum Schluss des Wochenabschnitts lesen wir eine fast identische Mahnung von Mose. Wenn das Volk die Gebote hält, wird es davon profitieren, aber wenn es Götzen folgt und sich von Gott abwendet, wird es zugrunde gehen: »Hütet euch aber sehr, dass euer Herz sich nicht der Verführung öffne und ihr abweicht und fremden Göttern dient und euch ihnen niederwerft.«[354]

Warum dieser Fokus auf den Götzendienst, und was hat das mit uns heute überhaupt noch zu tun? Die Antwort steht quasi zwischen den Zeilen. Mose spricht über die innere moralische Situation des Volkes und die fatalen Folgen, wenn wir uns zu sehr auf das Materielle konzentrieren. Er versucht, dem Volk Israel klarzumachen, dass das gute Leben, das es bald haben werde, und der ganze Reichtum, den das Land Israel zu bieten habe, nicht von uns, sondern von Gott als Geschenk an uns komme. Eine reiche und prosperierende Gesellschaft kann viel Gutes bewirken. Wenn uns aber der Reichtum in den Kopf steigt, hat er destruktive Folgen.

Mit Götzendienst meint Mose hier also vor allem den Umgang mit Reichtum und Macht. Die biblische und talmudische Definition von Götzendienst ist nicht eine Frage der Anzahl der Götter, wie wir das heute oft meinen, also, dass nur Monotheismus akzeptabel sei und Polytheismus automatisch Götzendienst. Das ist aber, wenn überhaupt (es gibt hier gerade im Judentum auch andere Ansichten), nur ein Teil einer Definition von Götzendienst. Viel wichtiger sind die Werte, d.h. die Frage nach einer ethisch-moralischen Lebensweise. Die Bibel beschreibt Götzendiener immer als Personen, die unethisch handeln, die Schwache und Fremde unterdrücken, Arme ausbeuten, Witwen und Waisen nicht unterstützen und Unzucht treiben. Für Rabbiner Meiri beispielsweise sind Götzendiener Völker, die »in ihren Taten verunreinigt und in ihren Veranlagungen beschmutzt« seien.[355] Die Gefahr ist aber auch für uns groß, den Pfad zum Götzendienst einzuschlagen, denn es ist so einfach, ohne Regeln, ohne Verpflichtungen, ohne Solidarität zu leben. Wenn wir uns allerdings nur um uns und unser materielles Wohl kümmern, laufen wir Gefahr, dass wir dem alles unterordnen und selbst Sklaven des Materiellen werden.

Verfallen wir dem Materialismus, werden arrogant und meinen, dass wir machen können, was wir wollen? Das würde unweigerlich zum Untergang führen. Oder schaffen wir es, bescheiden zu bleiben und Verantwortung zu übernehmen? Wenn wir auf Gottes Gebote hören, dann wird es uns gut gehen. Die moralischen Qualitäten einer Gesellschaft, wie wir miteinander umgehen, bestimmen letztendlich, wie glücklich und erfolgreich sie ist – auch wie glücklich wir selbst sind. Viel ist dafür nicht nötig: »Und nun, Israel, was fordert Gott, dein Gott, von dir? Nichts, als Gott, deinen Gott, zu fürchten, in allen seinen Wegen zu wandeln und ihn zu lieben, und Gott, deinem Gotte zu dienen mit deinem ganzen Herzen und deiner ganzen Seele. Die Gebote Gottes und seine Gesetze zu hüten, die ich dir heute gebiete – zu deinem eigenen Besten.«[356]

Re'eh ראה »Siehe!« (Dtn 11,26 - 16,17)

Kurzzusammenfassung

Kurz vor der Landnahme wird bereits der Bau eines Tempes angekündigt. Es folgen Regeln zum Fleischkonsum und die Warnung vor falschen Propheten. Zum Schluss kommen die Wallfahrtsfeste, zu denen der Tempel besucht werden soll, zur Sprache.

Soziale Gerechtigkeit

Ein großer Teil unseres Wochenabschnitts wird auch an *Schmini Azeret*, dem Schlussfest, gelesen. Der Text hat scheinbar wenig mit dem Feiertag zu tun, aber die beiden großen Themen des Abschnitts sind stark damit verbunden: der Umgang mit dem Essen und mit dem Wohlstand des Landes. Bisher wurde es direkt durch Gott versorgt. Jetzt, mit dem Einzug in das Land, muss sich das Volk Gedanken darüber machen, wie es mit dem landwirtschaftlichen Ertrag, dem Reichtum des Landes, umgeht. Was dürfen wir wie konsumieren und wie wird es verteilt? *Schmini Azeret* bildet zusammen mit *Sukkot* den Abschluss des landwirtschaftlichen Jahres.

Gerade zu diesem Zeitpunkt, wenn Bilanz über die Ernte gezogen werden kann, wenn einem der materielle Reichtum quasi ins Auge sticht, ist es wichtig, dass wir auch beim Konsumieren und Verteilen darauf achten, wem wir diesen Reichtum zu verdanken haben. Wir könnten angesichts des Wohlstands meinen, dass er uns ganz zusteht, weil wir ihn uns erarbeitet haben. Das ist aber nur die eine Hälfte der Wahrheit. Die andere ist, dass uns Gott das Land und die Talente gegeben hat, damit wir nicht nur im Wohlstand leben können, sondern auch in einer gerechten Gesellschaft, so, wie es die Tora immer wieder anmahnt. Wir haben unser Wohlergehen also vor allem Gott zu verdanken.

Daher werden zwei so scheinbar profane und materielle Dinge wie Nahrung und Einkommen – in einer von der Landwirtschaft geprägten Gesellschaft der Antike übrigens fast synonym zu verstehen – jetzt mit Heiligung und Spiritualität verbunden: »Wiederholt hast du allen Heimertrag deiner Saat, die auf das Feld hinausgeht, Jahr für Jahr zu verzehnten, und genießest vor Gott, deinem Gott, an dem Ort, welchen Er erwählen wird, Seinem Namen dort Stätte zu geben, einen Zehnten deines Getreides, deines Mosts und deines Öls, sowie die Erstgeborenen deiner Rinder und deiner Schafe; damit du lernst, Gott, deinen Gott, alle Tage zu fürchten … Und du legst das Geld an in allem, wozu du Lust hast, in Rindern, in Schafen, in Wein, in Rauschtrank und in allem, wonach deine Seele verlangt, und genießest dort vor Gott, deinem Gott, und freust dich, du und dein Haus. Aber auch den Levi, der in deinen Toren ist, sollst du nicht verlassen, denn es ist ihm kein Anteil und Erbe neben dir geworden. Am Ende dreier Jahre gibst du den ganzen Zehnten deines Heimertrags in diesem Jahr hinaus und legst ihn in deinen Toren nieder. Und es kommt der Levi, weil ihm kein Anteil und Erbe bei dir geworden, und der Fremdling, die Waise und die Witwe, welche in deinen Toren, und essen ihn und sättigen sich, damit Gott, dein Gott, dich in allem Tun deiner Hände segne, was du vollbringst.«[357]

Wie Rabbiner Hirsch erläutert, hatten »die vorangegangenen Speisegesetze die Verpflichtung wiederholt, bei der Nahrungswahl [...] der geistig sittlichen Heiligung des durch sie zu nährenden Menschenwesens Rechnung zu tragen und nur solche Speisen und diese nur in solchen Zuständen und Bereitungsweisen zu genießen, durch welche unsere geistig sittliche Integrität nicht gefährdet, vielmehr selbst bei der Speisebereitung [...] die überragende Bestimmung des geistig leiblichen Menschenwesens gegenwärtig gehalten werden.«[358] Dies ist eng verbunden mit dem Gebot des *Maaser Scheni,* also des zweiten Zehnten für die landwirtschaftlichen Erträge. Der materielle, physische Nahrungsgenuss wird so zu einer heiligen Pflicht erhoben und als »Essen vor Gott«[359] geradezu zu einem »Lehr- und Erziehungsmittel« sowie zu einer uns durchs ganze Leben begleitenden religiösen Aufgabe, wie es Rabbiner Hirsch erklärt. Der Konsum und die Verwendung unseres Einkommens dürfen niemals durch unsere niederen Instinkte geleitet werden, sondern müssen dem Ideal der Menschlichkeit und der Gottesnähe entsprechen.

Die verschiedenen Arten des Zehnten entsprechen den Zielen, denen unsere materiellen Mittel zugewendet werden sollen. Der erste Zehnte ist für den Levi bestimmt, also für das Geistige, der zweite Zehnte für Jerusalem, und der dritte Zehnte für die Armen steht symbolisch für unsere Verantwortung dem Nächsten gegenüber. Wir können also nicht einfach unser Einkommen verwenden, wie wir es wollen, jedenfalls nicht, bevor wir unsere Pflichten dem Geistigen und dem Armen gegenüber erfüllt haben.

Später werden diese Regeln nicht eingehalten, und die Konsequenzen, vor denen Mose warnte, bewahrheiten sich leider. Unter der Herrschaft Jerobeams II. wird im 8. Jahrhundert vdZ die Wirtschaft blühen und Frieden herrschen.[360] Der wirtschaftliche Wohlstand schuf eine neue Elite und neue soziale Schichten innerhalb der Gesellschaft. Daraufhin erodierte der Grundkonsens über soziale Gerechtigkeit, Schutz der Schwachen und einer auf Recht basierenden Königsherrschaft. Interne politische Konflikte, soziale und wirtschaftliche Ungerechtigkeit und Unterdrückung sowie eine moralisch-religiöse Krise waren die Folge. Der Prophet Amos warnte die Eliten, aber ohne Erfolg. Das Ergebnis kennen wir: Tatsächlich wurde das Nordreich Israel kurze Zeit später von den Assyrern erobert, zerstört und die Bevölkerung zerstreut.

Um das zu verhindern und eine möglichst gerechte Verteilung des Wohlstands zu ermöglichen und niemanden verarmen zu lassen, gibt es das Schmita/Schabbatjahr (vgl. den Kommentar zu Wochenabschnitt »Behar«), in dem die Schulden erlassen werden, und wir sollen »unser Herz nicht gefühllos machen und die Hand nicht verschließen dem Bruder, dem Bedürftigen«,[361] Ziel ist also nicht der materielle, sondern der spirituelle Wohlstand. Das Einkommen ist Mittel zum Zweck. Natürlich sollen wir gut und sorgenfrei leben, aber letztlich ist die gerechte Gesellschaft der Freien und Gleichen anzustreben. Segen werden wir durch Erfüllung des göttlichen Gesetzes bekommen und dieser »nationale Volkswohlstand«, wie es Rabbiner Hirsch schreibt, »der nicht in einer glänzenden Staatsmacht bei verkümmerten Volksexistenzen, sondern eben in dem begüterten, von Mangel befreiten Gedeihen jedes einzelnen Bürgers seine Verwirklichung findet, wird hoch über andere Völker hinausleuchten.«[362]

Schoftim שופטים »Richter« (Dtn 16,18 - 21,9)

Kurzzusammenfassung

Mose weist das Volk an, Richter und Beamte zu ernennen, damit eine gerechte Justiz entstehen kann. Ebenso sollen staatliche Institutionen geschaffen werden: ein Königtum, ein Hohepriesteramt und ein oberstes Gericht. Die dazugehörigen verschiedenen Aufgaben, Pflichten und Rechte werden beschrieben.

Recht, Gerechtigkeit, Gewaltenteilung - mit hebräischem Akzent

Dieser Wochenabschnitt führt in die rechtlichen und politischen Rahmenbedingungen des jüdischen Volkes (bzw. des jüdischen Staatswesens) ein. Der Text spricht über Richter, Beamte, Rechtsverfahren, das Königtum und das Priestertum. Danach werden mehrere soziale, religiöse und zivile Regeln und Vorschriften erwähnt, unter anderem über die Kriegsführung. Ein Grundprinzip ist dabei von zentraler Bedeutung für die soziale Ordnung der jüdischen Gesellschaft: Gerechtigkeit – wie es in der Tora geschrieben steht: »Du sollst Richter und Beamte in allen Städten ernennen … und sie sollen die Menschen mit einem gerechten Urteil richten. Du sollst nicht Gerechtigkeit pervertieren, nicht parteiisch sein und keine Bestechung akzeptieren … Gerechtigkeit, Gerechtigkeit, sollst du verfolgen …«[363]

Rabbiner Hurwitz zeigt, dass eine gerechte Gesellschaft schon bei uns selbst beginnt: »›In deinen Städten‹, das ist ›in deinen Toren‹, denn diejenigen, die danach streben, gerecht zu sein, müssen Wächter an den Toren ihrer Seelen aufstellen, die ihre Münder bewachen, damit sie nicht lügen oder üble Nachrede verbreiten; und an den Ohren, damit sie sich nicht begierig üble Nachrede anhören; und an den Augen, damit sie sich nicht daran gewöhnen, im anderen nur das Schlechte zu sehen.«[364]

Verschiedene Kommentatoren weisen auch darauf hin, dass der hebräische Begriff *Tirdof*, also »verfolgen/nachjagen« (aus »Gerechtigkeit, Gerechtigkeit, sollst du verfolgen«) Mühe und Eifer impliziert. Es ist also nicht genug, Gerechtigkeit einfach zu respektieren oder zu befolgen. Gerechtigkeit muss aktiv vorangetrieben werden. Rabbiner Simcha Bunem von Przysucha interpretiert diesen Vers dahingehend, dass er uns lehrt, dass die Gesellschaft auf gerechte Art und Weise zu Gerechtigkeit kommen muss. Es dürfen also keinesfalls ungerechte Mittel angewandt werden, um ein gerechtes Ziel zu erreichen.

Alle Vorschriften, die in unserem Wochenabschnitt erwähnt werden, und ganz grundsätzlich alle Gebote und Verbote im Judentum haben das Ziel, dass das jüdische Volk seiner Bestimmung näherkommt, ein »Königreich von Priestern« zu sein, also Gott näher zu sein, indem sie das Richtige tun. Da niemand über Gott steht (oder nicht einmal ansatzweise gleichwertig ist), muss jeder diese Regeln einhalten – egal, welchen Hintergrund er/sie hat. Das macht das Judentum zu einer sehr modernen und demokratischen Religion, da jeder gleich ist vor Gott und die Tora wie die Verfassung eines modernen Staates fungiert, mit verschiedenen Rechten und Pflichten für alle. Daher hat selbst ein König oder eine Königin keine absolute Macht. Er oder sie (Israel hatte nicht nur Könige, sondern auch zwei Königinnen: Athaliah und Schlomzion) wird vom Volk gewählt, und bestimmte Verwaltungsbefugnisse werden vom Volk wahrgenommen. Selbst ein Monarch soll also bescheiden und volksnah leben, muss Tora lernen und die Gebote halten, wie jeder andere Jude auch: »Jedoch darf er sich nicht viele Pferde anschaffen … Er darf sich auch nicht viele Frauen nehmen, damit sein Herz nicht auf Abwege komme, und Silber und Gold darf er sich nicht übermäßig sammeln. Vielmehr wenn er auf dem Thron seiner Herrschaft sitzt, soll er sich eine Doppelschrift dieser Lehre in ein Buch schreiben … Sie sei bei ihm, in ihr lese er, solange er lebt, damit er lerne, Gott, seinen Gott, zu fürchten, alle Worte dieser Lehre und alle diese Gesetze gewissenhaft zu erfüllen. Damit sein Herz sich nicht über seine Brüder erhebe und damit er von dem Gebot nicht rechts und links abweiche, damit er bei seiner Herrschaft lange bleibe, er und seine Söhne in der Mitte Israels.«[365]

Der Grund dafür ist, dass der König oder die Königin von Gott auserwählt ist.[366] Das gibt ihm/ihr nämlich nicht nur einen besonderen Titel, Autorität und Privilegien, sondern auch eine besondere Verantwortung. Wird er/sie dieser Verantwortung nicht gerecht, kann er/sie kritisiert werden – und das nicht nur theoretisch. Viele Propheten haben die Könige Israels kritisiert, teilweise aufs Schärfste. Wenn ein Monarch sündigt, wird er/sie auch bestraft, wie beispielsweise im Fall von König Ahab und König David. Auch ist die Monarchie eine durchaus umstrittene Regierungsform. Der Prophet Samuel versuchte, sie zu verhindern; die rabbinische Literatur ist ihr gegenüber teilweise sehr kritisch eingestellt, und auch spätere Kommentatoren, wie Abarbanel, lehnen sie ab.

Gerechtigkeit wird aber nicht nur durch die Propheten garantiert. Die bereits erwähnten Richter und Beamte organisieren die lokale Verwaltung und Rechtsprechung, während der Sanhedrin in Jerusalem (das höchste Gericht, also so eine Art Bundesverfassungsgericht) die letzte Instanz war, und zwar nicht nur für religiöse Dinge, sondern auch in Fragen des Zivilrechts. Der Sanhedrin entschied auch über die Hohepriester im Tempel. Dieses System garantierte eine Gewaltenteilung zwischen weltlicher, religiöser und richterlicher Macht – niemand hatte zu viele Befugnisse oder stand über dem Gesetz.

Dieses Prinzip hat nicht nur das jüdische Volk stark beeinflusst, die Vision von einer gerechten Gesellschaft zu verfolgen. Dieses Prinzip ist mittlerweile ein universelles Ideal geworden. Doch kein anderes Volk hatte (hat?) eine so starke Wertschätzung der Gerechtigkeit wie die Juden, wahrscheinlich auch als Folge ihrer Geschichte als ausgegrenzte und diskriminierte Minderheit. Bachia Ben Asher betont: »Gerechtigkeit: ob es zu deinem Gewinn oder Verlust ist, egal ob in Wort oder Tat, ob bezüglich eines Juden oder eines Nichtjuden; und verwende keine unlauteren Mittel, um Gerechtigkeit zu erreichen.«[367]

Genau das muss immer noch, auch heute, unsere Maxime bleiben: Jeder soll gleich und fair behandelt werden, unabhängig davon, ob wir ihn/sie mögen, unabhängig davon, wie wichtig oder unwichtig sie/er ist, unabhängig davon, ob reich oder arm. Damit der Spruch von Heinrich Heine seine Gültigkeit behält: »Seit der Zeit Abrahams wird Recht mit einem hebräischen Akzent gesprochen.«

Ki Teze כי תצא »Wenn du ziehst« (Dtn 21,10 - 25,19)

Kurzzusammenfassung

Insgesamt 47 ganz verschiedene Gebote werden hier aufgezählt, vor allem aus dem Bereich der Gesellschaft, der Familie und des Zivilrechts. Zum Schluss wird nochmals an den hinterhältigen Überfall Amaleks während der Wüstenwanderung erinnert.

All die Gebote - ihr ethisch-moralischer Imperativ

Es ist gar nicht so einfach, einen Kommentar zu diesem Wochenabschnitt zu schreiben. Nicht etwa, weil es nicht genügend Themen gäbe, sondern ganz im Gegenteil: Dieser Wochenabschnitt ist voll von verschiedensten Themen und Geboten – er enthält mehr *Mizwot* als jeder andere in der Tora. Laut Sefer HaChinuch sind es 74, manche sagen 72 – natürlich gibt es im Judentum keine Einigung, aber so oder so entspricht das in etwa einem Achtel aller 613 *Mizwot*. Das ist enorm viel und daher möchte ich gerne die übergeordnete Frage erörtern, warum wir eigentlich so viele und so detaillierte Gebote und Verbote brauchen. Dazu gibt es im Talmud eine scheinbar sonderbare Aussage: »Raw Chanina sagte: ›Bedeutender ist derjenige, dem es geboten ist und es hält, als derjenige, dem es nicht geboten ist und es hält.‹«[368]

Auf den ersten Blick scheint dieses Prinzip keinen Sinn zu machen. Für uns ist doch jemand, der etwas freiwillig macht, auf einer moralisch höheren Ebene als zum Beispiel jemand, der verpflichtet ist, etwas zu tun oder dafür bezahlt wird. Es könnte ja sein, dass die Person, die etwas Gutes tun muss, gar keinen echten inneren Antrieb hat, ein guter Mensch zu sein. Freiwillig etwas zu machen, so denken wir, ist doch von größerem Wert, als aus Verpflichtung zu handeln. Und doch lehrt uns hier der Talmud genau das Gegenteil. Die Antwort finden wir in der Psychologie: Wir wollen gerne das machen, was wir mögen – nicht das, was uns gesagt wird. Wir wollen gut sein und freiwillig Gutes tun, aber wir wollen nicht zu irgendetwas verpflichtet werden oder uns verordnete Verantwortung übernehmen. Wir wollen unabhängige Individuen bleiben. Unsere erste Reaktion, wenn wir hören, dass wir etwas machen müssen, ist doch normalerweise: »Sag mir nicht, was ich zu tun habe!« Entsprechend erklärt der Tosfot-Kommentar zur obigen Talmud-Stelle, dass jemand, dem es geboten ist, etwas zu tun, ständig damit kämpfen muss, seine eigenen Wünsche zu überwinden, um die Gebote seines Schöpfers zu erfüllen.

Natürlich stellt sich die Frage, ob die Gesetze der Tora wertvoller oder sinnvoller sind als andere Rechtssysteme, oder ob ich nicht einfach selbst entscheiden kann, was ich tue und was nicht; denn schließlich weiß doch jeder, was gut und was schlecht ist. Die Antwort liegt im Rechtssystem der Tora. Es ist, anders als unser persönliches Rechtsempfinden, nicht subjektiv und nicht willkürlich, denn die Gebote sind nicht einfach nur irgendwelche Regeln – sie sind direkt von Gott, also einer höheren Autorität. So wie Gott die physischen Gesetze der Erde erschaffen hat, so schuf er auch ein System der spirituell-moralischen Gesetzlichkeit. Der Chofez Chaim verglich die 248 positiven Gebote mit den 248 Gliedern unseres Körpers. Er sagte, wenn ein Mensch die 248 positiven Gebote erfülle, werde er eine vollständige/ ganzheitliche Person und damit heilig zu Gott in all seinen Gliedern. Wenn ein Mensch darauf achte, die negativen Gebote in der Tora nicht zu übertreten, so bringe er das Licht der Heiligkeit auf die »Sehnen« seiner Seele.

Die Gebote zu halten ist also etwas tief Spirituelles, das unsere Seelen erhöht und uns innere Ruhe und Balance gibt. Die *Mizwot* gehen sogar noch über das Spirituelle und das Heilige hinaus. Sie haben auch eine sehr praktische Wirkung. Maimonides schreibt: »Und all diese Dinge [die Gebote] sollen uns helfen, unsere negativen Eigenschaften zu überwinden und unseren Charakter zu ändern; und die meisten Gebote der Tora sind vom Großen Ratgeber [Gott] …, um unseren Charakter zu korrigieren und unsere Wege zu verbessern.«[369] Die Gebote und Verbote sollen uns also helfen, bessere Menschen zu sein. Sie sind für uns gemacht. Gott selbst braucht sie nicht. Maimonides kommt zu dieser Schlussfolgerung übrigens bei seinem Kommentar zu den Midraschim über die Vogelmutter und ihre Eier, eines der vielen Gebote aus unserer *Parascha.*[370]

Die meisten *Mizwot*, die in unserem Wochenabschnitt zur Sprache kommen, sind Sozialgesetze, also Gebote und Verbote, die direkt mit Menschen zu tun haben. Gerade die Sozialgesetzgebung und die Frage, wie Menschen miteinander (oder auch, wie wir mit Tieren, die in dieser *Parascha* eine wichtige Rolle spielen) umgehen, ist ganz zentral im jüdischen Glauben. In einer berühmten Geschichte wird Rabbi Hillel gebeten, die ganze Lehre des jüdischen Glaubens zu vermitteln, während er auf nur einem Bein stehe, also kurz und knapp. Er sagte: »Was dir nicht lieb ist, das tue auch deinem Nächsten nicht. Das ist die ganze Tora und alles andere ist nur Kommentar; nun gehe hin und lerne.«[371]

Ich glaube, dass Rabbi Hillel das nicht gesagt hat, weil es so schön klingt oder weil es politisch korrekt ist, so etwas zu sagen. Ich glaube, er hat es gesagt, weil er es genauso meinte. Alle *Mizwot*, von Schabbat bis Kaschrut, vom Respekt den Eltern gegenüber bis zur Wohltätigkeit, haben alle ein wichtiges Ziel: sich der Verantwortung und der Verpflichtung dem anderen gegenüber bewusst zu sein. Wenn wir das ganz aus uns selbst tun könnten, bräuchten wir kein einziges Gebot. Aber dazu sind wir nicht in der Lage. Deshalb haben wir all diese Gesetze und Regeln, damit wir uns ein bisschen zurücknehmen, damit wir ein bisschen bescheidener werden, damit wir in der Lage sind, negative Emotionen wie Hass, Eifersucht, Neid, etc. zu überwinden. Damit wir schließlich verstehen, dass Gott, unser Schöpfer, das Zentrum der Welt ist – nicht wir.

Zu diesem Verständnis kommen wir aber nur, wenn wir erkennen, dass sich ein Unterordnen unter die Gebote Gottes letztlich auch für uns lohnt, wie es der Ramban/Nachmanides in seinem Kommentar zu unserem Wochenabschnitt (5. BM 22,6) formuliert: »Gott hat keinen Nutzen von den *Mizwot*. Der Nutzen ist für die Person selbst, um Schaden, Götzendienst oder schlechte Charaktereigenschaften zu vermeiden; oder um sich der Zeichen und Wunder Gottes zu erinnern, um Gott zu erkennen.«[372]

Das also ist das Wesentliche des jüdischen Glaubens: der ethisch-moralische Imperativ, verwirklicht durch unser Handeln, das uns und unsere Welt besser macht.

Ki Tawo כי תבוא »Wenn du kommst« (Dtn 26,1 - 29,8)

Kurzzusammenfassung

Jedes Jahr soll von den Erstlingsfrüchten etwas zum Tempel gebracht werden. Mit Segnungen und Flüchen verpflichtet sich das Volk Israel auf die Gebote der Tora - als erste Handlung nach der Landnahme. Mose warnt nochmals vor den negativen Folgen des Bundesbruchs mit Gott.

Unser Erbe und unsere Abstammung

Die Ungeduld, endlich ins Land Israel zu kommen, ist in den letzten Tagen vor dem Einzug nach Kanaan richtig spürbar. Immer wieder nimmt Mose Bezug auf das gelobte Land, das gute und reiche Land.

Zum Anfang dieses Wochenabschnitts lesen wir über das Gebot der Erstlingsfrüchte, von dem wir nach der ersten Ernte im Jahr einen Teil zum Tempel bringen sollen: »Es sei, wenn du zu dem Land hinkommst, welches Gott, dein Gott, dir als Erbe gibt, und du hast es in Besitz genommen und wohnst darin: So nimmst du eine Auswahl der Erstlinge aller Bodenfrucht … Und es nimmt der Priester den Korb aus deiner Hand entgegen, um ihn vor den Altar Gottes, deines Gottes, niederzustellen. Du aber beginnst und sagst vor dem Angesicht Gottes, deines Gottes: Ein Aramäer, dem Untergang nahe, war mein Vater, da zog er nach Ägypten, nahm dort seinen Fremdlingsaufenthalt mit geringer Zahl und dort wurde er zu einem großen Volk, stark und zahlreich. Da misshandelten uns die Ägypter und quälten uns und legten uns harte Arbeit auf. Da schrien wir zu Gott, dem Gott unserer Väter, und Gott hörte unsere Stimme und sah unser Elend, unsere Mühseligkeit und unseren Druck. Da führte Gott uns aus Ägypten hinaus mit starker Hand … und brachte uns zu diesem Ort, gab uns dieses Land, ein Land, das von Milch und Honig fließt.«[373]

Sicherlich ist es ein erhabenes Gefühl, wenn die erste Ernte gut eingebracht ist. Der Bauer soll aber nicht zu stolz und hochmütig sein und einen Teil zum Tempel bringen, als eine Art ersten Erntedanks an Gott. Der Talmud[374] erklärt, dass dieses Opfer der Erstlingsfrüchte von den sieben wesentlichen Pflanzen des Landes gebracht werden, also von Weizen, Gerste, Wein, Feige, Granatapfel, Olive und Dattel (vgl. Kommentar zu »Paraschat Ekew«). Sie stehen für den Reichtum und das Wohlergehen des Landes. Gleichzeitig soll, wie Marc Breuer ausführt, das »Bewusstsein des Landwirts gestärkt werden durch die gewissenhafte Befolgung der die Armen betreffenden Gesetze. Ein ganzes System der Verteilung dieser Abgaben ist aufgestellt worden (wovon wir schon früher die Beschreibung im Einzelnen gegeben haben). Hier sei ganz einfach das typische Bekenntnis desjenigen hervorgehoben, der seine Pflichten eines jüdischen Bauern erfüllt hat und der jetzt vor Gott erklärt: ›Ich habe an meiner Seite den Leviten, den Fremdling, die Waise und die Witwe leben lassen … Ich habe die Gebote nicht übertreten, ich habe sie nicht vergessen … Ich habe davon (von den Erstlingen) nicht im Zustand der Trauer oder einer Unreinheit gegessen, ich habe davon nicht den Toten gegeben.‹«[375]

Eine Stelle des Rituals der Erstlingsfrüchte, wie in der Tora beschrieben, macht allerdings weniger Sinn: Warum soll der Bauer ausgerechnet aussprechen, dass sein Vorfahre ein armer Aramäer war und später nach Ägypten kam und dort versklavt wurde? Natürlich verstärkt es nochmals das Bewusstsein des Bauern für den Wert des Landes, wenn er damit ausdrückt, dass seine Vorfahren heimatlos waren und er nun eine Heimat bekommen hat und dass sie besitzlose Sklaven waren und er nun Besitz bekommen hat. Trotzdem würde es sicherlich passendere Worte geben, die mit der Ernte und dem Ertrag und Land verbunden sind. Für Rabbiner Hirsch hat diese spezielle Formel eine durchaus tiefere Bedeutung: »Mit dem Korbe … schaut nun sein Blick zurück auf diese Uranfänge des jüdischen Volkes und hebt die Momente hervor, in denen eben für alle Zeit die Wahrheit sich bekundet, daß bei der Gründung des jüdischen Volksdaseins nur Gottes Wille und Gottes Allmacht gewaltet und kein sonstiger Faktor Teil daran hat … Den größten Gegensatz zu der gesegneten Selbstständigkeit im eigenen Lande, von welcher die Früchte im Korbe als bekundende Zeugen gebracht sind, spricht das Prädikat ›Aramäer‹ aus, unter welchem der Bringende seinen Ahn erblickt. Kanaan war nicht die Heimat der Väter, in Aram stand Abrahams Wiege … kein Heimatrecht hatte er selber im Lande, daß nunmehr etwa die Enkel sich desselben als naturberechtigte Erben erfreuen dürften. Heimatlos in der jetzigen Heimat der Enkel war ihr erster Ahn, musste es als Gnade betrachten, wenn ihm in der jetzigen heimatlichen Erde der Enkel ein Grab für sein Weib gewährt wurde. Und als sein erster Enkel, Jakob-Israel, dessen Name das Volk jetzt trägt, als Flüchtling in die aramäische Heimat zurückgepilgert war und sich dort durch schweren Knechtsdienst eine Existenz errungen hatte, duldete ihn wieder die aramäische Heimat nicht … Volkszukunft in Kanaans Land war den Vätern verheißen – und als eine nur in Aram berechtigte, zukunftslose Familie zogen sie nach Ägypten … einen Fremdlingsaufenthalt suchten sie dort… und dort, wider alle berechtigte Erwartungen, wurden sie durch ihre im Gegensatz zu der übrigen Bevölkerung gewahrte geistige und sittliche Eigentümlichkeit geeint, zu einer gesonderten Volkseinheit, und zwar zu einer großen Volkseinheit, durch Gottes Segen stark und zahlreich.«[376]

Rabbiner Sacks greift das auf:[377] Der Grund, warum unsere Vorfahren hier erwähnt werden, sei, dass wir erfahren, wer wir sind und woher wir kommen. Ohne unsere Abstammung, würde dieses Land uns gar nicht gehören. Wir haben dieses Land und diesen Reichtum, weil Gott es unseren Vorfahren Abraham, Isaak und Jakob versprochen habe. Dieses Erinnern an unsere Vorfahren beim Opfer im Tempel stelle sicher, dass wir niemals vergessen würden, wer wir sind und wo wir herkommen, warum wir hier sind.

Und dies gilt noch heute: Wir sind jüdisch, unsere Identität ist jüdisch, weil unsere Eltern und Großeltern und Urgroßeltern jüdisch waren, weil unsere Vorfahren Abraham, Isaak und Jakob waren. Weil die jüdische Geschichte und die jüdische Erfahrung auch unsere ist und uns zu dem gemacht hat, wer wir heute sind. Und das gilt es zu ehren und zu bewahren und an die nächsten Generationen weiterzugeben, dass auch sie sich erinnert: Ich stamme von Abraham ab, das ist meine Geschichte.

Nizawim ניצבים »Ihr steht« (Dtn 29,9 - 30,20)

Kurzzusammenfassung

Mose spricht über kollektive und individuelle Verantwortung. Er spricht über die zukünftige Erlösung, aber auch das Exil und hebt hervor, dass die Tora den Menschen nahe ist und wir das Richtige wählen sollen.

Erneuerung des Bundes

In diesem Wochenabschnitt erneuert Mose am letzten Tag seines Lebens den Bund Gottes mit Seinem Volk Israel. Gleichzeitig wird *Paraschat Nizawim* immer am Schabbat vor *Rosch Haschana*, dem jüdischen Neujahrsfest, gelesen. So sind Tora-Lesung und Festtag auch thematisch verbunden.

In seiner Eröffnungsrede wendet sich Mose an das Volk, wie es in der Tora heißt: »Ihr steht heute alle vor Gott, eurem Gott, eure Häupter, eure Stämme, eure Ältesten und eure Amtsleute, alle Männer Israels, Kinder, eure Frauen und wer dir aus der Fremde in die Mitte deiner Lager eingetreten, von deinem Holzhauer bis zu deinem Wasserschöpfer: auf dass du einheitlich hinübertretest in den Bund Gottes, deines Gottes, und in Seinen Eid, den Gott, dein Gott, heute mit dir feststellt, um dich Sich heute zum Volk aufzurichten, und dass Er dir Sich als Gott erweise, wie Er dir verheißen, und wie Er deinen Vätern Abraham, Isaak und

Jakob zugeschworen. Und nicht mit euch allein stelle ich diesen Bund fest und diesen Eid, sondern mit dem, der hier mit uns heute steht vor Gott, unserem Gott, und mit dem, der nicht hier mit uns heute ist. Denn ihr wisst, wie wir im Land Ägypten gewohnt, und wie wir durch die Mitte der Völker gewandert, die ihr durchzogen; da habt ihr ihre Abscheulichkeiten und Verwerflichkeiten gesehen, Holz und Stein, Silber und Gold, das sich bei ihnen befindet.«[378]

Und Mose warnt in den Folgeversen die Israeliten eindringlich davor, was alles Schlechtes passieren werde, wenn sie sich verführen ließen und Götzen anbeteten. Er befürchtet wohl, dass nach dem Einzug ins Land Kanaan die Jungen die Fehler ihrer Eltern und Großeltern wiederholen könnten. Ganz unberechtigt ist diese Angst wohl nicht. Aus dem Text ist die Unruhe zu spüren, die Mose bei diesem Abschied offensichtlich fühlt. Er möchte einem großen Missverständnis vorbeugen, wie Rabbiner Hirsch erklärt: »Verse 9-14 begegnen dem Missverständnis einer etwaigen Beschränkung der Bundesverpflichtung zum Gesetze auf bestimmte Stände und Geschlechter oder auf bestimmte Zeit. Vielmehr wird der Bund und der Eid für alles, was zu Israel zählt, und für alle Folgegeschlechter ausgesprochen. Verse 15-20 wird dem Irrtum begegnet, als ob die Segens- und Unsegensverkündigungen nur den nationalen Abfall im Auge hätten und somit der Einzelne sich einen Freipaß für ein gesetzeswidriges Leben ausstellen könnte, solange die Gesamtheit als solche Gott und seinem Gesetz die Treue hält. Dieser verderbliche Irrtum dürfte umso mehr ins Auge zu fassen gewesen sein, da Kap. 27 vor dem Auseinandergehen der Volksgesamtheit in die vereinzelnde Niederlassung im Lande gerade die bleibende Zusammengehörigkeit und die solidarische

Verpflichtung aller für die Aufrechterhaltung und Erfüllung des Gesetzes ausgesprochen worden war, so daß der Einzelne mit der pflichtgetreuen Führung seines Einzellebens seine Aufgabe nimmer als gelöst betrachten konnte, wenn er nicht voll das Seinige für die Aufrechthaltung und Erfüllung des Gesetzes in dem ganzen Kreise seiner Gesamtheit getan hatte …«[379]

Die Rede Moses hat allerdings noch eine Dimension, über Israel hinaus. Mose betont, dass die Taten Israels nicht nur auf die Israeliten selbst, sondern auch auf die nichtjüdische Welt Auswirkung haben werden. So groß wird im Fall eines Bundesbruchs die Zerstörung sein, dass die Völker der Welt in Verwunderung rufen werden: »Warum hat Gott das diesem Land getan? Warum diese Wut und dieser Zorn?«[380] Daraus werden die Völker schließen, dass die Israeliten den Bund mit dem Gott ihrer Vorfahren gekündigt haben – und das ist nur ein Beispiel, in denen Mose die Reaktionen der Völker der Welt beschreibt, wenn sie die schlechten Taten Israels und ihre Strafen sehen. Das Handeln Israels hat also eindeutig eine Wirkung auf die ganze Menschheit.

Das ist auch der Grund, warum Rosh Haschana, der Tag des Schofarblasens, eine Erinnerung an den Auszug aus Ägypten ist: Der Midrasch erklärt, warum die Tora nicht mit den Zehn Geboten beginnt. Er macht den Vergleich mit einem König, der über ein Volk herrschen will. Bevor sie ihn als ihren Monarchen akzeptieren, fragen die Leute ihn, was er für sie getan hat. Er beginnt, Mauern für sie zu bauen, beschafft ihnen Nahrung und Wasser und kämpft in Kriegen, um sie zu verteidigen. Erst dann stimmen sie zu, ihn zum König zu machen.[381] Ähnlich hier: Erst, nachdem Gott die Israeliten aus Ägypten befreit, das Meer gespalten, Manna gebracht, Wasser gegeben und Amalek besiegt hat, nehmen sie Gott als ihren König an. So sehen wir, dass der Auszug aus Ägypten nicht einfach ein historisches Ereignis der Vergangenheit ist, sondern ein fortlaufender Prozess der Befreiung, der bis heute weitergeht. Es war der Auszug aus Ägypten, der es dem Volk Israel ermöglichte, Gott als die ultimative Quelle von Macht und Souveränität zu erkennen und anzunehmen.

Jetzt, da das jüdische Volk Diener des Allmächtigen Gottes ist, ist es ihr Schicksal und ihre Mission in dieser Welt, alle Völker zu lehren, ebenfalls Gott anzunehmen und gemeinsam die Welt unter der Herrschaft des Allmächtigen zu vervollkommnen. Jedes Jahr, wenn wir Juden unsere Taten des vergangenen Jahres beurteilen, müssen wir uns daher auch fragen: Haben wir den Völkern dieser Welt das Königreich Gottes nähergebracht? Deshalb erklären wir an Rosch Haschana, wenn wir beten, in unserer Feiertagsliturgie:

»Gott, herrsche über das ganze Universum, in Deiner Ehre, erhebe Dich über die ganze Erde in Deiner Größe, erstrahle in Deiner herrlichen Majestät über alle Bewohner Deiner Welt. Möge jedes existierende Wesen wissen, dass Du es erschaffen hast, und jedes Geschöpf erkennen, dass Du es erschaffen hast, und möge jedes atmende Geschöpf verkünden: ›Der Herr, der Gott Israels, ist der König und Sein Königreich herrscht über alles.‹«[382]

Wajelech וילך »Und er ging« (Dtn 31)

Kurzzusammenfassung

Jetzt am letzten Tag seines Lebens beendigt Mose seine Mission und übergibt die Führung an seinen treuen Assistenten Josua. Mose sieht vorher, dass die Israeliten einst vom Bund mit Gott abweichen werden, aber die Tora wird nie vergessen sein.

Leadership à la Mose und Josua - auch heute

In den letzten Jahren und Jahrzehnten wurde »Leadership« sehr populär, speziell im Bereich der Unternehmensführung. Ganze Studiengänge spezialisieren sich mittlerweile darauf. Dabei geht es vor allem darum, wie man die Beschäftigten zu Hochleistungen motiviert und die Firma prozessorientiert verändert, um das Unternehmen noch effizienter und lukrativer zu machen.[383]

Das Judentum hat ein ganz anderes Bild von Leadership. In diesem Wochenabschnitt haben wir gleich zwei große Beispiele von Führungspersönlichkeiten: Mose und Josua. Kurz vor seinem Tod gibt Mose seine Führungsrolle an Josua weiter: »Darauf ging Mose und sprach diese Worte zu ganz Israel. Er sagte ihnen: Hundertundzwanzig Jahre bin ich heute alt, ich werde ferner nicht ausgehen und eingehen können, und Gott hat mir auch gesagt: du sollst diesen Jordan nicht überschreiten. Gott, dein Gott, Er zieht vor dir her, Er wird diese Völker vor dir wegtilgen, damit du ihnen im Besitz folgst. Josua, er geht dir voran, wie Gott gesprochen. Und es wird Gott an ihnen vollbringen, wie er an Sichon und Og, den Königen der Emoriter, und an ihrem Land vollbracht hat, die Er vernichtete. Gott wird sie vor euch hingeben und ihr habt mit ihnen zu verfahren, völlig nach dem Gebot, zu welchem ich euch verpflichtet habe. Seid fest und seid stark, fürchtet euch nicht und schreckt nicht vor ihnen; denn Gott, dein Gott, Er ist es, der mit dir geht, Er lässt dich nicht los und Er verlässt dich nicht. Dann rief Mose Josua und sagte zu ihm vor den Augen von ganz Israel: Sei fest und stark; denn du sollst mit diesem Volk zu dem Land hinkommen, welches Gott ihren Vätern zugeschworen, ihnen zu geben, du sollst es sie als Erbe in Besitz nehmen lassen. Gott, Er ist es, der vor dir hergeht, Er wird mit dir sein, Er lässt dich nicht los und Er verlässt dich nicht, fürchte nichts und erschrecke nicht.«[384]

Doch was qualifizierte eigentlich Mose oder Josua für ihre Führungsaufgabe – was ist also wichtig für jüdisches Leadership? Natürlich ist es einerseits die Berufung durch Gott. Mose wurde sogar unfreiwillig zum Anführer des jüdischen Volkes.[385] Ebenso wird Josua laut jetzigem Wochenabschnitt von Gott gesegnet.[386] Doch die Berufung kommt nicht von ungefähr. Der Charakter ist entscheidend, d.h. wie jemand ist und wie er andere Menschen behandelt. Mose scheint auf den ersten Blick keine gute Wahl gewesen zu sein. Er ist kein guter Redner bzw. er stottert,[387] und er hat sogar einen Menschen getötet.[388] Doch Mose hat auch die Qualitäten und Eigenschaften, die aus jüdischer Sicht für einen »Leader« entscheidend sind: Er hat einen ausgeprägten Sinn für Gerechtigkeit. Dreimal setzt er sich für Schwächere ein, die ungerecht behandelt werden – für einen israelitischen Sklaven, der von einem Ägypter gequält wird, für einen Israeliten, der von einem anderen Israeliten angegriffen wird, und für ein nichtjüdisches Mädchen, das von Hirten schlecht behandelt wird.[389]

Im Laufe der Wüstenwanderung hat Mose immer ein offenes Ohr für die Probleme der Israeliten und versucht zu helfen, wo immer er kann. Verfehlungen seitens des Volkes vergibt er. Laut Midrasch ist er ein großer Pädagoge und unterweist das Volk hervorragend, weshalb er in der jüdischen Tradition *Mosche Rabbeinu*, Mose unser Lehrer, genannt wird und es ihm vergönnt war, in dieser Welt die Tora zu empfangen und zu lehren und sogar in der kommenden Welt weiterhin eine Rolle als Lehrer zu haben.[390] Dabei ist und bleibt Mose stets bescheiden. Der Talmud erklärt, dass dies eines der wichtigsten Eigenschaften von Gemeindevorstehern sei.[391]

In unserem Wochenabschnitt übergibt er seine Führungsaufgaben an Josua – auch das gelingt nur bei einem guten »Leader« reibungslos. Mose hat Josua schon seit Langem als eine Art Assistenten für diese Aufgabe vorbereitet, sie haben ein gutes Verhältnis zueinander; der Talmud spricht davon, dass Moses Gesicht dem Gesicht der Sonne gleiche und Josuas Gesicht dem Gesicht des Mondes.[392] Nun verkündet Mose den Wechsel an der Spitze vor dem ganzen Volk, damit jegliche Missverständnisse von vornherein ausgeräumt sind. Auch wenn laut Midrasch Mose nicht gerne geht, so tut er es doch.[393] In seiner Weitsicht sucht er den am besten geeigneten Kandidaten aus – und nicht etwa jemanden aus seiner Familie oder jemanden, der ihm in anderer Weise nähersteht.

Josua tritt kein leichtes Erbe an. Kein anderer Prophet war wie Mose, kein anderer hatte einen solch direkten Draht zu Gott. Und dennoch ist Josua »beherzt und tapfer« und stellt sich der Verantwortung. Er wird in der Bibel und der rabbinischen Literatur als gewissenhafte, bescheidene und kluge Führungspersönlichkeit beschrieben. Trotz großen persönlichen Risikos sagt er (mit Kaleb) als einer von nur zweien der Kundschafter, dass die Eroberung Kanaans möglich sei – gegen alle anderen.[394] Gegen Amalek und später bei der Eroberung des Landes Israel zeigt er seine Qualitäten als Heerführer: »Und Josua besiegte Amalek und seine Männer mit der Schärfe des Schwertes.«[395] Die militärische Expertise ist vielleicht seine wichtigste Qualifikation in dieser Phase und etwas, das Mose nicht so hätte tun können. Josua erfüllt seine Aufgabe, bringt das Volk Israel sicher ins Gelobte Land und etabliert es dort.

Ich wünsche mir, dass es mehr Führungspersönlichkeiten wie Mose und Josua gäbe, ob in der Wirtschaft oder in der Gesellschaft. Zu oft sind unsere Verantwortungsträger entweder zu zögerlich oder zu machtbesessen. Zu wenig wird auf die Menschen und ihre Bedürfnisse geachtet, und manches Mal sind es nur materielle und persönliche Erwägungen, nach denen entschieden wird. Potenzielle Nachfolger werden nicht immer gefördert, sondern manchmal sogar als Konkurrenten »entsorgt«. Was wir brauchen, ist ein »Leadership« nach den Kriterien von Gerechtigkeit, Menschlichkeit und Bescheidenheit.

Ha'asinu האזינו »Höret!« (Dtn 32)

Kurzzusammenfassung

Mose singt in einem Abschiedslied - eine Weltgeschichte von ihren Anfängen bis zu den zukünftigen Zeiten. Ein letztes Mal ermahnt Mose das Volk; der Schluss ist eine Vorschau auf Moses Tod.

Der Abschied des Mose

Am Anfang von Moses Tätigkeit, heute würde man vielleicht »Karriere« sagen, stand das *Schirat HaJam*, das Lied am Schilfmeer, nach der Spaltung des Roten Meeres und der Vernichtung der ägyptischen Armee in ihm. Nun endet Moses Berufung mit einem Abschiedslied, sozusagen dem »Lied am Jordan«. In 43 sehr poetischen Versen beschreibt er seine Vision der Geschichte und Zukunft Israels.

Nach dem Lied verabschiedet er sich, und Gott gibt Mose eine Art Vorschau auf seinen Tod: »Und Mose kam und trug dieses ganze Lied wörtlich vor den Ohren des Volkes vor, er und Hosea, Sohn Nuns, also Josua. Und als Mose solches alles zu ganz Israel geredet hatte, sprach er zu ihnen: Nehmet zu Herzen alle Worte, die ich euch heute bezeuge, dass ihr sie eure Kinder lehrt, damit sie darauf achten, alle Worte dieses Gesetzes zu befolgen. Denn es ist kein von euch leeres Wort, es ist vielmehr eurer Leben, und hierdurch verlängert ihr eure Tage auf dem Boden, wohin ihr den

Jordan überschreitet, ihn in Besitz zu nehmen. An demselben Tag sprach Gott zu Mose: Gehe zu diesem Berg der Übergänge, zu dem Berg Nebo hinan, welcher im Land Moab, welcher vor Jericho liegt, und siehe das Land Kanaan, welches Ich Israels Söhnen zum Besitz gebe, und stirb auf dem Berg, wohin du hinaufsteigst, und werde zu deines Volkes Kreisen gesammelt, wie dein Bruder Aaron auf dem Berg Hor gestorben und zu seines Volkes Kreisen gesammelt wurde. Weil ihr in der Mitte der Söhne Israels bei den Haderwassern von Kadesch in der Wüste Zin euch an Mir vergangen; weil ihr Mich nicht in der Mitte der Söhne Israels geheiligt habt. Denn aus der Ferne sollst du das Land sehen, dorthin nicht kommen, zu dem Land nicht, das Ich Israels Söhnen gebe.«[396]

Im vorigen Wochenabschnitt haben wir bereits über Mose als Person und über sein Leadership gesprochen. Seine Aufgaben hat er bereits an Josua übergeben und ist nun auf seinem letzten Weg zu seinem Tod auf dem Berg Nebo. Mose – oder *Mosche Rabbeinu*, also unser Lehrer Mose, wie er in der jüdischen Tradition voller Respekt genannt wird – geht als größter Prophet aller Zeiten in die jüdische Geschichte ein. Im kommenden Wochenabschnitt wird es heißen: »Und nicht steht wieder auf ein Prophet in Israel wie Mose, dem Gott Angesicht zu Angesicht sein Erkennen zugewandt.«[397] Ein ganz großes Vorbild für jeden Juden und jede Jüdin. Damit hat Mose für uns natürlich die Messlatte ziemlich hochgelegt. Zu hoch?

Dazu gibt es die berühmte Geschichte von Rabbi Suscha von Hanipol: Als er im Sterben lag, versammelten sich seine zahlreichen

Schüler um sein Bett. Bald bemerkten sie, dass Suscha zitterte. Angst ergriff seinen Körper, seine Augen waren voll mit Tränen. Die Schüler versuchten, ihn zu trösten, und sagten: Suscha, du bist doch fromm, gelehrt, freundlich und bescheiden. Du hast für uns gesorgt, uns geführt und betreut. Du verdienst es, neben den größten Gelehrten und Persönlichkeiten des jüdischen Volkes zu stehen. Warum nur machst du dir Sorgen?« Suscha hielt inne und holte tief Luft. Er sagte: »Wenn ich sterbe, und die Engel im Himmel grüßen mich, werden sie mich nicht fragen, warum ich nicht wie die großen Männer der Vergangenheit war, wie Mose oder Josua. Stattdessen werden sie mich fragen: Suscha, warum warst du nicht mehr wie Suscha? Und davor fürchte ich mich!«

Diese chassidische Legende ist eine tiefgreifende Darstellung von der Menschlichkeit einer Person und den Ängsten, die wir vor dem Tod haben. Aber mehr als alles andere berührt die Geschichte etwas tief in uns, nämlich das Wissen, dass das, was jeder von uns am meisten braucht, persönliche Authentizität ist. Aber allzu oft geschieht das Gegenteil – wir sind nicht so einfach wirklich die, die wir eigentlich sind. Ständig sind wir auf der Suche nach dem neuesten »Upgrade« unserer Persönlichkeit. Im Gegensatz zu Suscha ist unser oberstes Ziel, nicht mehr wie wir selbst zu sein, sondern am besten die Weisheit des Mose zu haben oder die Führungskraft von Josua zu erreichen – und natürlich die Schönheit der Rebekka. Für unseren eigenen Anspruch sind wir nie gut genug. Bei dem krampfhaften Versuch, uns zu verbessern, verlieren wir oft die Spur von dem ins uns, was uns erst wirklich zu dem macht, wer wir sind und was uns ausmacht.

Rabbiner Shlomo Carlebach erzählte einmal die Geschichte einer Gruppe von Bettlern, die sehr hungrig waren:

Um Essen zu bekommen, spielte einer von ihnen einen berühmten Wunderrabbiner, und die anderen gaben sich als seine Schüler aus. Bald darauf schon wurden sie zu einem reichen Gönner nach Hause eingeladen und mit einem guten Abendessen bedacht. Am Ende der Mahlzeit jedoch bittet auf einmal der Gastgeber den falschen Wunderrabbiner, seine kranke Tochter zu heilen. Der angebliche Rabbiner geht in das Zimmer der Tochter mit einem Buch der Psalmen. Nach einer Stunde kommt er heraus und das Mädchen ist tatsächlich geheilt. Die anderen Bettler waren erstaunt. Wie hat er dieses Wunder vollbringen können? Der falsche Rebbe antwortete: Ihr habt Recht, ich kann keine Wunder vollbringen. Als ich den Raum betrat, zog ich meine Verkleidung aus und flehte zu Gott und sagte: »Ich will nicht so tun, als wäre ich jemand, der ich nicht bin. Ich bin ein Bettler, aber Du bist Gott. Bitte, bestrafe nicht dieses Kind und seinen Vater, weil ich vorgegeben habe, jemand anderes zu sein.« Gott erhörte den Bettler, nicht, weil seine Verkleidung so gut war, sondern weil er bereit war, sie auszuziehen.

Das Ausziehen unserer Verkleidungen öffnet die Tür für eine echte Verbindung zwischen den Menschen. Das ist der Weg für Offenheit und Vertrauen. Wie Mose uns zeigte, geht es im Judentum nicht darum, viel zu reden und nichts zu sagen. Im Gegenteil, der Inhalt zählt. Daher hat Rabbi Suscha von Hanipol recht: Die Frage, die ganz grundlegende Frage, ist nicht, warum bist du nicht mehr wie Mose oder wie ein Promi oder wie dein Nachbar oder dein Bruder? Die Frage ist: Warum bist du nicht mehr wie du?

Wesot Habracha וזאת הברכה »Und dies ist der Segen« (Dtn 33-34)

Kurzzusammenfassung

Am letzten Tag Moses segnet er die Stämme Israels und erinnert dabei an die Höhepunkte seines Lebens und des Volkes Israel. Danach steigt er auf den Berg Nebo, von wo aus er einen Blick in das Land Israel hat, das er nicht betreten wird. Schließlich stirbt er.

Mose stirbt durch einen Kuss Gottes

Dieser letzte Wochenabschnitt der Tora wird an *Simchat Tora*, dem jüdischen Fest der Freude der Tora, gelesen, wenn wir in der Synagoge den jährlichen Tora-Zyklus beenden und gleichzeitig wieder neu beginnen.

Am Anfang segnet Mose unmittelbar vor seinem Tod die Stämme Israels: »Und dies ist der Segen, mit welchem Mose, der Mann Gottes, Israels Söhne vor seinem Tode segnete.«[398] Mose, der Mann Gottes, wie es hier heißt – diese Bezeichnung kommt in der Tora, wie Rabbiner Hirsch erläutert, »nur hier vor. Wenn wir glauben, dass dieser Segen von Moses nicht wie der übrige Inhalt der Tora als Gottes Wort, sondern als zunächst seinem eigenen Inneren entstammend gesprochen war, so dürfte sich diese einzig hier gegebene Bezeichnung *Isch HaElokim* [Mann Gottes] wohl dahin begreifen lassen. Bei allem Bisherigen war Moses Gottes

Organ und bedurfte es daher einer solchen näheren Charakterisierung nicht. Aber eben, weil dieser Segen nicht Gottes, sondern Moses Ausspruch war, sagt diese Bezeichnung der Persönlichkeit, die hier gesprochen, dass denn doch diesen Aussprüchen ein unvergleichlich höherer Wert beizumessen sei, als wenn in ihnen nur die Rede eines gewöhnlichen Menschen vorläge. Es war doch *Mosche Isch HaElokim* [Mose, Mann Gottes], der hier den Segen gesprochen, doch der Mann, den Gott einer so nahen Beziehung zu sich gewürdigt hatte, und wenn diese *Bracha* [dieser Segen] auch vielleicht nicht prophetisch gesprochen worden, so war sie doch jedenfalls vom *Ruach HaKodesch* [heiligen Geist] getragen.«[399]

Dann kommt die Zeit des endgültigen Abschieds für Mose, der letzte Weg, den Marc Breuer so schön und gefühlvoll beschreibt: »Dann erfolgt der einsame Aufstieg zum Gipfel. Der Lärm der Menschenmasse, ihre Mühsale und ihre Geschäfte, ihre Erfolge und ihre Hoffnungen verblassen und entschwinden vor den Augen Moses. Ein langer Blick, dann wendet er sich dem Tod zu. Dieser letzte Blick umfasst noch einmal das ganze Land von den schneebedeckten Bergen des Hermon an, die sanften Täler Galiläas, die rauen Hügel von Jerusalem bis zu den Ebenen am Meer und der Wüste im Süden. Alles ist vor ihm ausgebreitet, wie Raschi sagt, nicht nur physisch, sondern auch geschichtlich. Er sieht alle diejenigen, die sein unvollendetes Werk fortsetzen werden, alle diejenigen, die die Last des Volkes tragen werden, und er empfindet einen starken Schmerz, dieses Volk im Augenblick zu verlassen, wo alle, Männer und Frauen, mehr als je seiner bedürften. Er stirbt ›durch einen Kuss Gottes‹. Keiner wird je sein Grab kennen, damit es, gemäß der Überlieferung, nicht ein Mittelpunkt der Wallfahrt und eines Kultes werde. Denn Mose war der ›Mann Gottes‹ in seiner ganzen Einfachheit und seiner Größe. Und so lautet das Zeugnis am Ende seines Buches: ›Kein Prophet wird sich mehr erheben wie Mose, der Gott gekannt hat von Angesicht zu Angesicht.‹ Ohne jedes Geheimnis ›vor den Augen des ganzen Volkes‹ (Dtn 34,12), vor aller Welt, hat Mose im Namen Gottes gehandelt. Sein Andenken bleibt mit der Tora verbunden, die er aus den Händen Gottes empfangen hat und die von nun an die ›Tora Moses‹ genannt wird. Das Volk wird ein unvergleichliches Andenken an ihn bewahren und wird darauf beharren, an seinem endgültigen Hingang zu zweifeln, denn sein Tod war nicht der Endpunkt seiner Existenz. Sein Wort fährt fort, in uns zu widerhallen. Seine unvergleichliche Persönlichkeit fährt fort, durch seine unsterblichen Worte hindurch mit ebensolcher Kraft zu wirken, ebenso während der Jahrhunderte des Glückes im Heiligen Land wie im Verlauf der Prüfungen des Exils. Und für uns ist er heute ebenso nah, wie er es an jenem Tag des sechsten Siwan [nach dem jüdischen Kalender] gewesen ist, Gott und Seinem Volk gegenüber, auf den sturmumbrandeten Felsen des Sinai.«[400]

Mose beendet die Tora übrigens nicht selbst. Das macht sein treuer Schüler, Assistent und Nachfolger: »Der Meister sagte: Josua schrieb sein Buch und die letzten acht Verse der Tora.«[401] Damit schließt sich endgültig der Kreis.

Mose hat wie kein anderer Gottes Worte in die Welt gebracht und den Grundstein für alle späteren Gelehrten und ihre Diskussionen gelegt. Sein Erbe, die Weisheit und Schönheit der Tora, seiner Tora, »die Lehre, welche uns Mose geboten und das Erbgut der Gemeinde Jakobs ist«[402], wie es in unserer *Parascha* heißt, möchte ich hier, ganz zum Schluss dieses Torakommentars, mit einer Geschichte aus dem Talmud würdigen:

»Hierauf begann auch er und trug vor [Koh 12,11]: ›Die Worte der Weisen sind wie Stacheln, und wie eingepflanzte Nägel die Gesammelten; sie sind von einem Hirten gegeben.‹ Weshalb werden die Worte der Tora mit einem Stachel verglichen? Wie der Stachel das Rind nach den Furchen lenkt, um Leben in die Welt zu bringen, ebenso lenken die Worte der Tora die sie Studierenden aus den Wegen des Todes in die Wege des Lebens. [...] so heißt es: ›eingepflanzt‹, wie die Pflanze sich verbreitet und vermehrt, ebenso verbreiten und vermehren sich die Worte der Tora. ›Die Gesammelten‹, das sind die Schriftgelehrten, die in Versammlungen sitzen und sich mit Tora befassen; die einen erklären als unrein und die anderen erklären als rein, die einen verbieten und die anderen erlauben, die einen erklären als unbrauchbar und die anderen als brauchbar. Vielleicht sagt jemand: wie kann ich demnach das Gesetz studieren, so heißt es: ›sie sind von einem Hirten gegeben‹; ein Gott gab sie, ein Verwalter sagte sie, aus dem Munde des Herrn der ganzen Schöpfung, gepriesen sei Er, denn es heißt [Ex 20,1]: ›und Gott sprach all diese Worte‹. Und auch du mache dein Ohr wie einen Trichter und verschaffe dir ein verständiges Herz, um die Worte der als unrein Erklärenden und die Worte der als rein Erklärenden, die Worte der Verbietenden und die Worte der Erlaubenden, die Worte der als unbrauchbar Erklärenden und die Worte der als brauchbar Erklärenden zu verstehen.«[403]

FEIERTAGE

(aus der Tora)

Pessach

Die Herausforderungen der Freiheit und unsere persönliche Verantwortung

»Freiheit« ist das zentralste Thema an Pessach, und es ist trotzdem gar nicht so einfach, dieses Freiheitsgefühl des Auszuges aus Ägypten mit unsrer Lebensrealität zu verbinden. Wie mein Lehrer, Rabbiner Schlomo Riskin, Oberrabbiner von Efrat (südlich von Jerusalem), in einem Vortrag erklärte, scheint zudem auf den ersten Blick die Art und Weise, wie wir Pessach halten, nicht viel mit Freiheit zu tun zu haben: Die Koscherregeln sind besonders streng – wir putzen unsere Küchen bis zum Umfallen und stellen die Wohnung auf den Kopf, bis auch jedes kleinste Staubkorn weg ist. Dazu kommen unzählige Regeln, nicht nur fürs Essen. Bevor wir überhaupt am Pessach zum Essen kommen, müssen wir die »Ordnung« (hebr. *Seder*) des Abends peinlich genau einhalten. Die Mahlzeit kann Stunden dauern, mit präzisen Anweisungen in Bezug darauf, was wir wann essen, wann und wie viel Wein getrunken wird, wann wir uns die Hände waschen. Wie sollen wir hier ein Gefühl der Befreiung bekommen?

Der »Sohar«, das Standardwerk der jüdischen Mystik, verbindet das hebräische Wort *Mizrajim* (zu Deutsch: »Ägypten«) mit *Mezarim*, einer ganz schmalen Passage. Was wir feiern – und an was wir uns erinnern sollen –, ist also nicht nur die Flucht aus Ägypten, sondern auch eine Flucht aus den engen Gassen unserer Existenz. In dieser Pessach-Nacht verschmilzt die alte historische ägyptische Erfahrung mit den persönlichen, existenziellen Erfahrungen jedes Juden in jeder Generation. Die Sklaverei als solche ist längst abgeschafft, es bleibt aber womöglich die Versklavung durch unsere Mentalität, und es bleiben äußere Gefahren, ausgehend von Gesellschaften, in der die Freiheit nicht oder nicht gewollt und verankert ist. Daher ist die Freiheit weniger ein Geschenk als vielmehr eine Herausforderung. Zu viele Menschen sind nicht in der Lage oder willens, die Verantwortung freier Entscheidungen zu übernehmen. Sie entscheiden sich dazu, ihr Leben von anderen kontrollieren zu lassen. Totalitäre Systeme in jüngster Vergangenheit (oder leider auch noch in der Gegenwart) konnten sich nicht nur aufgrund von Angst und Repression so gut entwickeln, sondern auch weil es Vorteile hat, wenn alle den konformen Weg der Diktatur gehen: Man muss keine Entscheidungen treffen und es gibt auch keine persönliche Verantwortung.

Der Pessach-Seder lehrt, dass Freiheit nicht bedeutet, dass man machen kann, was man will und keine Konsequenzen tragen muss. Wahre Freiheit bedeutet, Verpflichtungen und Verantwortung zu übernehmen. Mehr als jede andere Nacht des Jahres drückt der Seder-Abend aus, was Gott von uns in dieser Welt erwartet: in einer Tradition des Vertrauens und der Bündnistreue gegenüber Gott (und unseren Mitmenschen) zu leben, deren ultimatives Ziel es ist, verantwortungsvoll und frei miteinander zu leben.

Heute bei uns mag es schwer vorstellbar sein, wie es wohl als Sklave in Ägypten war. Trotz mancher Schwierigkeiten und trotz des latenten Antisemitismus, den es auch in unserer Gesellschaft gibt, geht es uns trotzdem insgesamt sehr gut hier. Europa ist aber momentan an einem Scheideweg, und Rechtspopulismus, Reichsbürger, Verschwörungstheorien und vieles mehr zeigen, dass dies alles auch unsere Gesellschaft betrifft. Wie viel Freiheit wollen wir aufgeben, um unseren Wohlstand oder andere Interessen zu wahren? Ist die Schwäche Europas auch eine Schwäche für die Freiheit?

Besonders schwierig ist die Situation in Osteuropa. Der Krieg Russlands gegen die Ukraine zeigt, dass die Freiheit notfalls auch militärisch verteidigt werden muss. Gleichzeitig stehen dort viele Gesellschaften zwischen dem Erbe des totalitären Kommunismus und neuen Systemen der Unfreiheit. Während und direkt nach meinem Rabbinerstudium war ich selbst in Osteuropa tätig, vor allem in der Ukraine, in Ungarn und Bulgarien. In Osteuropa hat das Thema Freiheit einen direkten Bezug zur politischen und gesellschaftlichen Situation. Ich konnte selbst miterleben – und teilweise sogar mitgestalten –, wie nach der Schoa und dem Kommunismus das jüdische Leben wieder aufblühte und sich frei entwickeln konnte. Eine schönere Verbindung zur Pessach-Geschichte gibt es kaum. Leider entwickeln sich einige Gesellschaften Osteuropas wieder in eine andere Richtung. Die rechtspopulistische Regierung unter Orban in Ungarn beispielsweise zeigt ihren Antiliberalismus und Antisemitismus ganz offen. Der Krieg gegen die Ukraine bringt unglaubliches Leid in die Bevölkerung der Angegriffenen und der Angreifer und hat auch zu einer tiefen Krise der jüdischen Gemeinden in der Ukraine und Russland geführt. Er wird noch lange Auswirkungen für ganz Europa haben. Ein Konflikt führt immer zu (bleibendem) Schaden. Rabbi Hona sagt im Talmud: »Der Streit gleicht einem Wasserstrom, der sich allmählich erweitert.«[404]

Das zeigt, dass wir nur Freiheit haben, wenn alle Jüdinnen und Juden, überall auf der Welt, in Freiheit und Demokratie leben.

Jeder konnte damals Ägypten verlassen – keiner musste zurückbleiben. Die *Hagadda*, die Geschichte des Auszugs aus Ägypten, die wir am Pessach-Abend im Familienkreis lesen, lehrt uns, dass wir solidarisch sein sollen mit denen, die in Unfreiheit leben. Wie es wiederholt in der Tora steht: »Erinnert euch, dass ihr Sklaven in Ägypten wart, und dass der Ewige, euer Gott, euch erlöst hat.« D.h., wir stehen in Verantwortung gegenüber allen Schwachen, gegenüber anderen Jüdinnen und Juden (natürlich auch Nichtjuden), die unsere Solidarität brauchen. Wir müssen Brücken bauen nach Osteuropa – dorthin, wo es den Menschen nicht so gut geht wie uns hier im Westen, die nicht in der Freiheit leben können, wie sie für uns selbstverständlich ist, und unsere Unterstützung dringend brauchen. Wir sollten den Flüchtlingen bei uns so gut wie möglich helfen. Und ich hoffe, dass wir auch in Deutschland Freiheit, Demokratie und Toleranz, die für uns so selbstverständlich geworden sind, mit allen Mitteln verteidigen.

Schawuot

Die Offenbarung der Tora

An Schawuot feiern wir die Tora, die uns am Berg Sinai durch Gott gegeben wurde. Nach dem Auszug aus Ägypten, noch zu Beginn der langen Wüstenwanderschaft kommt das Volk Israel an den Berg Sinai. Obwohl dieser Berg zur jüdischen Tradition gehört, wissen wir interessanterweise nicht genau, wo er ist. Vielleicht erklärt die folgende Legende, warum: In einem Midrasch heißt es, dass die Berge miteinander stritten. Alle wollten, dass Gott sich auf ihnen niederlassen und offenbaren wird. Deshalb sagten sie alle, wie hoch und wichtig sie seien. Gott jedoch wählte den Berg Sinai, den Kleinsten und am wenigsten wichtigen von allen Bergen, denn nur dieser Berg spiegelt die Bescheidenheit des Mose wider.[405]

Matan Tora, d.h. das Geben der Tora von Gott an sein Volk, ist ein entscheidender Moment in der jüdischen Geschichte, vielleicht sogar der gesamten Menschheit. Zwei Aspekte der Offenbarung Gottes sind dabei besonders hervorzuheben.

Erstens gab Gott seine Tora nicht nur einer ganz bestimmten Gruppe von Israeliten, einem kleinen Kreis von Insidern sozusagen, sondern dem ganzen Volk. Das bedeutet, dass das jüdische Volk Israel schon immer direkt und vollständig mit Gott verbunden war – und immer noch ist.[406] Es gibt einen interessanten Kommentar zum Bibelvers: »Die gesamte Nation antwortete einmütig und erklärte: Alles, was Gott sagt, wollen wir tun.«[407] Der Midrasch erklärt dazu: »Als alle am Berg Sinai versammelt waren und ihren Willen ausdrückten, Gottes Gebote zu akzeptieren, schaute niemand, was der andere sagen würde, sondern antwortete bejahend mit der eigenen Stimme, als Einzelner. Trotzdem war das Akzeptieren in perfekter Harmonie.«[408] Das bedeutet, dass zwar das ganze Volk gemeinsam und in Harmonie die Tora akzeptiert hat, dass aber jeder ganz individuell geantwortet hat, d.h. jeder und jede hatte eine persönliche Begegnung und Erfahrung mit Gott. Eines der Leitthemen von Schawuot ist daher auch, was es bedeutet, Verantwortung als Einzelner zu haben: mir selbst gegenüber, gegenüber der Gemeinschaft und letztendlich auch gegenüber Gott. Spiritualität im Sinne der Offenbarung am Berg Sinai kann ich nur durch meine eigene Anstrengung und mein eigenes Bemühen verwirklichen, nicht aber bzw. nicht nur durch die Zugehörigkeit zu einer bestimmten Gruppe.

Zweitens wird uns die Tora immer wieder neu gegeben. Wenn wir an Schawuot lernen, uns vorzustellen, wir stünden selber auf dem Berg Sinai, dann bedeutet dies tatsächlich, dass jeder und jede von uns, in jeder Generation, die Tora von Neuem zu akzeptieren und zu lernen hat. In einem sehr bekannten Midrasch heißt es, dass die Seele jedes einzelnen Juden am Berg Sinai war.[409] Jede Seele – also auch die Seelen von uns heute und von denjenigen, die nach uns kommen. Das bewirkt eine individuelle, bewusste Akzeptanz der Tora, aber auch die Relevanz der Tora in jeder Generation. Das wird auch durch die Segenssprüche ausgedrückt, die wir sagen, wenn wir einen Aufruf zur Tora während der Schriftlesung in der Synagoge bekommen. Am Ende des Segensspruches vor und nach der Tora-Lesung loben wir Gott als *Noten HaTora,* als den »Geber der Tora«. Wir sagen das jetzt, in der Gegenwart, und nicht etwa in Vergangenheit, was die Aktualität der Tora herausstellt.

Diese zwei wichtigen Aspekte – die persönliche Akzeptanz der Tora und die Relevanz in jeder Generation – sind eine wunderbare Sache, aber sie bedeuten für uns auch eine gewisse Herausforderung; denn wir müssen uns immer wieder aktiv mit der Tora und den *Mizwot*, den Geboten, auseinandersetzen und manchmal auch abmühen, sie lebendig und für uns persönlich relevant zu machen. Eine wichtige Basis sind die *Aseret HaDibrot*, die ersten Gebote, die Gott Mose und uns gibt und die ein wesentlicher Teil der Tora sind, auch der Schriftlesung an Schawuot.

Es ist ziemlich schwierig, den Begriff *Aseret HaDibrot* genau zu übersetzen oder zu erfassen. Wortwörtlich bedeutet es so viel wie »die zehn (mündlichen) Aussagen«. Manchmal werden sie auch als Dekalog (griechisch für »Zehnwort«) bezeichnet oder als »Die Zehn Gebote«, die am häufigsten verwendete Bezeichnung. Dabei ist »Zehn Gebote« kein wirklich guter Ausdruck, schließlich haben wir Jüdinnen und Juden nicht nur zehn, sondern 613 Gebote. Und doch – seien wir ehrlich –, selbst jene zehn grundlegenden Gebote verursachen uns gewissen Stress: Haben wir wirklich immer die Wahrheit gesagt? Sind wir nicht manchmal neidisch auf die anderen? Was bedeutet es genau, den Schabbat zu halten? Vielleicht stehlen wir nichts oder verüben auch keinen Mord, aber schaffen wir es wirklich, ein scheinbar so einfaches Gebot wie das erste zu halten? Da sagt Gott: »Ich bin der Ewige, Euer Gott … Du sollst keine anderen Götter neben Mir haben.«[410] Das bedeutet natürlich, dass es nicht nur Gebote gibt, sondern auch einen »Gebieter«, den lebendigen Gott.

Die *Mizwot* zu halten ist also nicht nur eine Sache zwischen uns Menschen, und die *Aseret HaDibrot* sind nicht Empfehlungen oder Dinge, die zu tun sich lohnt, sondern ethische Richtlinien, die uns direkt von Gott gegeben wurden und werden. Nur wenn wir die Existenz Gottes anerkennen, können wir als Partner Gottes helfen, eine bessere Welt zu schaffen. Dabei haben wir genau das in unserer Hand, indem wir die Tora für uns persönlich akzeptieren und sie in unserer Generation relevant machen. Wir sind nicht nur passive Empfänger der *Mizwot*, sondern durch deren bewusste Annahme können wir aktive, ethisch verantwortungsbewusst lebende Menschen sein und beginnen, diese Welt im Guten mitzugestalten. Es liegt an uns, im Dienst für unseren »Gebieter« zu stehen und die *Aseret HaDibrot* zu einem zentralen Aspekt unserer Identität als Juden zu machen.

Rosch Haschana

Der Tag des Schofarblasens

Eines der zentralen Themen von Rosch Haschana, dem Neujahrsfest, ist das *Schofar*, ein Widderhorn, bzw. das Blasen des *Schofar*, so steht es in der Tora: »Am ersten Tag des siebten Monats soll euch ein Ruhetag sein, ein Tag der Erinnerung des Schofarblasens, eine heilige Versammlung.«[411] Mehr steht in der Tora nicht, keine detaillierte Beschreibung, um was es eigentlich an Rosch Haschana geht und was es mit dem Schofarblasen auf sich hat. Der Talmud erklärt: Wir sollen damit Gott als einzige bzw. höchste Autorität anerkennen und uns immer daran erinnern.[412] Durch das Schofar werden wir daran erinnert. Die Fragen an Rosch Haschana sind: Wo stehen wir, was haben wir aus unserem Leben gemacht? Wie kommen wir Gott näher? Große Fragen für diesen wichtigen Feiertag! Um der Antwort näherzukommen, haben wir ein Werkzeug: *Tschuwa*, »Umkehr« bzw. »Buße«.

Dieses Leitmotiv ist auch in der Form und der Art des Blasens des Schofars versinnbildet. Grundsätzlich sind alle Hörner zum Schofarblasen geeignet, aber wenn möglich sollen wir ein gebogenes Widderhorn nehmen. Warum gebogen? Um der gebeugten Tagesstimmung zu entsprechen.[413] In der Mischna erklärt Rabbi Jehuda: Je mehr wir unsere Gedanken und unseren Verstand biegen oder krümmen, desto besser und ehrlicher sei unser Gebet. Es ist also wichtig, dass wir an Rosch Haschana nicht einfach die Texte des Gebets herunterleiern, sondern es reuevoll, ernsthaft und mit einem bußfertigen Herzen beten. Deshalb sollen wir mit einem gekrümmten Widderhorn blasen, so wie es heute unser Brauch ist. – Damit korrespondiert zum andern auch die Art und Weise, *wie* wir Schofar blasen: Es gibt die grundsätzliche Tonfolge: *Tekia, Terua/Schewarim, Tekia*. Wenn wir diese Töne hören, sollen wir das tun, wofür wir sonst im Alltag keine Zeit und keine Muße widmen: Wir sollen uns Gedanken machen über uns, über unser Leben. Was wir erreicht haben, was wir getan haben – im Positiven und im Negativen – und darüber reflektieren.

Der *Tekia*-Ton, ein gerader, einfacher Ton, soll uns rufen, soll uns wieder sammeln und zur Einkehr in uns, zu uns bewegen – und auch zur Umkehr zu Gott; der Ton ruft unser Inneres vor Gott. Der *Terua*- und/oder *Schewarim*-Ton, ein gebrochener Ton, soll erschüttern und aufrütteln. Mein ganzes inneres und äußeres Leben, vergangene Gedanken, Gefühle, Worte, Taten – mein ganzes Selbst soll durchdrungen sein von dem Gedanken, was Gott von mir erwartet, und alles soll hinterfragt und geprüft werden. Nachdem wir dann spirituell ganz unten sind, fast aufgelöst, hören wir wieder einen *Tekia*-Ton, der uns hebt aus dieser Aufgelöstheit, uns ermutigt und stärkt für eine neue, geradlinige Zukunft.

Die praktische Konsequenz aus dieser spirituellen Erfahrung ist die *Tschuwa,* die dann folgen sollte. Das Ziel ist es, wo nötig, mein Leben zu ändern, an mir und meinem Charakter, vor allem meinen Schwächen zu arbeiten, mich zu bessern, nach dem Guten zu streben. Wir alle machen ja Fehler. Der Talmud sagt ganz richtig, dass es niemanden gibt, der nichts falsch mache.[414] Das ist grundsätzlich nicht schlimm – die Frage ist nur, wie ich mit meinen Fehlern umgehe. Das hebräische Wort *Chet* heißt nicht wirklich

Sünde, wie es manchmal übersetzt wird. Es bedeutet »Verfehlung«. Manchmal weichen wir mit unseren Taten vom Ziel ab, verlieren die Richtung. *Tschuwa* soll uns wieder zurückführen. Das ist es auch, was Umkehr wortwörtlich bedeutet: dorthin umkehren, wo man falsch abgebogen ist im Leben und den rechten Weg gehen. Maimonides schreibt in seiner »Mischne Tora«, dass wir jederzeit umkehren und neu anfangen könnten.[415] Jeden Tag, wenn wir die *Amida* – das Hauptgebet – sagen, rezitieren wir unter anderem die *Bracha* für die *Tschuwa*, wo es am Schluss heißt: »Gelobt seist Du, Ewiger, der Wohlgefallen hat an der Rückkehr.« Gott wünscht sich also auch unsere Umkehr, wir müssen nur ein bisschen guten Willen zeigen.

Bei der *Tschuwa* geht aber primär nicht um Gott. Das ist nur ein Aspekt. Es geht vor allem um uns und um unser Miteinander. Gott ist gnädig und barmherzig. Da brauchen wir uns keine allzu großen Gedanken zu machen. Mit den Gebeten an Rosch Haschana und dem Fasten an Jom Kippur können wir sicher sein, dass Gott uns die vielen Fehltritte, die zwischen Gott und uns stehen, vergibt. Kein Fasten der Welt aber und kein Gebet können die Verfehlungen zwischen uns und unserem Nächsten ungeschehen machen. Denn neben dem üblichen Prozess der *Tschuwa*, also dem Unterlassen eines Fehlverhaltens, neben der Reue, dem Bekenntnis des Fehlverhaltens und dem guten Vorsatz, dieses oder jenes in Zukunft nicht mehr zu tun, kommt noch ein fünfter Aspekt hinzu: Wir sollen den anderen um Vergebung bitten. Und das ist schwerer, als den ganzen Tag an Jom Kippur zu fasten. Wir sollen auf den anderen zugehen, offen bekennen, was wir falsch gemacht haben, und ihn oder sie dann um Vergebung bitten – vielleicht jemanden, den wir überhaupt nicht mögen, dem wir eigentlich nur Schlechtes wünschen, und am liebsten das, was wir gemacht haben, höchstwahrscheinlich nochmal machen würden. Und jetzt sollen wir um Vergebung bitten, zugeben, dass es nicht richtig war, was wir gemacht haben, mit echter Reue?

Und dann noch konsequenter, ja, andersherum: Jemand, den ich überhaupt nicht leiden kann, kommt zu mir und bittet mich um Vergebung. Dem will ich doch eigentlich gar nicht vergeben; ich will doch, dass der dafür büßt, was er getan hat, dass er dafür bestraft wird. Und dennoch soll ich ihm oder ihr vergeben? Diese Überwindung ist das Zentrale an *Tschuwa;* genau dies macht mich wirklich zu einem besseren Menschen und hilft mir, meinen Charakter positiv zu formen und tatsächlich ein neues Jahr zu beginnen, anders als das davor – sozusagen mit einer besseren Version meiner selbst.

Jom Kippur

Die Welt in uns

An Jom Kippur, dem Versöhnungsfest, geht es, wie der Name schon sagt, um die Versöhnung mit Gott und unseren Mitmenschen und um die Sühne unserer Verfehlungen. Es geht aber auch um Heiligkeit. Deshalb fasten wir und tragen weiße Kleidung, um so spirituelle Reinheit und Heiligkeit zu symbolisieren. Wir sollen danach streben, gewissermaßen wie Engel zu sein. Das bedingt höchstes ethisch-moralisches Denken und Handeln. Doch Ethik und Moral existieren nicht per se in dieser Welt und ihren Völkern, sie kommt nicht aus dieser Welt. Wir müssen sie erwerben, in diese Welt bringen. Es liegt an *uns*, Schuld zu fühlen, wenn wir etwas falsch gemacht haben. An Jom Kippur urteilen wir deshalb nicht über die Schuld der anderen oder über die Schuld an sich, sondern über uns selbst.

Ein Jom Kippur ist dann erfolgreich, wenn wir es geschafft haben, mit uns selbst in Kontakt zu kommen, uns selbst zu begegnen. Unsere Versäumnisse, unser Fehlverhalten, unser Versagen resultieren aus unserer manchmal kurzsichtigen, fehlsichtigen, lieblosen Einstellung. Deshalb geht es an Jom Kippur, dem »Versöhnungs«-Fest, vor allem um unsere Person und nur zweitrangig darum, was wir getan haben. Nach dem ersten Sündenfall fragte Gott Adam nicht, warum er das getan hat, sondern er fragte: »Wo bist du?« Natürlich wusste Gott, wo Adam ist. Er fragte Adam in Wahrheit: Wo ist dein innerer Standort? Und so geht es grundsätzlich uns allen. Wer den guten inneren Standort und Standpunkt hat, lebt achtsam und verantwortungsbewusst und sieht, dass er nicht fehlerlos ist. Wir dienen uns selbst und anderen, wenn wir ein Bewusstsein für unsere Schuld entwickeln – damit fängt *Tschuwa* an, nicht mit dem Schuldbekenntnis.

Unsere moderne Gesellschaft gibt zunehmend zwei Alternativen vor: bei der einen geht es nur um das «wo» und bei der anderen nur um das «wer». Die Konsumgesellschaft schaut nur auf das «wo»: alles was mir machen kommt von dieser Welt und wird für diese Welt gemacht. Wir versuchen uns in dieser Welt zu verwirklichen. Oberflächlichkeit und Materielles stehen im Vordergrund des Handelns: was ist gut für mich, was bringt mir Vorteile. Moral oder Religion spielen kaum eine Rolle, eine Frage nach Gut und Schlecht wird nicht gestellt.

Auf der anderen Seite werden Religionen – das Judentum eingeschlossen – immer fundamentalistischer und fragen nur noch nach dem «wer», was die Wirklichkeit für eine moralische Vision ignoriert und damit Religion verzerrt. Der freie Geist wird der Doktrin geopfert. Das Judentum lehnt grundsätzlich beides ab. Unsere Tradition schafft eine Synthese von beidem, von Lebenswirklichkeit und Vision. Das ist in der Tora widergespiegelt und der Grund, warum die Tora und das jüdische Volk immer noch existieren, während so viele Zivilisationen und Religionen untergegangen sind. In der Spannung dieser beiden Extreme leben wir, und daher natürlich auch in der Gefahr, dass wir unsere innere Existenz als jüdische Menschen verlieren. Jom Kippur soll uns helfen, dass dies nicht passiert. So wie wir durch das Fasten an Jom Kippur das Körperliche und Materielle bezwingen, so sollen wir diese Kraft jedes Mal finden, wenn wir auf Primitivität und

Absurdität treffen, damit wir bleiben wer wir sind, selbst da, und gerade da, wo wir sind.[416]

Jom Kippur will eine Besinnung sein auf das Leben, auf den Menschen und auf Gott. Das Judentum vereint die Deutung des Lebens und der Lebensrealität der Menschen mit einem religiösen Moment, es ist also eine Symbiose von Religion und Vernunft. An Jom Kippur sehen wir das symbolisch am Opferritus[417], der Teil der Jom Kippur-Liturgie ist. Einerseits sind die Jom Kippur-Opfer religiös, aber andererseits ist gerade der Sündenbock oder heute unser Sündenbekenntnis psychologisch gesehen mitten in der Lebenswirklichkeit der Menschen. Vernunft und Glaube treffen sich hier. Die Vernunft gibt dem gefühlten Glauben Ausdruck und Struktur, und die Religion andererseits macht die Vernunft erst zu dem, was sie ist, sie gibt der Vernunft einen Rahmen der Entscheidung. Ohne Religion wüsste ich nicht, was richtig und falsch ist, und ich hätte nicht das Bewusstsein, etwas falsch gemacht zu haben. Glaube schafft Moral und die ideale Vision des Menschen, mit der sich dann die Vernunft auseinandersetzt.

Nehmen wir das Sündenbekenntnis *Al Chet Schechatanu Lefaneicha* (hebr. »Für die Verfehlung, die wir vor dir begangen haben«): Einerseits geben wir den Fehler an der Gemeinschaft zu, und das auch gemeinsam, in Solidarität, es geht aber noch darüber hinaus: Eine Verfehlung im Angesicht Gottes ist immer auch eine Zerstörung der eigenen, inneren Würde. In der Konfrontation mit Gott geht es primär nicht darum, was wir dem anderen zugefügt haben, sondern was wir unserem eigenen Charakter und inneren Haltung antun mussten, damit wir überhaupt in der Lage waren, dem anderen das anzutun, was wir ihm/ihr angetan haben. Mit jeder Verfehlung treffen wir uns letztlich selbst. Das *Al Chet*-Gebet verzichtet dabei auf eine ideale Maximalforderung, zeigt uns aber, wo wir Dinge falsch gemacht, wo wir uns selbst verleugnet haben, wo es an Verstand oder Charakterstärke gefehlt hat. Hier können wir ansetzen und es in Zukunft besser machen. Hier besteht die Möglichkeit, dass Vernunft und Glaube zusammenkommen, dass wir Gott als Partner akzeptieren, und zwar in der Gewissheit, dass wir Menschen ambivalent sind und Fehler machen.

Die längste talmudische Diskussion (sie dauerte zweieinhalb Jahre) war zwischen Hillel und Schammei über die Frage, ob das Positive oder das Negative im Menschen von Natur aus überwiegt. Obwohl wir grundsätzlich nach dem pragmatischeren Hillel entscheiden, gibt es auch Ausnahmen: Hillel schließt sich letztendlich der Meinung von Schammai an, dass das Negative überwiegt. Daher müssen wir immer wieder unser Handeln überprüfen und kritisch reflektieren. Daher brauchen wir auch Selbstzweifel (in Maßen). Und dafür haben wir Jom Kippur. Während es an Rosch Haschana darum geht, die Welt zwischen Gott und uns sowie zwischen den Mitmenschen und uns in Ordnung zu bringen, geht es jetzt an Jom Kippur darum, die Welt in uns in Ordnung bringen, mit uns selbst ins Reine und ins Gleichgewicht zu kommen.

Sukkot

Einheit im Pluralismus

Viele der Gebote und Bräuche von *Sukkot*, des Laubhüttenfestes, sollen den Sinn für die Gemeinde oder Gesellschaft stärken. Die Einheit des jüdischen Volkes steht im Vordergrund. Dabei geht es aber nicht nur darum, dass alle gleich sein sollen, sondern um Respekt dem anderen gegenüber – unabhängig von seinem Status oder seiner Meinung. Alle Jüdinnen und Juden sind wichtiger Teil des Ganzen und keiner soll ausgeschlossen werden. Im Zusammenhang mit der Frage, wer verpflichtet ist, in der Sukka zu sitzen, diskutiert der Talmud eine Stelle aus der Tora: »Jeder Einheimische in Israel soll in Laubhütten wohnen.«[418] Der Talmud erklärt dazu: Es sei möglich, dass das ganze Volk Israel in einer einzigen Gemeinschafts-*Sukka* wohne, d.h., alle haben einen Anteil an dieser *Sukka*, dieser Laubhütte. Niemand steht über oder unter einem anderen. Alle sind gleich, unabhängig vom Status.[419] In den sieben Tagen von *Sukkot* leben wir alle in einer einfachen Laubhütte – egal, ob wir reich sind und eigentlich ein Haus besitzen oder ob wir arm sind und nur in einer kleinen Wohnung leben. Die Erfahrung der *Sukka* hebt die Unterschiede zwischen den Menschen auf. Unsere *Sukka* soll allen Menschen offenstehen, und wir empfangen Gäste, unabhängig von deren Hintergrund. Das mystische Konzept der *Uschpisin*, der Ehrengäste, die wir in unsere Laubhütte einladen, steht symbolisch für diese Gastfreundschaft.

Aber es sind nicht nur die sozialen Unterschiede, die keine Rolle spielen sollen, sondern auch, ob jemand vielleicht anderer Meinung ist als man selbst. Pluralismus, so lehrt uns *Sukkot*, ist kein Hindernis, sondern eine Grundvoraussetzung für die Einheit. Der Midrasch erklärt, dass der Feststrauß zu *Sukkot* steht wohl wie kein anderer symbolisch für die Einheit in der Vielfalt: »Wie der *Etrog* [Zitrusfrucht] sowohl einen guten Geschmack wie einen angenehmen Duft hat, so gibt es jüdische Menschen, die sowohl in der Tora sehr bewandert sind als auch gute Taten tun. So wie Datteln zwar gut schmecken, aber geruchlos sind, so gibt es unter den Juden Menschen, die zwar große Tora-Gelehrsamkeit besitzen, aber nichts Gutes tun. Die Myrte hat zwar ein gutes Aroma, aber keinen guten Geschmack. So gibt es in Israel Menschen, die viel Gutes tun, aber keine besondere Tora-Gelehrsamkeit aufweisen. Und gleich der Weide, die weder Geschmack noch Geruch hat, gibt es Juden, die weder in der Tora bewandert sind noch Gutes tun. Gott aber sagt: ›Lasst sie alle zusammengebunden sein zu einem Bündel, damit einer für den anderen sühnen kann.‹«[420]

Die kommunale Einheit wird also betont. Alle Jüdinnen und Juden gehören dazu. Es geht um Inklusivität, nicht Exklusivität. Ein solches Verständnis für Einheit, sowie größtmögliche Toleranz und Offenheit dem anderen gegenüber sind die Grundpfeiler jeder Gemeinschaft, auch der jüdischen Gemeinden. Dabei geht es nicht nur um rechts – links, progressiv – traditionell; es geht auch um alt – jung, Singles – Familien, und vieles mehr. Selbstverständlich gibt es da Konflikte und es ist nicht so leicht, dass sich jeder in der Gemeinde wohlfühlt und sich alle gegenseitig akzeptieren.

Eine der zentralen Herausforderungen für jüdische Gemeinden ist beispielsweise die Integration der Frauen (immerhin die Hälfte der Mitglieder). Frauen wollen heutzutage oft mehr, als die traditionelle Rolle es vorgibt. Im Gemeindeleben heißt das, dass Frauen aktiv dabei sein und mitmachen wollen. Während Frauen in jüdischen Gemeinden selbstverständlich ein Stimmrecht haben, in Kommissionen und Vorständen mitarbeiten oder sogar im Präsidium die Entwicklung der Gemeinde mitgestalten, ist die aktive Teilnahme am Rituellen meist eingeschränkt. Nicht alle Frauen wollen sich damit zufriedengeben. Grundsätzlich zu Recht: Das Judentum war jahrhundertelang in puncto Frauenrechte progressiv. Im Mittelalter beispielsweise stärkten Rabbiner die Frauenrechte durch die Abschaffung der Polygamie und ein Verbot der Ehe ohne Einwilligung der Frau, oder sie erlaubten eine Scheidung, wenn die Frau den Mann abstoßend fand. Zudem wurde jede Form der Gewalt gegen Frauen verboten und in solch einem Fall die Ehe zwangsgeschieden, ohne dass die Frau auf die finanzielle Unterstützung (wie im jüdischen Ehevertrag festgeschrieben) verzichten musste. Frauen genossen auch mindestens eine elementare Bildung. Das alles in einer Zeit, in der nichtjüdische Frauen rechtlos waren, zwangsverheiratet wurden und über keinerlei Bildung verfügten.

In der Moderne änderte sich die Situation. In den letzten Jahrzehnten wurden Frauen den Männern rechtlich gleichgestellt. Diese Emanzipation ist nicht spurlos am Judentum vorbeigegangen. Während das nicht-orthodoxe Judentum grundsätzlich Frauen gleichstellt, also auch im Ritus, ist das orthodoxe Judentum deutlich konservativer. Auf der anderen Seite hat sich aber auch die Orthodoxie verändert. Heute ist es in orthodoxen

Gemeinden selbstverständlich, dass ein Mädchen mit 12 Jahren Bat Mizwa feiert und als Teil der Zeremonie auf der *Bima*, dem Gebets- und Torapult, steht und eine *Drascha*, eine Predigt, hält. Selbst in ultraorthodoxen Kreisen gibt es heute Bat Mizwa-Feste. Das wäre noch vor Kurzem undenkbar gewesen.

Sukkot fordert die Einheit und die Toleranz. Sukkot möchte, dass wir integrieren und nicht ausschließen. Das ist einfach, wenn der andere die gleiche oder eine ähnliche Meinung hat wie ich – schwer wird es, wenn die Meinungen auseinandergehen. Viele Neuerungen, die die Rolle der Frau betreffen, sind nicht halachisch problematisch, sondern sie passen manchen nicht, weil es immer anders war. Doch die Forderungen von Frauen muss uns wichtig sein, wie auch die Meinung anderer Gruppen innerhalb unserer Gemeinschaft. Was für unsere Gemeinden tatsächlich relevant ist oder nicht, das ist natürlich eine andere Frage. Zweifelsohne ist es aber notwendig, dass unsere Gemeinden und das Judentum insgesamt offen sind für Frauen und dass sie deren Lebensrealitäten anerkennen. Im Sinne von *Sukkot* muss es die Aufgabe der Orthodoxie sein, die Anliegen der Frauen im Rahmen der *Halacha*, des jüdischen Religionsrechts, zu integrieren.

Schmini Azeret / Simchat Tora

Ende und Beginn der Tora-Lesung

An *Simchat Tora*, dem Fest der Freude der Tora, beenden wir den jährlichen Tora-Zyklus mit dem letzten Wochenabschnitt aus *Dewarim*, dem Buch Deuteronomium, um gleich wieder mit *Bereschit*, der ersten *Parascha* den neuen Tora-Zyklus zu beginnen. Das zeigt symbolisch, dass wir nicht mit dem Lesen und Lernen der Tora aufhören, sondern immer weiter und weiter lernen, uns immerwährend mit der Tora beschäftigen. Das Ende ist zugleich ein nächster Anfang. So erklärt es Rabbiner Jakob ben Ascher, wir Juden könnten beschuldigt werden, dass wir nicht mehr wirklich interessiert seien, die Tora weiterzulesen, wenn wir einfach mit dem letzten Wochenabschnitt aufhören und das feiern würden. Das zeigt aber auch, dass wir gar nicht wirklich mit der Tora abschließen können – sie ist zeitlos und muss immer wieder neu interpretiert und in unseren Lebensalltag implementiert werden. Es wird nie den Zeitpunkt geben, an dem wir sagen könnten, dass wir jetzt fertig seien mit der Tora und alles über sie gesagt worden sei.

Daher ist *Simchat Tora*, wie der Name sagt, ein echter Tag der Freude über die Tora. Die Tora-Rollen werden in einer Prozession aus dem *Aron HaKodesch*, dem Tora-Schrein, genommen und durch die Synagoge getragen. Möglichst alle sollen die Möglichkeit haben, wenigstens eine der Tora-Rollen gehalten zu haben. Es wird viel gesungen und getanzt – oft werden auch Süßigkeiten für die Kinder verteilt, während die Erwachsenen ein kleines *leChaim*, einen kleinen Schnaps, trinken. Beim Tora-Aufruf werden nicht nur Einzelpersonen aufgerufen, sondern ganze Gruppen, auch die Kinder, so dass jeder eine *Alija*, einen Aufruf zur Tora, bekommen hat.

Doch so fröhlich und ausgelassen *Simchat Tora* ist – wir empfinden es interessanterweise gar nicht als Feiertag in der Tora. Die Tora spricht an verschiedenen Stellen[421] darüber, dass *Sukkot* sieben Tage habe, aber ein *Simchat Tora* wird nicht erwähnt – lediglich ein *Azeret*, ein achter Tag, der Sukkot abschließt, ein Tag der Versammlung: »Am achten Tag kommt ihr zur großen Festversammlung zusammen; alle Arbeit muss an diesem Tag ruhen.«[422] Das wurde dann der Feiertag *Schmini Azeret*, das Schlussfest. *Simchat Tora* hingegen ist eigentlich eine recht neue Weiterentwicklung von *Schmini Azeret*, das es in dieser Form wahrscheinlich erst seit dem späten Mittelalter gibt.

Während der Antike wurde zwar schon in der Diaspora, die sich am Babylonischen Talmud orientierte, an *Schmini Azeret / Simchat Tora* der Tora-Zyklus beendet, und zwar auch in freudiger Weise, wie der Talmud[423] erläutert; im Land Israel allerdings wurde die Tora nicht in einem, sondern in drei Jahren komplett gelesen.[424] Ein jährliches Fest gab es also nicht. In dieser Zeit war *Simchat Tora* also nichts weiter als *Jom Tow Acharon*, der letzte Tag des Festes, wie es der Talmud[425] nennt, und erst vor etwa 1.000 Jahren – eine recht kurze Zeit in der jüdischen Geschichte – wurde überhaupt zum ersten Mal von *Simchat Tora* gesprochen. Doch dieser Ausdruck setzte sich erst langsam im Laufe des Mittelalters durch, und häufig nannte man den Tag in dieser Zeit immer noch *Jom Scheni* oder *Jom Tow Scheni*, also einfach den zweiten Tag von *Schmini Azeret*.

Aber warum hat sich dann *Simchat Tora* als Feier an *Schmini Azeret* bzw. in der Diaspora am zweiten Tag von *Schmini Azeret* überhaupt durchgesetzt? Eine Antwort liegt vielleicht im Charakter des Feiertages. Kein Feiertag ist, was Form und Inhalt angeht, so unklar wie *Schmini Azeret,* und Generationen von Rabbinern haben darüber gestritten, ob es überhaupt ein eigener Feiertag sei oder eigentlich zu *Sukkot* gehöre. Der Talmud gibt eine mögliche Antwort: Am siebten Tag *Sukkot* wurden im Tempel sieben Bullen geopfert, an *Schmini Azeret* nur einer. Rabbi Elasar erklärt, dass die 70 Bullen, die insgesamt an *Sukkot* geopfert werden, den 70 Nationen der Welt entsprächen, also symbolisch als Opfer für alle Völker der Welt gebracht würden. An *Schmini Azeret* allerdings gibt es nur ein Opfer, für ein kleines Gastmahl, das Gott ganz intim mit Seinem Volk Israel teilt.[426] *Sukkot* ist also ein universales Fest, das, wie es Sacharja prophezeite, eines Tages alle Völker feiern werden.[427] *Schemini Azeret* ist jedoch nur für das jüdische Volk bestimmt, und es ist ein bescheidener Feiertag, und zwar ausschließlich dafür, um die besondere Beziehung zwischen Gott und Seinem geliebten Volk zu feiern.

Ähnlich – und doch mit einem wichtigen Unterschied – erklärt es auch Raschi in seinem Kommentar zur Tora, wo er Folgendes schreibt: »Ich habe Euch bei Mir behalten, wie ein König, der seine Söhne zu einer Mahlzeit für eine bestimmte Anzahl von Tagen eingeladen hat; als die Zeit kam, sich zu trennen, fragte Er seine Kinder: ›Bitte bleibt noch einen Tag bei Mir, Eure Abreise ist schwer für mich.‹«[428] Nach diesem Verständnis ist *Sukkot* ein Feiertag der Freude Gottes an Seinen Kindern Israel – und *Schmini Azeret / Simchat Tora* einfach ein Teil am Ende von *Sukkot,* den Er anfügt, weil es Ihm so schwer fällt, sich von uns zu verabschieden.

Beide Erklärungen, die des Talmuds und die von Raschi, haben trotz Unterschieden vor allem in der Frage, ob *Schmini Azeret* nun ein eigener Feiertag ist oder nur Teil von *Sukkot*, eines gemeinsam: Gottes Liebe für uns, Sein Bedürfnis, uns nahe zu sein. *Schmini Azeret* ist ein bewegender Ausdruck von Gottes Zuneigung und Gottes spezieller Beziehung zu uns, Seinem jüdischen Volk. Daher ist *Schmini Azeret* auch tatsächlich mehr als ein weiterer Tag von *Sukkot*, sondern ein ganz eigenständiger Feiertag.

Schließlich ist das auch die Erklärung, warum im Laufe der Zeit *Schmini Azeret* zu *Simchat Tora* wurde (bzw. in der Diaspora der zweite Tag): *Schmini Azeret* selbst hat keine spezielle Symbolik. Was könnte da besser passen zum Thema der besonderen Liebe und Beziehung zwischen Gott und uns als die Tora, die Er uns geschenkt hat und die unseren Lebensweg leitet und erleuchtet?

Anmerkungen

1 Gen 1,26.

2 Vgl. Rambam/Maimonides, Führer der Verirrten, I,52-53.

3 Vgl. Rabbiner J.B. Soloveitchik, Lonely Man of Faith.

4 Vgl. Kommentare von Rabbiner Eli Munk und Raschi zum Wochenabschnitt.

5 Vgl. Prof. Dr. Nathan Aviezer, Biblical Creation and Science.

6 Vgl. Ergebnisse der Studie des South African Institute for Medical Research.

7 Gen 3,19.

8 Vgl. Gen 4,4-5.

9 Gen 6,11.

10 Vgl. Gen 1,28-29.

11 Gen 2,15.

12 Rabbiner Samson Raphael Hirsch, Kommentar zu Gen 6,10.

13 Rschi, Kommentar zu Bereschit 1,26.

14 Vgl. Gen 9,8-17; David Novak, »The Doctrine of the Noahide Laws«, in: Jewish-Christian Dialogue: A Jewish Justification (Oxford and New York: Oxford University Press), 26–41.

15 Gen 12,1.

16 Midrasch Bereschit 38,13.

17 Rabbiner Samson Raphael Hirsch, Kommentar zu Gen 12,1.

18 Midrasch Pirke de Rabbi Elieser 26.

19 Gen 13,6-9.

20 Bereschit Raba 41.

21 Gen 17,4-5.

22 Gen 18,1-3.

23 Gen 18,9-14.

24 Rabbiner Samson Raphael Hirsch, Kommentar zu Gen 18,1.

25 Midrasch Pirke de Rabbi Elieser.

26 Gen 23,1.

27 Rabbiner Samson Raphael Hirsch, Kommentar zu Gen 23,1.

28 Gen 24,2-7.

29 Rabbiner Jonathan Sacks, Covenant & Conversation, Chayei Sarah 5781.

30 Gen 25,22-23.

31 Gen 48,13-20.

32 Vgl. Gen 43,33 und Ex 4,22.

33 Vgl. Ex 34,20; Ex 13,12 und Num 18,15.

34 Gen 28,3-4.

35 Gen 27,40.

36 Gen 29,18-26.

37 Gen 28,12-15.

38 Gen 28,16-17.

39 Gen 28,20-21.

40 Vgl. Gen 28,17.

41 Gen 11,3-4.

42 Rabbiner Samson Raphael Hirsch, Kommentar zu Gen 11,4.

43 bT Chulin 91b.

44 Gen 32,25-30.

45 Gen 33,4.

46 Bereschit Rabba 78,9.

47 Röm 9,10-13.

48 Rabbiner Naphtali Zwi Jehuda Berlin, Kommentar zu Gen 33,4.

49 Vgl. Vatikanisches Dokument (2015) »Denn unwiderruflich sind Gnade und Berufung, die Gott gewährt« 6,40; EKD Kundgebung (2017) »… der Treue hält ewiglich«.

50 Gen 37,1-5.

51 Ebd., 5-11.

52 Rabbiner Samson Raphael Hirsch, Kommentar zu Gen 37,2.

53 Vgl. Gen 35,16-19.

54 Rabbiner Samson Raphael Hirsch, Kommentar zu Gen 37,2.

55 Ders., Kommentar zu Gen 37,3.

56 Oberrabbiner Joseph Hertz, Kommentar zu Gen 37,2-3.

57 Gen 37,20-28.

58 bT Schabbat 21b.

59 1. Makk 2,23-24.

60 Gen 41,41-52.

61 Gen 41,46-49.53.

62 Zum Beispiel bT Baba Kama 83a.

63 Vgl. bspw. Ende bT Sota.

64 Gen 9,27.

65 bT Megilla 16a.

66 Rambam/Maimonides, Acht Kapitel, Einführung.

67 Martin Buber, Die Erzählungen der Chassidim (Zürich, 1949), 664.

68 Gen 44,18-20.29-33.

69 Itture Tora 44,18.

70 Vgl. Gen 37.

71 Gen 38,26.

72 Vgl. Ruth 4,12-22.

73 Gen 45,3-8.

74 Rabbiner Samson Raphael Hirsch, Kommentar zu Gen 47,28.

75 Gen 48,5

76 Gen 48,14-20.

77 Gen 48,20.

78 Rabbiner Samson Raphael Hirsch, Kommentar zu Gen 48,19.

79 Vgl. Gen 49.

80 Gen 49,3.

81 Gen 49,4.

82 Vgl. Gen 37,26-27; 43,3-5; 44,16-34; 46,28.

83 Ex 1,1-8 (verkürzt).

84 Ex 1,8.
85 Vgl. Rabbiner Samson Raphael Hirsch, Kommentar zu Ex 1,5.
86 Ex 1,9.
87 Raschi, Kommentar zu ebd.
88 Ex 1,9.
89 Ex 1,10.
90 Rabbiner Samson Raphael Hirsch, Kommentar zu Ex 1,9.
91 Ex 1,11-16.
92 Rabbiner Joseph B. Soloveitchik, Kol Dodi Dofek (Abschnitt Fate and Destiny).
93 Rabbiner Samson Raphael Hirsch, Kommentar zu Ex 1,14.
94 Ex 6,2-3.
95 Ex 5,22.
96 Ex 5,23.
97 Rabbiner Samson Raphael Hirsch, Kommentar zu Ex 6,2.
98 Rabbiner Samson Raphael Hirsch, Kommentar zu Ex 6,3.
99 Ex 3,14.
100 Rabbiner Samson Raphael Hirsch, Kommentar zu ebd.
101 Ex 12,43-45.
102 Rabbiner Samson Raphael Hirsch, Kommentar zu Ex 12,43.
103 Raschi, Kommentar zu Ex 12,43.
104 Ex 12,38.
105 Raschi, Kommentar zu ebd.
106 Ex 23,9.
107 Sanhedrin 13,2.
108 bT Gittin 61a.
109 Tanna devei Elijahu.
110 Ex 14,9.21-23.28.
111 Ibn Esra, Kommentar zu Ex 14,13.
112 Vgl. Ex 13,17.
113 Rambam/Maimonides, Führer der Unschlüssigen, Band III, Kapitel 32.

114 bT Megilla10b und bT Sanhedrin 39b.

115 Ex 15,1-18.

116 Ex 15,21.

117 Ex 15,1.

118 Ex 15,21.

119 Ex 15,20.

120 Midrasch Sifri, Dewarim 343.

121 Rabbiner Samson Raphael Hirsch, Kommentar zu Ex 19,5.

122 Ebd. zu Ex 19,6.

123 Ex 19,8.

124 Vgl. Gen 19,9.

125 Rambam/Maimonides, Mischne Tora, Hilchot Melachim 8,11.

126 Gen 17,4.

127 Gen 22,17-18.

128 Vgl. Rabbiner Samson Raphael Hirsch, Kommentar zu Ex 21,1.

129 Ex 22,9.20-23.

130 Ex 21,24-25. Rabbiner Hirsch übersetzt zum besseren Verständnis: »Auge Ersatz für Auge, Zahn Ersatz für Zahn«, etc.

131 bT Baba Kama 83b-84a.

132 Ex 23,2.

133 Vgl. bT Sanhedrin 17a.

134 M Makkot 1,10.

135 Martin Buber und Franz Rosenzweig, Die Schrift und ihre Verdeutschung (Berlin: Schocken, 1936), 39-42; 116-17.

136 Midrasch Tanchuma, Pekudei 2.

137 Ex 25,2.

138 Rabbiner Mosche Alschich, Kommentar zu ebd.

139 Ex 25,10.

140 Ramban/Nachmanides, Kommentar zu ebd.

141 Ex 25,8.

142 Rabbiner Umberto Cassuto, A Commentary on the book of Exodus.

143 Seforno zu Ex 30,1.

144 Malbim, Kommentar zu Ex 25,8.

145 Rabbi Chaim von Woloschin, Nefesch HaChaim 1,4.

146 Ex 27,20-21.

147 Rabbiner Samson Raphael Hirsch, Kommentar zu Ex 27,20.

148 Vgl. Ex 25,31-39; Lev 24,3.

149 Midrasch Bemidbar Rabba 15,10.

150 Midrasch Schemot Rabba 36,1-3.

151 Ebd.

152 Itture Tora III.

153 Ex 32,19-20.

154 Ex 32,9-10.

155 bT Brachot 32a.

156 Ex 32,11-14.

157 Raschi, Kommentar zu 32,1.

158 Ex 32,1.

159 Ex 32,2-4.

160 Ex 34,6-7.

161 Ex 35,1-3.

162 Rabbiner Samson Raphael Hirsch, Kommentar zu Ex 35,1; vgl. auch bT Schabbat 73a.

163 Abarbanel, Kommentar zu Ex 32,1.

164 Rabbiner Abraham Joshua Heschel, Der Schabbat – Seine Bedeutung für den heutigen Menschen (Berlin: Jüdische Verlagsanstalt, 2001), 8-10.

165 Ramban/Nachmanides, Einführung zu Exodus.

166 Ex 40,34.

167 Rabbiner Jakob Ettlinger, Aruch LeNer, Scheelot Utschuwot Binjan Zion 3.

168 Zitiert in Sifsei Chaim.

169 Rabbiner Samuel David Luzzatto (Schadal), Kommentar zu Lev 1,1.

170 Oberrabbiner Joseph Hertz, Kommentar zu Ex 38,21-22.
171 Ex 38,21-22.
172 Midrasch Schemot Rabba 48,3; 4.
173 bT Sanhedrin 69b.
174 bT Brachot 55a.
175 Midrasch Bemidbar Rabba 15,10.
176 Raschi, Kommentar zu 38,22.
177 Ex 35,31.
178 Ex 37,1
179 Raschi, Kommentar zu ebd.
180 Vgl. bT Sota 11b.
181 Radak, Kommentar zu Psalmen 40,7.
182 Vgl. Rambam/Maimonides, Führer der Verirrten, III, 32.
183 bT Taanit 2a.
184 Rabbiner Jehuda Halevi, Kusari 3,5.
185 Rabbiner Samson Raphael Hirsch, Horeb § 618.
186 Vgl. Rabbiner Samson Raphael Hirsch, Kommentar zu Gen 20,7.
187 Rabbiner Reuven Leuchter, Tefilla: Creating Dialogue with Hashem (New York: Feldheim, 2020), 42.
188 Rabbiner Chaim Woloschin, Nefesch HaChaim 2,9.
189 Rabbiner Samson Raphael Hirsch, Kommentar zu Lev 1,2.
190 Midrasch Tanchuma Jaschan Zaw.
191 Jes 1,10-11.
192 Jer 7,4-11 (verkürzt).
193 Lev 11,1-10.20.41.44.
194 Rambam/Maimonides, Mischne Tora, Gesetze des Glaubens, Kapitel 3.
195 Ramban/Nachmanides, Kommentar zu Lev 1,9.
196 Vgl. Ex 30,17-20.
197 Rabbiner Jizchak Arama, Akedat Jizchak, Kap. 60.
198 Rambam/Maimonides, Führer der Verirrten, IV, 25.
199 Rabbiner Schlomo Ephraim Luntschitz, Kli Jakar.

200 Vgl. Midrasch Tanchuma, Schemini 7.

201 Ramban/Nachmanides, Kommentar zu Dtn 14,21.

202 Rabbiner Abraham Jizchak Kook, Vision des Vegetarismus und Frieden.

203 Gen 4,1.

204 bT Nidda 31b.

205 Rabbiner Samson Raphael Hirsch, Kommentar zu Lev 18,19.

206 Ebd., zu Lev 12,3.

207 Rabbiner Jizchak Karo, Kommentar zu Lev 12,3.

208 Rambam/Maimonides, Mischne Tora, Hilchot Tumat Zaraat, 16,10.

209 Rabbiner Shlomo Riskin, Tora Lights: Metzora.

210 Lev 16,7-10.

211 Marc Breuer, Einleitung zu Paraschat Acharej Mot.

212 Vgl. bT Joma (verschiedene Stellen).

213 Rabbiner Samson Raphael Hirsch, Kommentar zu Lev 16,10.

214 Lev 19,1-2.

215 Lev 19,18.

216 Midrasch Hagadol Wajikra 19,1.

217 Rabbiner Samson Raphael Hirsch, Kommentar zu Lev 19,1.

218 Lev 18,5.

219 bT Awoda Sara 20b.

220 jT Nedarim 41c.

221 bT Awoda Sara 20b.

222 Rabbiner Samson Raphael Hirsch, Kommentar zu Lev 19,18.

223 Rabbiner Moses Alschech, Kommentar zu Lev 19,2.

224 Lev 21,1-8.

225 Vgl. Rabbiner Samson Raphael Hirsch, Kommentar zu Lev 21,1.

226 bT Makkot 11a.

227 Ex 19,6.

228 Lev 25,4-6.

229 Lev 25,10-11.

230 Rabbiner Samson Raphael Hirsch, Kommentar zu Lev 25,1.
231 Mischna Schewiit.
232 M Pirkei Awot 5,10.
233 Rabbiner Mordechai Josef Leiner von Izbica, Mei HaSchiloach.
234 Lev 25,23.
235 Marc Breuer, Einleitung zu Paraschat Behar.
236 Lev 26,3-6.14-16.20-21.
237 Lev 26,14-43.
238 Sforno, Kommentar zu Lev 26,15.
239 Ramban/Nachmanides, Kommentar zu Lev 26,12.
240 Rambam/Maimonides, Mischne Tora, Hilchot Tschuwa 9,1.
241 Rabbiner Samson Raphael Hirsch, Kommentar zu Lev 26,3.
242 Lev 26,13.
243 Raschi, Kommentar zu ebd.
244 Abarbanel, Einleitung zu Num.
245 Rabbiner Samson Raphael Hirsch, Kommentar zu Num 1,1.
246 Ramban/Nachmanides, Einführung zu Paraschat Truma.
247 Num 1,1-3.
248 Vgl. Ex 30.
249 Vgl. Num 1,49-50.
250 Rabbiner Isaak Arama [Baal Akeda], Kommentar zu Num 1,17.
251 Rabbiner Samson Raphael Hirsch, Kommentar zu Num 1,1.
252 Num 6,22-27.
253 Marc Breuer, Einführung zu Paraschat Nasso.
254 M Tamid 7,2.
255 Raschbam, Kommentar zu Num 6,23.
256 Rabbiner Samson Raphael Hirsch, Kommentar zu Num 6,23.
257 Marc Breuer, Einführung zu Paraschat Nasso.
258 Midrasch Bemidbar Rabba 2,23.
259 M Pirkei Awot 1,18.
260 M Pirkei Awot 1,12.

261 Vgl. Num 9,1-5.
262 Num 9,6-7.
263 Num 9,8-11.
264 Num 9,14.
265 Rabbiner Samson Raphael Hirsch, Kommentar zu Num 9,14.
266 Maimonides, Brief an Ovadia den Konvertiten.
267 Vgl. bT Jewamot 47b.
268 Lev 19,18.
269 Dtn 10,19.
270 Vgl. Dtn 1,19ff.
271 Num 13,1-2.
272 Num 13,25-26.
273 Rabbiner Samson Raphael Hirsch, Kommentar zu 13,26.
274 Num 13,30-33 (verkürzt).
275 Num 14,1-3.
276 Num 14,28-29.
277 Gen 12,1.
278 Num 16,2-3.
279 Seder Hadoro 2449.
280 Midrasch Tanchuma 249.
281 Midrasch Tanchuma 248; Chiskuni.
282 Rabbiner Samson Raphael Hirsch, Kommentar zu Num 16,3.
283 Num 16,31-33.
284 Ibn Esra, Kommentar zu 16,1-3 (verkürzt).
285 Nachmanides/Ramban, Kommentar zu Num 16,1.
286 Midrasch Schocher Tow zu Psalm 1,1.
287 Rabbiner Joseph B. Soloveitchik, Kommentar zu Paraschat Korach.
288 Jeschajahu Leibowitz, Kommentar zu Paraschat Korach.
289 Rabbiner Samson Raphael Hirsch, Kommentar zu Num 16,4.
290 Dtn 25,17-19.
291 Num 19,1-5.9.19.

292 Marc Breuer, Einleitung zu Paraschat Chukat.

293 Koh 7,23.

294 Midrasch Bemidbar Rabba 19,3.

295 Midrasch Tanchuma.

296 Raschi, Kommentar zu Num 19,22.

297 Rabbiner Samson Raphael Hirsch, Kommentar zu Gen 6,10.

298 bT Joma 9b.

299 Num 22,2-6.

300 Num 23,8.

301 Num 22,4.

302 Raschi, Kommentar zu ebd.

303 Marc Breuer, Einleitung zu Paraschat Balak.

304 Num 24,5.

305 Num 25,3-8.

306 bT Sanhedrin 82a.

307 Ebd.

308 Midrasch Bemidbar Rabba 21,3-4.

309 Rambam/Maimonides, Mischne Tora, Einleitung.

310 bT Sanhedrin 82b.

311 Num 25,12-13.

312 Rabbiner Naftali Zwi Jehuda Berlin, Haamek Dawar, Num 25,12.

313 Num 25,12.

314 bT Eruwin 13b.

315 Num 30,2-3

316 Rabbiner Chaim Dov Rabinowitz, Daat Sofrim zu Num 30,3.

317 Marc Breuer, Einleitung zu Paraschat Matot.

318 bT Nedarim 2a/b.

319 Num 33,1-2.

320 Vgl. Num 33,3ff.

321 Rabbiner Samson Raphael Hirsch, Kommentar zu Num 33,1-2.

322 Vgl. Num 34.

323 Num 33,50-53.

324 Jos 6-8.

325 Vgl. Dtn 20,1-20.

326 M Jadajim 4,4; Rambam/Maimonides, Mischne Tora, Gesetze der Könige, 5,4.

327 Dtn 21,21.

328 Dtn 1,1.

329 Rabbiner Samson Raphael Hirsch, Kommentar zu Dtn 1,1.

330 Vgl. Ex 4,10-16.

331 Midrasch Dewarim Rabba 1,6.

332 Dtn 1,16-17.

333 bT Sanhedrin 6b.

334 Sefer HaChinuch Mizwa 414.

335 Ebd.

336 Rabbiner Jakob Teichman, Sein Licht in Deiner Hand, 256.

337 Rabbiner Samson Raphael Hirsch, Kommentar zu Dtn 1,16.

338 Dtn 6,4.

339 Rambam/Maimonides, Mischne Tora, Jesodei HaTora 1,7.

340 Rambam/Maimonides, Dreizehn Grundlehren, 4.

341 Jeschajahu Leibowitz, The Faith of Maimonides.

342 Dtn 6,17-18.

343 Raschi, Kommentar zu ebd.

344 Ramban/Nachmanides, Kommentar zu Lev 19,2.

345 bT Baba Mezia 16b, 30b, 83b, 108a und 108b.

346 Dtn 6,5.

347 bT Brachot 61b.

348 Rambam/Maimonides, Mischne Tora, Jesodei HaTora, 2,1.

349 Dtn 6,7-8.

350 Ex 3,8.

351 Dtn 8,8-9.

352 Marc Breuer, Einleitung zu Paraschat Ekew.

353 Dtn 7,12-16.

354 Dtn 11,16.

355 Rabbiner Menachem Meiri aus Perpignan, Bet HaBechira, Awoda Sara 53.

356 Dtn 10,12-13.

357 Dtn 4,22-29 (verkürzt).

358 Rabbiner Samson Raphael Hirsch, Kommentar zu Dtn 4,22.

359 Vgl. Dtn 4,23.

360 2 Kön 14,23-29.

361 Dtn 15,7.

362 Rabbiner Samson Raphael Hirsch, Kommentar zu Dtn 4,22.

363 Dtn 16,18-20.

364 Rabbiner Jeschaja Hurwitz, Schnei Luchot Habrit zu Dtn 16,18.

365 Dtn 17,16-20 (verkürzt).

366 Dtn 17,15.

367 Bachia Ben Asher, Kommentar zu Dtn 16,20.

368 bT Awoda Sara 3a.

369 Rambam/Maimonides, Mischne Tora, Hilchot Temura.

370 Dtn 22,6-7.

371 bT Schabbat 31a.

372 Ramban/Nachmanides, Kommentar zu Dtn 22,6.

373 Dtn 26,1-10.

374 bT Menachot 84b.

375 Marc Breuer, Einleitung zu Parachat Ki Tawo.

376 Rabbiner Samson Raphael Hirsch, Kommentar zu Dtn 26,5.

377 Rabbiner Jonathan Sacks, Covenant & Conversation, Ki Tavo 5776.

378 Dtn 29,9-16.

379 Rabbiner Samson Raphael Hirsch, Kommentar zu Dtn 29,9-10.

380 Dtn 29,23.

381 Midrasch Mechilta.

382 Machsor Rosch Haschana

383 Vgl. Harvard Business Manager, Heft 4/2004.

384 Dtn 31,1-8.

385 Vgl. Ex 3,1 – 4,17.

386 Dtn 31,23.

387 Vgl. Ex 4,10 und Raschi, Kommentar zu ebd.

388 Ex 2,12.

389 Ex 2,11-17.

390 Midrasch Schemot Rabba 2,12.

391 bT Joma 22b.

392 bT Baba Batra 75a.

393 Midrasch Dewarim Rabba 9,4 und 9,9.

394 Vgl. Num 13 und 14.

395 Ex 12,13.

396 Dtn 32,44-52.

397 Dtn 34,10.

398 Dtn 33,1.

399 Rabbiner Samson Raphael Hirsch, Kommentar zu Dtn 33,1.

400 Marc Breuer, Einleitung zu Paraschat Wesot Habracha.

401 bT Baba Batra 15a.

402 Dtn 33,4.

403 bT Chagiga 3b.

404 bT Sanhedrin 7a.

405 Midrasch Mechilta BaChodesch 4.

406 Rabbiner Leo Baeck es erklärt, Dieses Volk. Jüdische Existenz, 1955, Einleitung.

407 Ex 19,8.

408 Midrasch Mechilta.

409 Midrasch Schemot Rabba 28,6.

410 Ex 20,2-3.

411 Lev 23,24.

412 bT Rosch Haschana 34b.

413 Schulchan Aruch Orach Chaim 586.

414 bT Sanhedrin 46b.

415 Rambam/Maimonides, Mischne Tora, Hilchot Tschuwa.

416 Vgl. Rabbiner Leo Adler, Religion der geheiligten Zeit.

417 Lev 16.

418 Lev 23,42.

419 bT Sukka 27b.

420 Wajikra Rabba 30,12.

421 Lev 23; Num 29; Dtn 16.

422 Lev 23,36 und Num 29,35.

423 bT Schabbat 118.

424 bT Megilla 29b.

425 bT Megilla 31a.

426 bT Sukka 55b.

427 Sach 14,16-19.

428 Raschi, Kommentar zu Lev 23,36.

Penguin Random House Verlagsgruppe FSC® N001967

1. Auflage

Umschlagmotiv: © ungvar – Adobe Stock.com
Druck und Bindung: GGP Media GmbH, Pößneck
Printed in Germany
ISBN 978-3-579-07193-0
www.gtvh.de